선영처세선서 2

HOW TO HELP YOUR
HUSBAND GET AHEAD

카네기 출세론

도로시 카네기 지음 | 미래경제연구회 옮김

남편의 성공 뒤에는 아내의 내조가 있다

Dholothy Carnegie 성공적인 내조 방법

남편의 성공은 바로 아내의 도움이 필수적이라는 카네기의 성공적인 내조 방법론.
뚜렷한 공동의 목표를 설정하고 그 어떤 어려움도 극복해 나갈 수 있도록
최대의 열과 성의로 내조하여 남편을 정상에 다다를 수 있도록 지원하는
카네기의 인생 성공 철학.

도서출판 선영사

카네기 출세론

1판 1쇄 인쇄 / 1986년 12월 30일
1판 8쇄 발행 / 1998년 01월 20일
2판 9쇄 발행 / 2008년 02월 10일
3판 2쇄 발행 / 2019년 03월 20일

지은이 / 도로시 카네기
옮긴이 / 미래경제연구회
디자인 / 정은영
펴낸이 / 김영길
펴낸곳 / 도서출판 선영사
주 소 / 서울시 마포구 서교동 485-14 선영사
TEL / (02)338—8231~2
FAX / (02)338—8233
E—mail / sunyoungsa@hanmail.net

등 록 / 1983년 6월 29일 (제02—01—51호)
ISBN 978—89—7558—334—6 13320

ⓒ Korea Sun—Young Publishing. co., 1986

·잘못된 책은 바꾸어 드립니다.

머리말

수년 전, 나는 어느 실업 학교의 여학생 반에서 인격 양성에 관한 강의를 한 적이 있다. 그들은 17세에서 20세의 나이로 모두 취업 준비를 하고 있었다.

그 때 나는 그 여학생들을 대상으로 '당신은 10년 안에 결혼할 생각입니까?'라는 앙케트를 조사하였다. 그런데 상상 외로 대답은 한결같이 긍정적이었다.

그리고 '직업과 결혼 중 하나를 선택하라면 어느 것을 고르겠습니까?'라는 질문에도 역시 한결같이 결혼을 선택했다.

이 조사 결과 나는 그들에게 장차 직장 생활에 성공하는 방법을 강의하는 대신, 좋은 아내가 되는 방법으로 교육 방침을 바꿨다.

이러한 수업은 상당히 효과적이었다. 왜냐 하면 대부분의 미혼 여성들은 인생의 가장 큰 목표를 결혼이라고 생각하기 때문이다. 여성이라면 누구나 결혼 생활이 행복해지기를 원하며, 세상의 모든 아내들은 남편의 사업이 성공하기를 원하고 있다.

그렇다면 모든 여성들의 이 같은 공통적인 목적을 달성시키는 원리는 없을까? 나는 바로 이 점에 착안했다. 카네기 협회의 여성 강좌에는 인격 양성·사교술·화술 등이 있는데, 나는 그 강좌에 참여하는 동안 여러 각도에서 여성 문제를 연구하였다.
  그 결과, 자기 남편에게 협력하는 여성은 간단한 원리를 생활 신조로 삼음으로써 효과적으로 그 목적을 달성할 수 있다는 사실을 깨달았다.
  이 책은 그러한 기본 원리를 누구나 쉽게 이해하고 실천에 옮길 수 있도록 썼다. 나는 이 책에서 될 수 있는 한 내가 아는 사람들의 에피소드를 삽입하도록 노력을 기울였다. 그들은 일찍이 카네기 협회의 회원으로 이름과 주소도 모두 사실 그대로 씌어졌다. 자칫하면 사생활이 침해될 우려가 있는 일신상의 에피소드를 공개하도록 허락해 주신 사회 저명 인사들과 각계 각층의 여러분께 진심으로 감사를 드린다.

  독자들은 이 책의 내용에 다소 편파적인 인상을 받을지도 모른다. 결국 생활을 원만하게 하기 위해서 일방적으로 여성만이 책임을 지고 희생을 요구한다는 의구심이 생길 법도 하다. 그러나 나는 남성도 여성과 마찬가지로 책임을 져야 한다고 강조하고 싶다.

다만 이 책에서는 주로 아내가 남편을 돕는 방법에 초점을 맞추었다. 물론 어떠한 경우이든 절대적으로 이 책의 내용에 따라야 한다고 주장하는 것은 아니다. 나는 어디까지나 보편적인 일반 독자들을 기준으로 해서 이 책을 쓴 것이다. 개개인의 특별한 희생이나 특이한 재능을 가진 케이스는 엄밀히 따져서 이 책의 내용에는 해당되지 않는다.

이 책에서 열거한 여러 원칙을 배운다면 여성 독자들은 남편의 출세와 성공에 크게 힘이 되리라.

이 책에서 강조하는 원리를 현명하게 실천하는 여성은, 남편을 낮은 지위에 얽매어 두는 여러 가지 장애를 제거할 수 있다. 그러한 여성은 남편이 지니고 있는 숨은 재능을 충분히 발휘하여 인생의 성공자가 되도록 유도하는 데 능란해질 것이다. 그 결과, 그녀의 남편은 보다 견실해지고 보다 행복한 사람이 될 것이다.

도로시 카네기

의 출세론

차 례

머리말 ······ 3

제1부 성공에의 첫걸음
제1장 남편의 목표 설정을 도와라 ······ 13
제2장 목표 달성 후 곧 다음 목표를 세워라 ······ 21
제3장 남편에게 열의를 갖게 하여라 ······ 25
제4장 어떤 일에 최대한 집중할 수 있는 여섯 가지 방법 ······ 33

제2부 남편을 분발시키는 방법
제1장 남편의 말에 귀를 기울여라 ······ 43
제2장 당신은 두 남성과 결혼한 것이다 ······ 54

의 출세론

차 례

제3장 남편이 하는 일을 믿으라 ······ 61

제3부 내조의 공을 쌓는 방법
제1장 남편의 일을 이해하고 도와라 ······ 69
제2장 남편의 비서와 사이좋게 지내라 ······ 78
제3장 계속 공부하도록 격려하라 ······ 85
제4장 만일의 경우에 대비하라 ······ 93

제4부 경우에 따라 하는 방법
제1장 남편이 전근 발령을 받았을 때 ······ 101
제2장 매우 바쁜 남편을 위해 아내가 할 일 ······ 107
제3장 남편이 특수한 직업을 가졌을 경우 ······ 111

의 출세론

차 례

제4장 남편이 집 안에서 일하는 경우 ······ 117
제5장 직업을 가진 아내의 경우 ······ 122
제6장 남편에게 뒤떨어지지 않으려면 ······ 126

제5부 남편의 성공을 위해 삼가야 할 사항
제1장 남편이 가정을 등지려는 이유는 무엇인가 ······ 139
제2장 잔소리를 하는 아내가 되지 말아라 ······ 149
제3장 남편의 용기를 북돋워 주어라 ······ 155
제4장 능력 개발의 기회를 만들어라 ······ 163

제6부 남편을 행복하게 하는 방법
제1장 그녀는 마음씨 고운 여인이었다 ······ 173

의 출세론

차 례

제2장 남편과 동일한 취미를 가져라 …… 178
제3장 남편에게 취미를 권하는 동시에
　　　 때로는 홀로 있게 해 주어라 …… 183
제4장 가정 외의 일에도 관심을 가져라 …… 189

제7부 가정을 즐겁게 하는 방법
제1장 나는 가정 주부 …… 197
제2장 즐거운 우리 집 …… 201
제3장 나는 시간을 낭비하지 않아요 …… 209
제4장 수고를 덜어 주어라 …… 218

제8부 남편을 돋보이게 하는 방법
제1장 남편에 대한 평을 좋게 하는 세 가지 방법 …… 229

Carnegie 의 출세론

차 례

제2장 남편의 장점을 추어올려 주어라 …… 236

제9부 남편의 건강과 재산을 지키는 방법
제1장 남편의 수입 한도 내에서 생활하는 방법 …… 245
제2장 남편의 목숨은 당신 손에 …… 254

제10부 아내로서의 가장 큰 공헌
보다 깊은 애정을 …… 263

부록 남녀가 함께 보는 페이지
제1장 남편의 뜻에 동조하라 …… 275
제2장 성현들이 남긴 명언 …… 288

제 1 부
성공에의 첫걸음

인간의 대부분은 자기의
만족에 지나치게 집착한 결과
만족을 잃으면 비탄에
빠지고 만다.
그러나 기쁨을 알면 동시에
그 기쁨의 원인이
사라지더라도 한탄을
하지 않는 사람만이
옳은 것이다

제 1 장
남편의 목표 설정을 도와라

1910년, 뉴욕의 뒷골목 싸구려 하숙집에 두 청년이 방 한 칸에 세들어 살고 있었다. 그 중의 한 사람이 바로 데일 카네기였다. 그는 미주리 주의 농촌 출신으로 아메리카 연극 전문 학교에 다니기 위해 뉴욕으로 왔다. 그는 남달리 선량한 눈을 가진 공상가이기도 했다.

다른 한 청년은 매사추세츠 주 출신의 시골뜨기 J. F. 휘트니였다. 그 역시 비록 농촌 출신이기는 했으나 평범한 시골 청년들과는 다른 점이 있었다. 그것은 장차 큰 회사의 사장이 되고야 말겠다는 불 같은 정열과 의욕이었노라고 후일 카네기는 회고했다.

그렇듯 불 같은 욕망을 가진 휘트니였지만, 그가 뉴욕에서 맨 처음 얻은 직업은 어느 큰 식료품 상점의 판매원이 고작이었다.

그러나 휘트니는 판매원이라는 직업에 만족할 수가 없었다. 즉, 남들처럼 안일한 사고 방식으로 한낱 소매점의 판매원으로 안주하는 건 그 자신이 도저히 용납할 수 없었던 것이다. 그래서 그는 점심때나 휴식 시간에도 자신의 일 외에 도매상의 일을 돕곤 했다.

그러나 근무 시간을 가리지 않고 열심히 일했지만 급료나 보수를 별도로 요구하지는 않았다. 그 결과 부장으로부터 두터운 신임을 받게 된 휘트니는 승진을 거듭하게 되었다. 일개 판매원에서 세일즈맨으로, 세일즈맨에서 부장으로, 부장에서 지점장으로.

그렇다고 해서 출세가 매양 순풍에 돛단 듯이 순조로운 것만은 아니었다. 그에게도 실의에 찬 한때가 있었다. 어느 회사에서는 사장과 혈족 관계인 사람만이 승진할 수 있었기 때문에 고민에 빠진 적도 있었다. 또 어떤 회사에서는 승진의 기준을 무턱대고 입사 순위에만 두고 있었으므로 살아 있는 동안 중역이 되는 기회란 영영 오지 않을 것 같기도 했다.

그러나 휘트니는 어려운 역경에 처했을 때도 결코 목표를 잃지 않았다. 그는 마침내 비치 포장 회사의 사장이 되어 자신의 목표를 달성했으며, 후에는 직접 블루문 치즈 회사를 창립했다.

"나는 이 다음에 대회사의 사장이 되겠다."

시골 청년이 뉴욕 뒷골목의 셋방에서 카네기에게 한 이 말은 결코 게을러빠진 몽상가의 헛소리가 아니었음을 증명한 것이다. 그는 자기 나름대로 확신을 가지고 이야기했으며, 그것을 실현시키기 위해 남다른 노력을 했던 것이다.

휘트니의 경우, 자기의 목표를 정확히 설정했던 것이 그의 생애에 중요한 원동력이 되었다. 성공보다는 실패하는 사람이 더 많은 이 세상에서 휘트니의 성공은 결국 무엇을 암시하는 것일까? 휘트니는 열심히 일했다. 그러나 성공하지 못하는 사람들도 역시 열심히 일하는 것은 마찬가지일 것이다. 더구나 휘트니는 일과 공부를 동시에 하였으므로 전적으로 학력이 성공의 원인이었다고는 볼 수 없다.
 휘트니가 다른 사람들과 비교되는 점은 나아갈 바 목표를 명확히 알고 있었다는 것이다. 그가 달리 보수를 바라지 않으면서도 자기 스스로 시간 외 근무를 한 것이나, 새로운 분야에 관하여 항상 연구를 게을리 하지 않은 것은 자기 나름대로 뚜렷한 목표가 설정되어 있었기 때문이었다.
 목표를 설정하지 못한다는 것, 성공을 하지 못하는 원인 중 이보다 더 큰 비중을 차지하는 것은 없다. 목표 설정이 뚜렷하지 않은 사람은 언제나 일이 잘 되기를 막연히 바라면서 그저 되는 대로 결혼을 하고, 되는 대로 취직을 하고, 되는 대로 어물어물 인생을 보낼 뿐, 무엇 하나 뚜렷한 소원이나 야심이 없다.
 뉴욕의 뉴웨스턴 호텔에 있는 직업 적성 상담소의 창설자이자 소장인 안 헤이워드 부인은 주로 자기 직업에 대해 만족하지 못하는 사람들을 상대로 하는 카운슬러였다.
 나는 고용 문제로 그녀와 서너 차례 상담한 적이 있었다. 그 때마다 그녀는 이렇게 말하였다.
 "대부분의 사람들에게는 하나의 공통점이 있어요. 그것은 자기가 무엇을 희망하는지 자기 자신조차 모르고 있다는 점이에요."
 그러므로 그녀가 우선 해결해야 할 문제는, 사람들의 마음 속에 그들 자신의 희망이나 야심이 무엇인가를 명백하게 인식시켜 주는 일일 수밖에 없었다.
 세상의 모든 아내들이 남편에게 해야 할 역할 중의 하나도 바로 그런 것이리라. 우선 남편에게 인생의 목표를 설정토록 하는 것이다. 다음으로는 남편이 그 목표를 실현하도록 도움으로써 그녀는 남편에게 도움을 주는 어질고 슬기로운 아내가 되는 것이다.

《결혼 안내》의 저자인 사무엘 클링과 에스트 클링은 입을 모아 말한다. 공동의 목표를 갖는 것이 행복한 결혼 생활의 가장 근본적인 조건이라고. 그 목표는 새로운 가정을 꾸미는 일이든, 해외 여행에 관한 일이든, 아이를 많이 낳아 건강하게 키우자는 의논이든, 무엇이라도 좋다. 무엇보다도 중요한 점은 하나의 목표를 부부가 공유(共有)한다는 사실이다.

이에 대하여 클링 부부는 이렇게 강조하고 있다.

"가장 중요한 것은 우선 뚜렷한 목표를 설정한다는 점이지요. 그 다음으로는 목적을 달성하기 위하여 최대의 노력을 기울인다는 것입니다. 흥미나 관심, 그리고 반려자로서 부부의 의무를 토대로 목표를 세우고 희망을 가짐으로써 비로소 참다운 행복을 느낄 수 있는 게 아닐까요."

윌리엄 그래함 부부를 성공의 지름길로 이끈 아주 중요한 비결도 바로 그런 것이었다.

캔자스 주의 비치터 시에 있는 윌리엄 그래함 석유 회사는 윌리엄 그래함을 중심으로 운영되는 회사이다. 그는 아직 40대 전후의 인물로 석유의 매매와 적절한 투자로 상당한 수입을 올리고 있다.

그들 부부는 여섯 명의 자녀와 함께 행복하게 살고 있다. 여섯이나 되는 자녀와 건강한 육체, 많은 재산, 흥미 있는 사업, 아름다운 가정을 갖추고 있으니 남부러울 게 무엇이 있겠는가! 더욱이 그들 부부는 이 모든 조건을 오래오래 즐길 수 있는 젊음이라는 특권까지 지니고 있다.

나는 윌리엄 그래함과 몇 해 전부터 친분이 있는데, 그를 만날 때마다 이처럼 성공을 이루게 된 최대의 원인이 무엇인지 묻곤 한다. 그 때마다 그는 '원대한 계획과 아내의 협력 덕분'이라고 한마디로 요약해서 대답했다.

윌리엄과 그의 부인인 마요리는 결혼한 지 얼마 후에 부동산 매매업을 시작하였다. 그들은 가옥의 매매가 이루어진 후 그 수수료를 받아서 생계를 유지했다.

그 당시 그들 부부는 기어이 성공해야 한다는 굳은 의지와, 무슨일이든 일단 시작하기만 하면 기필코 성공하고야 말겠다는 강한 집념 이외에는 아무것도 가진 것이 없었다.

맨주먹뿐인 그들 부부는 어느 누구도 사용하지 않는 낡은 건물의 한 귀퉁이를 빌려서 사무실로 썼다. 말이 사무실이지 웬만한 집의 헛간보다도 누추하고 초라했다. 거기서 마요리는 사무를 보고 윌리엄은 매매 대상자를 일일이 찾아다녔다.

처음 얼마 동안은 일이 제대로 되지 않아 고전을 하였다. 젊은 윌리엄 부부는 허리띠를 졸라매며 끼니 걱정을 할 정도로 가난했다. 그러나 이런 고생은 얼마 후 호전되어 조그마한 집 한 칸을 장만할 수 있었지만 그들은 이에 만족하지 않았다.

그들은 집을 팔고 새로 집 한 채를 짓기로 했다. 계획은 순조롭게 진행되어서 상당한 이익을 볼 수 있었다. 이리하여 사업에 일단 성공한 셈이었으나 윌리엄은 그 정도로 만족할 수는 없었다. 그는 아직 혈기 왕성한 때 무엇이든 좀 의욕적인 사업에 뛰어들고 싶었다. 무엇인가 새로운 분야로 진출하고 싶다는 욕망이 그의 가슴에 불같이 일어났다.

그들 부부는 몇 차례에 걸쳐 가족 회의를 열었다. 그 결과 석유 매매업이야말로 윌리엄에게 안성맞춤이라는 결론이 내려졌다.

이것은 일시적인 기분에 좌우된 것이 아니라 치밀한 분석 아래 세워진 계획이었으므로 꾸준히 밀고 나간 윌리엄은 마침내 석유 매매업에도 크게 성공을 거두었다. 윌리엄 그래함 석유 회사는 이렇게 탄생된 것이다.

오늘날 윌리엄은 또다시 새로운 분야의 개척을 위해 연구 중이다. 해외 투자에 대한 집념이 바로 그것이다. 예나 지금이나 그들 부부는 새로운 일을 착수하기에 앞서서 늘 치밀한 계획을 세우고 그것을 연구 검토한다. 이번에도 그들 부부는 해외 투자에 관한 사업을 추진하는 단계에 이르렀다는데, 이렇게 치밀한 사전 계획이 세워져 있는 한 이제 그들 부부가 시도하기만 한다면 성공하리라는 건 누가 보아도 틀림없는 사실이다.

계획을 세우고 목표를 설정함에 있어서 그래함 부부는 필시 윌리엄의 교육 정도는 물론 개인적인 역량, 사회에의 적응성 등을 고려하였을 것이다.

"어느 한 가지 목적 달성에 성공하면 자연히 느끼기 마련인 싫증을 스스로 방지하기 위해서 즉시 다른 목표를 생각해 낼 필요가 있었습니다."

그래함 부부는 이렇게 말하였다. 이리하여 그들 부부는 마침내 성공한 것이다. 다시 말해서, 그래함 부부의 성공은 어떤 목표를 설정하고, 그것을 성실히 실행하는 사람은 틀림없이 그 목표에 도달할 수 있다는 사실을 증명한 것이라 하겠다.

몇 만 분의 일이라는 확률이 요행히 적용된다면 몰라도 어떤 명사수일지라도 정확한 겨냥을 하기 전에는 과녁을 명중시킬 수 없다.

또한 목표 지점에 명중은 못 한다 하더라도 눈을 감고 쏘는 것보다는 정확한 조준에 의해 쏘는 것이 과녁에 가깝게 꽂히는 법이다.

콜롬비아 대학의 교수였던 고(故) 딘 하버드 E · 헐크스 씨는 이렇게 말하였다.

"혼란이야말로 번민의 중요한 원인이다."

사실 혼란은 번민의 중요한 원인일 뿐 아니라 성공을 가로막는 커다란 장애물의 하나이다.

그런 까닭에, 남편의 성공을 돕기 위한 첫걸음은 우선 인생의 뚜렷한 목표를 갖게 하는 것, 다시 말해서 최종적인 목표를 설정하는 데서부터 시작해야 한다.

그렇다면 과연 당신이나 당신의 남편에게 있어서 성공이란 무엇을 뜻하는 것일까? 돈일까? 아니면 사회적인 명성, 생활의 안정, 타인에 대한 봉사, 위대한 권력, 혹은 만족할 만한 사업일까?

이 질문은 당신과 당신의 남편이 스스로 대답해야 할 문제이다. 성공이란 사람에 따라서 각각 그 의미가 달라지는 법이다. 우선 당신은 성공이란 어떤 것인가를 마음 속으로 명확하게 결정하고 나서, 곧 한평생의 목표를 정하도록 해야 한다.

남편의 성공을 도우려면 아내는 모름지기 남편이 궁극적으로 바라는 바가 무엇인가를 분명하게 이해해야 한다. 그러나 부부가 한마음 한뜻이 되어 협력해야 함에도 불구하고 각자 자기 주장을 내세워 서로 반대 방향으로 걸어가는 경우도 있다. 이것은 참으로 불행한 일이 아닐 수 없다.

또 당신의 남편이 자기의 나아갈 바를 잘 알고 있다고 해서 그것으로 끝날 문제는 아니다. 당신 역시 남편 못지않게 남편의 원대한 계획에 참여해야 한다.

"사랑한다는 것은 상대방의 눈을 들여다보는 데서만 그치지는 않습니다. 상대방과 같은 방향을 바라보는 데 그 진정한 뜻이 있는 것입니다."

참으로 옳은 말이다. 끝없이 전진하려고 노력하는 부부를 축복하고 격려하기 위한 충고로서는 이 이상 더 좋은 말은 없으리라고 믿는다.

성공하기 위한 첫걸음은 남편의 목표 설정을 돕는 데 있다.

제 2 장
목표 달성 후 곧 다음 목표를 세워라

닉 알렉산더의 가장 큰 소망은 대학 교육을 받는 것이었다.

그는 고아원에서 자랐다. 그 당시의 고아원 실정은 말이 아니었다. 새벽 5시면 눈을 부비며 일어나서 해가 질 때까지 중노동을 해야 했고, 식사 또한 형편없었는데, 그것조차도 배불리 먹을 수가 없었다.

닉의 환경이 이렇듯 불우했음에도 불구하고 총명한 그는 열네 살 때 이미 고등학교 졸업 자격증을 따내었다. 그 후 닉은 혼자 힘으로 생계를 꾸려가야 했으므로 곧 사회에 발을 들여 놓았다.

그의 첫 직업은 어느 조그만 양복점의 재봉사였다. 이 일자리는 육체만 극심하게 혹사당할 뿐 보수는 형편 없었다. 그러나 어려운 환경에도 굴하지 않고 무려 14년 동안이나 이 일을 계속하였다.

그러던 중 그 양복점은 다른 회사와 통합되었다. 덕분에 닉의 보수는 많아지고 근무 시간도 단축되었다. 닉의 행운은 계속되었다. 좋은 신부감이 갑자기 그의 앞에 나타났던 것이다. 그들은 곧 결혼을 했다.

 그녀는 대학 교육을 받고 싶어하는 남편의 꿈을 실현시키는 데 협력을 아끼지 않았다. 그러나 그들의 형편으로는 그리 쉬운 문제가 아니었다.

 1932년, 두 사람이 결혼한 지 얼마 안 되었을 때의 일이었다. 그 당시까지의 일에서 일단 손을 떼게 된 알렉산더 부부는 그 때부터 다른 길을 모색하여 한밑천 잡아보려는 계획을 세웠다.

 알렉산더 부부는 재산이라는 재산은 모조리 긁어모아서 펜실베이니아에 알렉산더 부동산 회사를 창립했다. 자금을 충당하기 위해 아내 테레사가 끼고 있던 약혼 반지까지 팔아야 할 정도로 그들 부부는 가난했다.

 다행히도 그들의 사업은 순조롭게 잘 되어 나갔다. 그로부터 2년 후에 아내는 남편에게 대학에 다니라고 제안을 했다.

 이리하여 닉은 36세에야 겨우 학위를 받을 수 있었다. 이로써 그의 첫번째 목표는 일단 달성되었다.

 학교를 졸업한 닉은 사업에 전념하여 부동산 매매업에 더욱 심혈을 기울였다. 아내 역시 열심히 일을 도운 것은 두말할 나위도 없다.

 그들 부부는 바닷가에 두 사람만의 보금자리를 마련하자는 계획을 세웠다. 일단 계획을 세운 닉 부부는 꾸준히 일을 추진해 나갔다. 이윽고 그 목표는 달성되었다. 그럼 그들은 그 정도의 목표에서 만족해 버린 것일까? 천만의 말씀이다. 그들에겐 귀여운 딸을 남부럽지 않게 교육시켜야 한다는 과제가 남아 있었다.

 그렇다면 과연 알렉산더 부부는 딸의 교육비를 어떻게 충당하려고 했을까? 그들은 저당 잡혀 있는 사무실 건물의 빚을 대신 갚아주고 그 건물을 인수해서 아파트로 개조하여 거기에서 나오는 고정적인 수입으로 딸을 교육시키기로 계획을 세웠다.

두 사람은 이번의 목표도 무난히 달성하고 말았다.

그들은 지금 노후를 대비하여 연금 보험의 완불을 새로운 목표로 정해 두고 있다. 그 후로는 닉 혼자서 사업에 종사하고 테레사는 주로 가사를 돌본다고 한다.

이렇듯 알렉산더 부부는 하나하나의 목표를 설정하여 그것을 실행하려고 끈질기게 노력한 결과 인생을 성공으로 이끌어 가고 있는 것이다. 그들 부부야말로 버나드 쇼의 다음과 같은 말의 진실성을 몸소 실증해 보인 좋은 예가 아닐 수 없다.

"나는 성공을 두려워한다. 부귀 공명을 이룩했다는 것은 이 땅 위에서는 자기의 할 일이 없어졌다는 뜻이 된다. 그것은 마치 교미가 끝난 후 암거미에게 물려서 죽고 마는 수거미와 같은 것이다. 나는 목표를 이루고 난 후보다 항상 목표를 앞에다 두는 미완의 상태를 좋아한다."

오늘날 너무 많은 사람들이 뚜렷한 목표를 갖지 못한 탓에 엉거주춤 방황하고 있다. 그들은 단순히 제 일차원의 세계 이외에는 알지 못하는 하루살이 인생이다.

인생에서 승리를 거두는 사람, 기민(機敏)하고 활동적인 사람, 기회가 있을 때는 결코 찬스를 놓치는 일이 없는 사람, 이런 사람들은 일정한 전망 내지는 뚜렷한 목표를 가지고 있는 사람들이다.

장기간의 계획을 수립할 경우에는 5년을 하나의 단위로 정해서 설계하는 것이 좋다.

'남편으로 하여금 5년 이내에 대학의 학위를 따고, 승진의 태세를 갖추게 하자. 적어도 앞으로 10년 이내에는 판매 지배인이나 한 구역의 지배인이 될 준비를 갖추어야 한다.'

앞에서도 언급한 안 헤이워드는 그녀에게 상담을 의뢰해 온 한 부인의 말을 이렇게 전해 주었다.

"저는 남편이 결코 독선이나 자기 만족, 또는 나태하게 되는 것을 원치 않아요. 우리는 결혼한 지 5년이 되었는데, 그 동안 해마다 무엇인가를 해 왔지요. 우선 남편은 학위를 따냈고, 다음에는 대학원 과정을 마쳤으며, 그리고 그 다음은 스스로 학문을 깊이 연구했고, 현재는 자기 사업에 전념하고 있답니다."

《경외서(經外書)》는 우리에게 이렇게 가르치고 있다.

'그대는 무엇이든지 목적을 잊지만 않는다면 잘못 또한 없으리라.'

무슨 일이든 한 가지 목적을 이루었으면 곧 새로운 목표를 설정하여 꾸준히 매진할 일이다. 이것이 바로 우리 인생을 성공의 길로 이끄는 지름길인 동시에 성공의 요체(要諦)인 것이다. 그러므로 여러분은 남편과 협력해서 우선 그 최초의 목표 달성을 위해 꾸준히 노력해야만 한다.

곧바로 다음 목표를 세우도록 해야 한다.

제 3 장
남편에게 열의를 갖게 하여라

뉴욕 철도 회사의 사장이던 고(故) 프레드릭 윌리엄슨은 어느 라디오 인터뷰에서, 사업에 성공하는 비결이 무엇이냐는 질문을 받고 이렇게 대답했다.

"사람들이 잘 깨닫지 못한 성공의 비결이 있습니다. 인생의 경험을 쌓으면 쌓을수록 사업에 대하여 열성을 다 바친다는 태도가 그것입니다.

나는 그렇게 확신하고 있습니다. 성공한 사람과 실패한 사람간에는 개인적인 자질이나 능력 또는 지식의 차이라는 것은 대체로 그리 현저한 것은 아닙니다.

그러나 두 사람이 거의 엇비슷한 실력을 가지고 있다면 열심히 일하는 쪽이 성공할 확률이 큰 것은 두말할 나위도 없습니다. 또한 열심히 하기만 하면 자기보다 능력이 뛰어난 사람을 능가할 수 있는 가능성도 큽니다.

  땅을 파는 일이든, 큰 회사를 경영하는 일이든, 일에 열중한다는 것은 자기의 천직(天職)으로 알고 그것을 사랑함과 같습니다. 그것이 아무리 어려운 일이라도 일에 열중하는 사람은 함부로 덤비거나 초조해하지 않고 언제나 침착한 태도로 일에 임할 수 있기 마련입니다. 그런 태도를 가질 수 있는 사람은 틀림없이 성공할 것입니다.

  아무리 위대한 일이라도 열심히 하지 않고 성공한 예는 일찍이 없었다는 말을 새삼 되새겨 볼 필요가 있습니다. 아닌게 아니라 이것은 단순한 언어의 수식(修飾)만은 아닙니다. 그야말로 성공에의 도표라고 할 만한 것이지요."

  당신이 이 책을 읽고서, 가령 남편에게 모든 일에 최선을 다한다는 것은 매우 중요함을 주지시키는 것 이외에 아무것도 얻는 것이 없다 할지라도, 당신은 그것만으로도 남편을 성공에의 길로 유도한 셈이다. 왜냐 하면 걸작을 창조하는 예술가이든, 판매원이든, 행복한 가정을 영위하려는 사람이든 간에 일에 열중한다는 것이야말로 사업에 성공한 모든 사람들이 공통적으로 지니는 특성이기 때문이다.

  열중(enthusiasm)이라는 말은 그리스 어에서 나온 것으로, '하나의 영감(靈感)을 받았다'라는 뜻이다.

  바로 이 열중하는 태도로 모든 일에 임하는 사람은 그 누구도 억제할 수 없는 막강한 힘을 갖게 된다.

  예일 대학에서 가장 인기 있던 윌리엄 라이언 펠프스 교수는 《교육의 감격》이라는 저서를 낸 바 있다. 그는 이 책에서 이렇게 서술하였다.

'나에게 있어서 학생을 가르친다는 것은 기술이나 직업 이상의 의미를 갖습니다. 그것은 이를테면 열정과 같은 것이지요.'

펠프스 교수의 이러한 지론은 깊이 새겨 둘 가치가 있다.

'화가가 그림 그리는 일을 사랑하듯이, 가수가 노래 부르기를 사랑하듯이, 또 시인이 시를 쓰는 데에 기쁨을 느끼듯이, 나는 가르치는 일을 사랑하고 있습니다. 나는 아침에 일어나기 전, 우선 지극한 기쁨으로 나의 제자들을 생각합니다. 성공하기 위해 가장 중요한 것은 자기의 일에 언제까지라도 열중할 수 있는 능력을 갖추고 있다는 그 점입니다.'

당신의 남편에게도 역시 사업에 열중할 수 있는 능력을 심어 주는 것이 중요하다. 그러면 과연 어떻게 해야 그러한 능력을 기를 수 있는지를 당신은 묻고 싶을 것이다. 그에 관한 것은 다음 장에서 쓰겠지만, 그 전에 우선 강조하고 싶은 것이 있다. 당신의 남편으로 하여금 일에 열중하고 싶다는 생각을 스스로 갖도록 하는 일이 무엇보다 우선되어야 한다.

우선 어떤 고용주든 일에 열중하는 근로자를 발견하는 것이 얼마나 가치 있는 일이냐 하는 점, 또한 그것이 얼마나 어려운 일인지 모르는 사람은 없음을 남편에게 가르쳐 주어야 한다. 자동차 왕인 월터 P. 크라이슬러는 이렇게 말하고 있다.

"나는 활기에 찬 사람을 좋아합니다. 그들이 활기에 넘쳐 있으면 손님도 그 열정에 끌려서 흥정도 쉽게 성립되기 마련이지요."

또 10센트 연쇄점의 창립자인 찰스 샘너 월워스는 이렇게 말했다.

"일에 열중하지 않는 한 어떤 일에도 성공할 수는 없습니다."

찰스 슈와브는 그 말을 바꾸어서 다시 말하였다.

"얼마든지 일에 열중할 수 있는 사람은 어떤 일이든 성공하기 마련입니다."

물론 이와 같은 논리에도 한계가 전혀 없는 것은 아니다. 음악에 대하여 조금도 재능을 타고나지 못한 사람이 아무리 음악에 대하여 열중하고 노력해도 음악의 대가(大家)가 될 수 없는 노릇이다.

그러나 이와 같은 특수한 재능에 관계되는 경우를 제외하고 실현 가능성이 있는 목표라면 이야기는 달라진다. 자기의 일에 열중하는 사람은 어떠한 일이든지 경제적 또는 정신적으로 최고의 보상을 받게 된다.

고도의 기술을 요구하는 직업에 있어서조차 일에 열중한다는 사실은 지극히 중요하다고 할 수 있다. 레이더나 무선 전신을 발명한 에드워드 비터 애플턴 경은 위대한 물리학자로서 노벨상까지 수상했다. 그는 《타임》지에서 다음과 같이 말한 적이 있다.

"과학적 연구에 성공하기 위해서는 전문적인 기술보다도 그 연구에 열중한다는 점이 훨씬 중요하다고 생각합니다."

만약 평범한 사람이 이런 말을 했다면, 그 말은 몹시 어처구니없게 들릴지도 모른다. 그러나 애플턴 경 같은 권위자가 이런 말을 했다는 사실을 중시하지 않을 수 없다.

고도화된 전문 지식을 필요로 하는 과학에 있어서도 일에 열중한다는 것이 그토록 중요할진대, 대다수의 남편 같은 평범한 샐러리맨 생활에 있어서야 더 말해 무엇하겠는가?

미국 생명 보험 회사의 외판원으로서 가장 유명한 프랑크 베드거의 유명한 에피소드를 인용해서 설명해 보기로 하자. 그의 저서인 《나는 어떻게 하여 판매에 성공했는가》는 지금까지 출간된 판매에 관한 책들 중 기록적인 베스트 셀러이다.

지금부터 베드거 씨의 체험담을 그의 저서에서 인용해 보기로 하겠다.

"내가 프로 야구 선수가 된 얼마 후, 그러니까 1907년의 일이다. 나는 소속된 구단에서 파면되어 버린 것이다.

'자넨 구장에서 마치 20년이나 야구 선수 노릇을 해 온 노장처럼 의젓하게 굼뱅이 춤을 추는 꼴이더군. 프랑크 군, 자네가 이 팀을 떠나 어떤 일을 하든지 자넨 앞으로 용기를 내어 자기 일에 열중해야 하네. 그렇지 않으면 자네는 평생 출세는 못 할 것일세.'

나는 당시 175달러의 급료를 받고 있었다. 거기서 파면된 직후 나는 펜실베이니아의 체스터로 갔다. 결국 나는 아틀랜틱 리그에 입단하여 고작 25달러의 보수를 받는 신세로 전락되고 말았다. 그 정도의 적은 보수로는 도저히 일에 열중할 엄두가 나지 않았다. 그러나 나는 애써 열중하려고 시도해 보았다. 새로운 생활이 열흘쯤 계속되었다. 다니 미한이라는 옛 선수가 장난 삼아 코네티컷의 뉴헤븐에 나를 소개해 주었다.

이 뉴헤븐에서의 첫날이야말로 내 생애에 있어서 최대의 전기(轉機)가 되었다. 아직도 나는 그 날의 생생한 기억을 잊지 못하고 있다.

다행히도 리그에서는 누구 한 사람도 내 과거를 알지 못했다. 그러므로 뉴 잉글랜드 리그에서 일찍이 볼 수 없을 만큼 열심히 노력하는 선수라는 명성을 떨치기 위해 결심하였다. 그러한 명성을 얻으려면 거기에 알맞은 행동을 할 필요가 있다. 나는 구장에 나간 순간부터 마치 전기가 통한 사람처럼 민첩하게 행동하였다.

　나는 내야수의 손을 저리게 할 만큼 스피드에 넘친 강한 투구를 했다. 어떤 때는 어찌나 맹렬한 기세로 삼루에 뛰어들었던지 삼루수가 그 기세에 놀려서 볼을 떨어뜨린 적도 있었다. 그리하여 나는 귀중한 도루를 할 수 있었다.

　그 날은 화씨 백도가 넘는 무더운 날씨였다. 만약 내가 그라운드를 뛰어다니던 중 일사병에 걸려 쓰러졌다 할지라도 그것은 아주 당연한 일이었는지도 모른다.

　그 결과는 어떠하였던가? 그것은 마치 마술과도 같은 작용을 했다고도 할 수 있다. 나에게는 세 가지 일이 일어났던 것이다.

　즉, 내 열의는 마음 속의 공포심을 완전히 쫓아내 주었다. 그 덕분에 나는 예상 외로 훌륭한 플레이를 할 수 있었다. 또 나의 열성이 우리 팀의 다른 선수들에게도 영향을 주어 그들도 플레이에 열중하게 되었다. 뿐만 아니라 더위에 지치지도 않았고, 경기를 하는 동안이나 끝난 다음에도 지금까지 볼 수 없을 만큼 컨디션이 좋아졌다.

　다음 날 아침 신문을 읽었을 때 나는 가슴 벅찬 감격에 사로잡혔다. 신문 지상엔 이렇게 씌어 있었다.

　'베드거라는 새 선수는 불덩어리 같은 존재다. 그는 팀의 선수들을 완전히 긴장케 했다. 그들은 단순히 게임에 이겼을 뿐만 아니라 이번 시즌 중의 어느 시합보다도 훌륭한 성과를 올렸다.'

　이와 같은 매스컴의 찬사 때문에 나는 열흘도 못 되어 보수가 185달러로 껑충 뛰었다. 25달러에서 무려 7배가 넘는 액수였다.

　그로부터 2년 후에 나는 세인트루이스 카디널스의 삼루수가 되었고 수입은 30배로 증가되었다. 도대체 무엇이 그러한 결과를 낳게

한 것인가? 답은 오로지 하나이다. 열의, 오직 열심히 했다는 것뿐이었다."

그러나 베드거 씨는 팔 부상으로 마침내 야구를 단념하지 않을 수 없게 되었다. 그래서 파이드리티 보험 회사의 외판원이 되었다. 이 새로운 일을 시작한 후로 거의 1년 동안은 쓰라린 실패만을 거듭했다. 그러나 그 후부터는 다시 야구 선수 시절처럼 자기의 일에 열중하였다. 그 결과 오늘날 그는 생명 보험업계에서 경이적인 성공자가 되었다.

그는 원고 청탁을 받기도 하고, 전국 각지에서 초청을 받아 자기의 체험을 여러 사람들에게 들려주기도 하였다. 베드거 씨는 이렇게 말한다.

"나는 판매에 종사한 30년 동안 두 가지 사실을 보아 왔습니다. 일에 열중한 덕택으로 수입을 2배나 3배로 증가시킨 많은 세일즈맨을 보았고, 열의가 모자라서 실패한 세일즈맨도 보았습니다. 나는 열의야말로 판매에 성공하는 최대의 요인이라고 굳게 믿고 있습니다."

일에 열중한다는 것이 이토록 막대한 영향을 끼친다면 당신의 남편에게도 같은 현상이 나타날 것이다.

프랑크 베드거나 월터 크라이슬러, 또는 찰스 슈와브 및 프레드릭 윌리엄슨의 발자취에서 꼬집어 말할 수 있는 것은 어떤 경우라도 열의를 갖고 일에 임해야 된다는 사실이다.

바로 그 점이 유일한 결론임을 당신의 남편이 납득하도록 해야 한다. 그 누구이든 조건만 충분히 갖춘다면 일단 성공에 필요한 모든 것을 이룰 수가 있다. 그리하여 그 사람의 일은 뜻대로 진척될 것이다.

밴드의 지휘자인 봅 크로스비의 아들에게 그의 부친이나 숙부가 어떻게 지내느냐고 매일 물어본 사람이 있다. 그 대답은 항상 똑같았다.

"그분들은 언제나 유쾌하게 지내십니다."

"그렇군, 그럼 자네는 어떻게 생활하고 싶은가?"

남의 일에 관심이 많은 그 사람은 질문을 계속하였다.

그러자 젊은 크로스비는 서슴지 않고 이렇게 대답했다.

"유쾌하게 지내야지요."

일에 열중하는 사람은 대개 이런 식이다.

그러므로 남편을 성공하게 하려면 보다 더 일에 열중하도록 격려해야 할 것이다.

남편에게 열의를 갖게 한 다음 그것이 성공의 요인 중 가장 중요함을 이해시켜야 한다.

제 4 장
어떤 일에 최대한 집중할 수 있는 여섯 가지 방법

나는 다음 여섯 가지 규칙이 대단히 효과적이라고 확신한다. 이 여섯 가지 규칙을 잘 적용해서 성공한 실례를 여러 번 보았기 때문이다.

당신의 남편에게도 그것을 시도해 보라고 권하고 싶다. 이것은 상대가 누구이든 그 사람의 집중률을 틀림없이 높일 수 있는 방법이 될 것이다.

그럼 하나하나 그 규칙을 설명해 보기로 한다.

자신의 일과 그에 관계된 모든 것을 배우도록 하라

대개의 사람들은 자신은 한낱 거대하고 차가운 기계의 톱니바퀴에 지나지 않는다고 생각한다. 그것은 자기가 담당하는 일의 중요성을 모르기 때문이다. 또 자기가 매일 하고 있는 일 외에는 배우려 하지 않는 데서 비롯된 현상이기도 하다.

옛날에 두 사나이가 같은 일을 하고 있었다.

"자네들은 무엇을 하고 있나?"

이런 질문을 받았을 때 두 사람은 각각 다른 대답을 하였다.

"나는 벽을 쌓고 있습니다."

"나는 대전당(大殿堂)을 짓고 있습니다."

일이나 제품에 대하여 잘 아는 것은 그 일에 얼중하도록 하는 기본적인 조건이 된다. 저널리스트로서 유명했던 아이다 M. 터벤은 일찍이 5백 마디의 기사를 쓰기 위해 무려 3~4주나 자료를 모으는 데 소비했다고 한다.

그러나 그가 실제로 활용한 것은 그 방대한 자료 가운데에서 극히 사소한 일부분에 지나지 않았다고 한다. 그의 설명에 의하면, 그 때 얻어진 지식은 그녀에게 활력을 주었다. 그리고 또 상당한 지식을 소유했다는 의식은 그녀로 하여금 학식과 권위로써 안심하고 집필하는 데 아주 효과적이었다는 것이다.

벤자민 프랭클린이 소년 시절에 어느 조그마한 비누 공장의 사원으로 있었을 때, 그는 공정(工程) 전체를 낱낱이 외워 버림으로써 최후의 성과에 대한 자기의 미미한 공헌에 관해서도 어떤 자부심을 지닐 수 있었다고 했다.

공장주는 자기 공장의 제품에 관한 제조 공정을 세일즈맨들에게 상세히 가르쳐 줌으로써 그들을 훈련시켰다. 이 지식은 세일즈맨이 단골 거래처에 그 제품을 판매할 때에도 아주 효과적으로 활용되는 것이다. 뿐만 아니라 제품에 대한 완전한 지식은 틀림없이 거래가 되리라고 믿어지는 예상객(豫想客)과 상담할 경우에 세일즈맨을 권위 있게 하고 그 결과로써 판매액을 증가케 하는 것이다. 어떤 일에 있어서든지 그 일을 상세하게 알면 알수록 우리는 보다 더 열심히 일에 임할 수 있게 된다. 그러므로 만약 당신의 남편이 자기 일에 열중하지 않는 듯한 기미가 보이거든 우선 그 이유가 무엇인가를 정확히 판단해야 한다.

당신의 남편은 자신의 일, 또는 그 일이 전체에 미치는 영향과 공헌도를 잘 이해하지 못하고 있는지도 모를 일이다.

목표를 정하고 그것을 추구하라

성공을 꿈꾼다면 우선 목표를 설정한 다음 정확하게 겨냥해야 한다. 우선 무엇을 목표로 무슨 일을 할 것인가를 정리한 다음 사나운 고양이가 쥐를 쫓듯 그 목표를 추구하는 것이다. 자기가 뜻하는 바를 자각한 사람은 실패 때문에 좌절하지 않는다.

앞에서 말한 벤자민 프랭클린은 다음과 같이 서술한 바 있다.

'성공을 원한다면 자기에게 적당한 직업을 선택하여 끝까지 추구해야 한다.'

영국의 시인 사무엘 칼리지가 만약 이런 충고를 받아들여 최선을 다했더라면 매우 좋았을 것이라는 생각이 든다. 그는 자기의 재능을 너무 여러 방면으로 넓혀 버린 탓으로 시재(詩才)를 탕진하고 말았다. 그는 도저히 실현할 수 없는 꿈의 세계에서 살았다. 그는 항상 무엇인가를 추구했음에도 불구하고 결국은 아무것도 하지 못했다. 그가 죽었을 때 찰스 램은 이런 글을 썼다.

'칼리지는 죽었습니다. 그는 형이상학과 신학에 관한 4만 장 이상의 논문을 남겼다고 합니다만, 애석하게도 완성된 것은 하나도 없군요.'

당신의 남편과 미래의 희망에 대해서 이야기를 나눔으로써 남편이 그 목표나 포부를 정확히 하도록 도와야 한다. 막연하고 실현될 가능성도 없는 성공을 부질없이 꿈꾸지 말고, 뚜렷한 특정의 목표를 포착하도록 남편을 격려하라는 것이다.

날마다 자기 자신에게 격려의 말을 하라

이런 어린애 같은 소리가 어디 있느냐고 고개를 갸웃거릴 독자가 있을지 모르나, 훌륭한 성공자들은 이 방법이 일에 열중하기 위하여 아주 좋은 효과를 거둔다고 인정한다.

뉴스 해설자인 H. V. 칼텐본의 예를 들어 보자. 그가 젊었을 때만 해도 그는 이름도 알려지지 않은 사람으로 프랑스에서 세일즈를 하고 있었다. 그는 날마다 가정 방문을 나서기 전, 반드시 자기 자신에게 용기를 북돋워 주었다고 한다.

또 위대한 마술사였던 하워드 서스튼은, '나는 관객들을 좋아한다.' 이런 말을 혼자 지껄이면서 분장실을 거닐기 일쑤였다. 긴장이 풀릴 때까지 몇 백 번이고 이렇게 되풀이하여 되뇌인 후에야 분장실을 나서서 무대에 나간다는 것이다. 무대에 나서면 그는 언제나 훌륭한 공연을 해냈다.

대부분의 사람들은 인생을 가면 상태(假眠狀態)로 지내고 있다. 이 가면 상태에서 깨어나기 위해서 매일 아침 자기 자신에게 다음과 같이 타이르는 것을 왜 이상하게 여기는 것일까?

'나는 나의 일을 사랑합니다. 나는 내가 지닌 온갖 것을 일에 기울이려 합니다. 나는 내가 힘껏 노력을 기울여 살고 있는 데 대해서 무한히 감사하게 여깁니다. 오늘도 전력을 다해 힘차게 일에 임할

것입니다.'

남을 돌보려는 생각을 길들이도록 하라

일찍이 알리스 트테레스는 이기주의의 진화라는 것을 제창한 바 있는데, 이것은 성공을 바라는 사람들을 위해서 좋은 충고가 될 것이다.

한쪽 눈은 괘종 시계의 바늘에, 또 한쪽 눈은 자기 월급 봉투에만 고정시키고 있는 소극적이고 게으르며, 그 무엇도 성공하지 못하는 샐러리맨이 있다.

그런 사람과는 반대로 남을 돌볼 줄 안다는 것은 일에 열중하게 되는 결과도 된다. 적은 봉급에서 단돈 얼마라도 사회 봉사나 전도 사업에 기부하는 사람들은 그러한 기회가 다가오면 그 밖의 봉사 활동이 아닌 일에서 많은 돈을 벌게 된다.

자기 본위의 생각은 일시적으로는 잘 될지 모르지만 긴 안목으로 보면 스스로 패하고 마는 결과가 될 것이다.

내 쪽에서 걸려 넘어지도록 발을 앞으로 내밀고 있는 사람이 주위에 많은 것보다는 원조의 손을 뻗치고 있는 사람들이 많다는 것은 얼마나 행복한 일인가?

일에 열중하는 사람을 사귀어라

"나에게 가장 필요한 것은 내가 할 수 있는 일을 하도록 용기를 북돋워 주는 것이다."

이것은 에머슨의 말이다. 달리 표현하면 영감(靈感)이라고 할 수 있다.

남편이 일하고 있는 환경을 갑자기 바꿀 수는 없다. 그러나 남편이 현재보다도 더 창조적인 생각을 갖고 활기찬 삶은 누리도록 격려해 주는 벗을 구할 수는 있을 것이다.

남편이 일에 열중하기를 원한다면 당신은 인생이나 생활의 의미를 자주 환기시키도록 해야 한다. 또한 무슨 일에 있어서나 활기에 찬 사람들의 영향을 받을 수 있도록 항상 세심하게 마음을 써야 한다.

그런 사람은 어디에나 있기 마련이다. 당신은 그 사람을 남편의 친구로 만들어야 한다. 그런 사람들과의 교제는 남편을 계발하고 그 두뇌를 전환시킬 수 있다.

다음은 퍼시 H. 파이팅의 저서 《판매의 5대 원칙》에 기술된 충고이다. 이 충고는 위의 논리에도 들어맞는다.

'무뚝뚝한 사람, 열심히 일하지 않는 사람, 평상시 일에 진전이 없는 사람은 경계해야 한다.'

열심히 하려는 마음만 있다면 결국은 열중하게 된다

이것은 나의 아이디어가 아니다. 내가 아직 태어나기도 전부터 유명한 윌리엄 제임스 교수가 하버드 대학에서 강의한 바 있는 철리(哲理)이다. 제임스 교수는 이렇게 말하였다.

"만약 어떤 감정을 갖고 싶다면 그 감정을 갖고 있는 당신을 생각해 보십시오. 그렇게 함으로써 그 감정을 실제로 자아내게 됩니다. 행복해지고 싶으면 행복하다고 생각하면 됩니다. 불행을 느끼는 사람들은 대개가 스스로 불행하다고 생각하기 때문이죠. 그러므로 우리가 어떤 일에 열중하고 싶을 때에는 우선 그 일에 열중하는 척하면 결국 그렇게 될 수 있는 것입니다."

《나는 어떻게 판매에 성공했는가》의 저자 프랑크 베드거는 누구든지 이 원칙 하나만 적용시킨다면 자기의 생활 전체를 개혁할 수 있다고 말했다.

베드거는 이 사실을 알고 있었다, 바로 그 자신의 체험이었기 때문에.

성공에의 첫걸음
① 남편이 지향하는 길과 인생에서 얻으려는 그 무엇을 결정함에 도움이 되어야 한다. 목표를 결정하고 그것을 향하여 돌진한다.
② 하나의 목표를 달성한 후 곧 새로운 목표를 세운다. 5년을 하나의 기간으로 하여 미래를 설계한다.
③ 남편에게 열과 성의를 다하는 것은 대단한 가치가 있음을 설득시킨다. 열중함으로써 그 어떤 어려운 일도 처리할 수 있다는 것을 남편에게 설명한다.
④ 일에 열중하기 위한 다음의 여섯 가지 방법을 실행하도록 권한다.
  • 자기 일에 관하여 되도록 많은 것을 배운다.
  • 목표를 정하고 그것을 추구한다.
  • 날마다 자기 자신에 대하여 격려의 말을 한다.
  • 남을 돌보겠다는 생각을 갖는다.
  • 일에 열중하는 사람들과 사귄다.
  • 무슨 일이든지 억지로라도 열심히 한다. 그러면 자연히 그 일에 열중하게 된다.

제 2 부
남편을 분발시키는 방법

위대한 사랑은, 깊은
지혜와 같다.
지혜의 넓이는 마음의 깊이에
비례된다.
인도의 가장 높은 정점에
도달하는 것도
위대한 마음이다.
위대한 마음은
위대한 지혜가 된다

제 1 장
남편의 말에 귀를 기울여라

　1950년 겨울, 시카고의 어느 빌딩 옥상에서 빌 조운스라는 사나이가 투신 자살을 기도했다. 그 동기는 신경쇠약과 공포증 때문이었다.
　한때는 그의 사업도 크게 번창하였었다. 그러나 너무 급격히 사업을 확장하다가 부도 수표를 남발한 탓으로 결국 채권자들에게 쫓기는 신세가 되고 말았다.
　그러나 그보다 더 불행한 일은, 이와 같은 어려움을 타개하기 위하여 아내에게 모든 사실을 털어놓고 근심 걱정을 나누려 하지 않았다는 점이다. 그의 아내는 남편의 성공을 아주 자랑스럽게 여기고 있었다. 또 남편은 남편대로 자기 사업이 난관에 처해 있다는 사실을 절대로 아내에게 알리려 하지 않았다. 만일 아내에게 모든 것을 털어놓는다면 하루 아침에 절망의 낭떠러지로 떨어져 버릴 것만 같은 걱정이 앞섰기 때문이다.
　막다른 골목에 이르러 도저히 수습해 볼 도리가 없게 된 조운스는 채권자들의 극성에 견딜 수가 없었다. 그는 채권자들에게 자기 소유의 건물 옥상까지 쫓기게 되자 순간적으로 자살을 생각하기에 이르렀다.

5층에서 뛰어내린 그는 맨 아래층의 창 밖으로 튀어나온 차양을 뚫고 길바닥으로 떨어졌다. 상식적으로 생각할 때 5층 높이에서 떨어져서 무사할 사람은 없다. 그러나 그는 기적적으로 엄지손가락 하나만을 다쳤을 뿐 상처 하나 입지 않았다. 공교롭게도 그가 꿰뚫은 차양은 그의 소유물 가운데서 빚을 지지 않고 구입한 유일한 재산이었다고 한다.

빌 조운스는 마침내 의식을 회복하였다. 그는 자기가 어엿하게 살아 있다는 사실을 깨달았다. 순간적으로 이처럼 대단한 기적이 일어났으니 지금까지 겪은 고난쯤은 아무것도 아니라고 생각하게 되었다. 그는 불과 5분 전만 하더라도 자기의 인생은 완전히 끝장났다고 생각했었다. 그러나 지금에 와서는 자신이 죽지 않고 살아 있다는 사실 자체만으로도 가슴 벅찬 희열을 느낄 수 있었다.

그는 부랴부랴 집으로 돌아가서 아내에게 모든 사실을 털어놓았다. 그 순간 아내의 충격이 무척 컸음은 두말할 나위도 없었다. 그러나 아내가 충격을 받은 원인은 남편이 자살을 기도했다는 사실보다도 그 동안 남편이 혼자서 얼마나 애를 태웠을까 하는 데서 오는 것이었다.

그녀는 자세를 고쳐 앉더니 남편을 위로하면서 앞으로 어떻게 이 난관을 극복할 것인가에 대해 신중히 상의하였다.

이렇게 되자 빌 조운스는 비로소 시야를 넓게 하고 다방면에 걸쳐서 마음놓고 해결책을 모색할 수 있었다. 따라서 그는 지금까지의 소극적이고 폐쇄적인 사고 방식에서 탈피하여 적극적으로 재기할 방법을 연구했다.

그와 같은 결과가 오늘날 빌 조운스를 건실한 사업가로 만들어 놓았다. 현재 빌 조운스는 빚 따위는 한푼도 없는 건실한 사업가로서 두각을 나타내고 있다.

무엇보다도 중요한 점은 그가 성공했느냐, 실패했느냐 하는 것보다, 모든 일을 아내와 상의했다는 것이다. 그 이후로 그는 모든 일을 아내와 의논해서 즐거움과 고통을 함께 나누었다.

사업에 실패한 자기를 따뜻한 위로와 동정의 눈길로 보아 줄 리 없다고 믿었다가 인생에 실패할 뻔했던 사나이의 이야기는 우리에게 여러 가지 교훈을 남겨 준다. 다시 말해서, 남편은 아내를 믿고 아내는 남편을 믿어야 한다는 지극히 평범한 철칙을 일깨워 준 것이다.

애당초 빌 조운스는 사업에 관한 골칫거리를 아내에게 털어놓는 것은 남자의 체면을 깎아내린다는 그릇된 생각에 사로잡혀 있었다.

이러한 타입의 남성은 맛좋은 음식이나 아름다운 옷 따위를 집으로 들고 가는 것만이 행복인 줄로 착각하고 있다. 그런 남성은 일이 잘 되지 않을 때에 아내를 근심케 하거나 공포심을 갖게 할까 봐 그런 기색을 감추려고 애를 쓴다. 그들은 자신의 약점을 아주 부끄럽게 여기고 있는 것이다.

결과적으로 그런 행동이 아내를 모욕하는 것이라는 사실을 그들은 까맣게 모르고 있다.

그렇다면 오늘날의 모든 남편들은 과연 어떠한가? 남편의 말에 귀를 기울일 줄 모르는 아내를 가졌다는 사실을 도리어 더 마음 편하게 여기고 있는 남편이 대부분이라면 지나친 말일까?

1951년《포춘》지는〈현대 중역 부인 개관(現代重役夫人槪觀)〉이라는 기사를 실은 적이 있다. 그 가운데에 어느 심리학자는 이렇게 말했다.

"아내의 가장 큰 내조의 하나는 남편의 근심거리에 귀를 기울여 들어줌으로써 그가 마음의 무거운 짐을 내려놓을 수 있게 하는 것입니다."

그 심리학자는 그러한 아내를 일컬어 '안전 장치' '공명반(共鳴盤)' '슬픔의 벽' '연료 보급소'라고 평하였다.

거기에 덧붙여 이 기사는 또 하나의 사실을 지적했다.

'남편은 그의 아내가 현명하게 자기 이야기를 귀담아 들어주기를 원하지만 한편으로는 조언을 반기지는 않는다. 한 번이라도 직장 생활을 해 본 일이 있는 여성이라면 잘 알 것이다. 좋건 나쁘건 가정으로 돌아가서 그 날 하루에 일어났던 일을 털어놓고 이야기를 할 수 있는 상대가 있다는 사실에 그 어떤 의미가 있다는 것을.'

사무실에서는 그런 일에 관해서 이야기를 나눌 기회가 그리 많지 않다. 그 날 일이 대단히 잘 진행되었다고 하더라도 사무실에서는 그것을 화제 삼아 자랑할 수가 없다. 마찬가지로 곤란한 사태에 부딪쳤을지라도, 동료들은 그것에 관해서 알려고도 하지 않는다. 왜냐하면 그들은 그들대로 자기 자신에 관한 문제들이 산더미처럼 쌓여 있으므로 도저히 그럴 만한 여유가 없는 것이다.

바로 그러한 마음으로 울적하게 집에 들어왔을 때 실컷 지껄여 대어서 마음 속을 후련케 하고 싶다는 욕구를 누구나 가질 수 있다. 다음과 같은 경우는 어느 가정에서나 흔히 볼 수 있는 현상이다.

빌은 매우 흥분해서 집으로 돌아왔다. 그러고는 집에 들어서자마자 아내에게 말했다.

"여보, 메이벨. 오늘은 참 신나는 일이 있었어. 나는 내가 작성한 그 리포터에 관해서 보고하느라고 중역 회의에 불려 갔지. 중역들은 내가 만든 그래프를 가져오라고 하더니, 그러고는……."

"그래요? 참 좋았겠네요."

메이벨은 마음이 내키지 않는 듯 이렇게 대답하고는,

"오늘 부엌을 고치려고 왔던 사람 이야기, 제가 안 했던가요? 그 사람 얘기로는 부품을 바꿔야 한다지 뭐예요. 식사가 끝나면 한번 봐 주세요."

"아! 그러지. 그건 그렇고, 내 이야기를 계속하지. 그 슬롬모르튼 씨가 바로 중역 회의에 내가 직접 나가서 설명하도록 주선해 주신 거야. 나도 처음에는 얼떨떨할 지경이었지만, 중역들의 주의는 충분히 끌 수 있다고 생각되었어. 빌링스 씨조차도 감탄하며 이렇게 말했거든, 그의 이야기는……."

"그 사람들은 당신을 무능력자로밖엔 평가하지 않는다고 제가 늘 말했잖아요. 그보다도 여보, 당신은 우리 애의 숙제에 관해서도 좀 타일러 주세요. 그 애의 이번 학기 성적은 매우 나빠요. 선생님은 열심히만 하면 나아진다고 말씀하시거든요. 그렇지만 저는 더 이상 어떻게 할 수가 없어요."

아내의 말을 듣고 보니 더 무슨 말을 해도 소용이 없다고 빌은 깨달았다.

그래서 그는 자신의 자랑스러운 감정을 접시 위의 고기와 더불어 부랴부랴 삼켜 버리고는 아내의 말대로 부엌을 살펴보고 아이의 숙제를 돌봐주는 일을 하지 않을 수 없었다.

 자기와 관련된 문제를 아내가 귀담아 들어주기를 원하는 것은 너무 자기 중심적인 생각이었을까?
 결코 그런 것은 아니다. 그녀 또한 빌이 원한 만큼 자기의 이야기에 귀를 기울여 줄 사람이 필요했던 것이다.
 여기서 잘못된 점은 그녀가 자신의 말을 적절한 시기에 꺼내지 않았다는 것이다. 중역 앞에서 칭찬받은 일을 남편이 신명나게 말하기 시작했을 때 아내도 그 일을 같이 기뻐해 준다면 조금 뒤, 흥분이 가라앉은 후에는 빌도 메이벨의 살림살이 이야기에 귀를 기울였을 것이 아닌가?
 남의 이야기에 귀를 기울일 줄 아는 여성들은 남편에게 커다란 만족과 위안을 줄 뿐만 아니라, 사회에 나가서도 대단한 재산을 지닌 것처럼 든든한 마음이 된다. 또 상대편의 말을 들어주는 데서 그칠 것이 아니라 자신이 잘 이해하고 있다는 것을 상대방으로 하여금 깨닫게 하는 질문을 간단히 삽입할 수 있는 침착하고 겸손한 여성이라면 상대방이 남성이든 여성이든 반드시 성공할 수 있다.
 여러 면에서 재기(才氣)가 넘치기로 유명한 류 드 모니는 어느 교양인을 가리켜서, '자신은 잘 아는 일일지라도 아무것도 모르는 사람과 말할 때에도 무시하지 않고 관심과 흥미를 가지고 그 이야기를 경청하는 사람'이라고 평한 적이 있었는데, 덕망 있는 여성이란 대체로 이러한 인물을 말한다. 남의 이야기를 귀담아 들을 줄 아는 사람은 말이 많은 사람과 맞부딪치는 경우가 간혹 있다. 그러나 대부분의 경우, 총명한 태도로 남의 말을 듣는 것은 세상이나 인간에 관한 지식을 풍부하게 해 주기 마련이다.

여배우인 마녀 로이는 〈헤럴드 트리뷴〉이라는 신문에 기고한 글 가운데서 '들어서 외운다'는 것은 그녀가 국제 연합의 교육·과학·문화 기관(유네스코)의 의원으로 임명될 당시의 좌우명이었다고 말했다. 그녀는 세계 각국에서 모여든 대다수의 대표자들과 이야기를 나누고 그들의 말을 듣는 것이, 여러 나라의 문제들을 이해하는 데 대단히 큰 도움이 되었다고 말했다.

로이 여사는 나아가서 다음과 같이 설명했다.

"물론 때로는 자기가 말하고 싶은 것도 참아야 하는 수가 있지요. 그러나 의미 없는 재잘거림으로써 상대방을 어리둥절하게 하느니보다는 스핑크스와 같은 지혜를 지닌 좋은 경청자가 되는 편이 얼마나 훌륭한지 모른다고 저는 생각해요."

그런데 좋은 경청자가 되기 위해서는 세 가지 조건이 있다. 즉, 남의 말을 귀 기울여 들을 수 있는 사람이 되기 위해서는 다음의 세 가지를 실행에 옮겨야 할 것이다.

귀·눈·얼굴·몸 전체로 들어라

주의는 온갖 기능을 집중시킨다는 뜻이다.

열심히 귀담아 듣는 것은 말하는 이를 지켜보고, 몸을 앞으로 내밀고, 얼굴로는 상대방의 이야기에 맞장구를 치게 될 것이다.

매력에 관한 연구의 권위자인 마르제리 윌슨은 이렇게 말했다.

"듣는 이에게서 아무런 반응이 없는데도 이야기를 계속해 나갈 수 있는 사람은 좀처럼 없습니다. 상대방의 말이 당신의 마음에 어떤 공감을 불러일으켜 주었을 때, 상대방의 말을 풍부한 표정으로 들으려면 어떻게 해야 할까? 그것을 알고 싶거든, 쥐구멍 앞에서 조심성 없는 쥐가 나오기를 기다리는 고양이의 표정을 주의해 보시면 될 것입니다."

상대방의 답변을 유도해 내는 질문을 하라

상대방의 답변을 유도할 질문이란 어떤 것일까?

그것은 질문을 한 사람이 기다리고 있는 특정의 답변을 교묘하게 암시하는 질문이다.

단도 직입적인 질문이란 때로 예의를 벗어나는 수가 있지만, 상대방의 답변을 유도하는 질문은 대화에 자극을 주고 활기가 넘치게 한다. 그럼 여기서 하나의 예를 들어 보자.

"당신은 노동 조합과 경영자의 관계에 대해서 어떤 의견을 가지고 계십니까?"

"스미스 씨, 당신은 노동 조합과 경영자와의 사이에도 상호 이해가 성립될 가능성이 있다고 생각지 않으시는지요?"

이것은 단도 직입적인 질문이지만, 상대방의 대답을 이끌어 내는 질문이다.

이와 같이 상대방의 답변을 유도하는 질문은 남의 이야기를 경청할 줄 아는 사람이 되고자 하는 이를 위해서는 반드시 필요한 테크닉이다.

그것은 또한 아내를 위해서 다시없는 도움이 되는 테크닉이기도 하다. 특히 아내가 이러쿵저러쿵하는 말을 싫어하는 남편들에게 교묘하게 어떻게든 아내 자신의 의사를 전달하려고 할 경우에는 더욱

더 그렇다.

예를 들면 이렇게 질문을 하는 것이다.

"여보! 광고를 더 해야 판매 성적이 오른다고 생각지 않으세요. 그렇잖으면 모험일까요?"

이런 질문은 조언과는 다르지만, 그것과 같은 효과를 가져오기 마련이다. 또한 재치 있는 질문은 놀라운 효과를 가져온다. 특히 남 앞에서 기가 죽어서 멈칫거리거나, 처음 만난 사람 앞에서 서먹서먹하게 침묵을 계속하는 경우에 그러하다.

인간이란 날씨나 야구의 득점이나 또한 질병에 대해서 이야기할 때보다도 자기 머릿속에 있는 의견을 진술할 때 훨씬 더 열중하게 마련이다.

결코 신뢰를 배반하지 말라

아내에게 자신의 이야기를 털어놓기를 피하는 이유 중의 하나는, 아내가 친구나 미용실 직원 등에게 그런 중요한 이야기를 할지도 모른다고 두려워하기 때문이다.

남편이 아내에게 털어놓는 이야기는 무엇이든 모두 귀에서 입으로 빠져 나가는 때가 많다. 예를 들면 미용실에서 머리를 하면서,

"이번에 비진스 씨가 은퇴하면 우리 애 아버지 존이 지배인 자리에 앉게 될지도 몰라요, 글쎄."

이런 말을 무심히 했을 때, 그 말은 다음날 곧 존의 경쟁자의 부인 귀에 들어가 버릴 수도 있다. 그 결과 존은 영문도 모른 채 상대방으로부터 비밀리에 견제를 받게 된다.

내가 만난 어느 중역은 사원들이 집에 돌아가서 회사의 이야기를

하면 안 된다고 금지했다고 한다. 그는 이렇게 불평을 늘어놓았다.

"거리의 가게 앞이나 칵테일 파티에서 회사에 관한 말을 소곤거리는 꼴은 눈 뜨고는 볼 수 없단 말이에요. 여자라는 인종은 왜 그렇게 말이 많은지 모르겠어요. 거참!"

또한 극히 소수의 예이지만, 혹 말다툼이라도 하게 되면 그것을 이용하는 부인도 있다. 남편이 털어놓았던 것을 약점 삼아서 이야기하는 것이다.

"당신은 공연히 쓸데없는 물건을 잔뜩 샀다고 후회하시지 않았느냐는 말이에요. 그런 주제에 제가 옷가지를 사느라고 돈을 너무 많이 쓴다고요? 저만이 낭비한다는 거예요? 원, 기가 막혀서."

그러한 부인은 남편의 실수에 대해서만 비난할 뿐이지 그 이상 깊이 파고들어 골치를 썩이려고는 하지 않는다.

그러고 보면 자기 자신을 공격하도록 탄약을 공급해 준 격이 된 결과를 생각하고 남편이 쓰디쓴 입맛을 다실 것을 뻔한 것이다.

그러나 이해력이 풍부하고 남의 말을 경청할 줄 아는 사람이 되기 위해서는 반드시 남편의 일을 세부적인 면까지 속속들이 다 알고 있어야 한다는 것은 아니다.

남편이 제도공(製圖工)이라면, 그는 아내가 설계도의 작성법까지 알고 있기를 바라지는 않는다. 단지 그 제도 작업에 있어서 맞부딪치는 문제에 대해 아내가 동정과 흥미로 배려해 주면 남편은 매우 만족할 것이다.

내가 아는 어느 회계사는 특수한 과학의 분야를 내가 모르듯이 회계에 관해서는 전혀 모르는 여성과 결혼했는데 그의 말을 빌리면,

"나는 내 분야에서 가장 어려운 전문적인 문제마저 그녀에게 들려

줄 수 있습니다. 아내는 직관적으로 그것을 이해하는 것같이 보이더군요. 저녁마다 내가 하는 말을 아내가 귀담아 들어주는 것을 나는 행복하게 생각하지요."

무엇이든지 주의 깊게 들어주는 것은 당신을 보다 더 사랑스러운 여성으로 만들어 주고, 그 얼굴을 저 유명한 트로이의 미녀 헬렌보다도 아름답게 해 줄 것이다. 그것은 또한 그 남편에게 보다 잘 협력하는 결과가 되기도 한다.

남의 말을 경청할 줄 아는 여성을 위한 세 가지 원칙
① 얼굴 표정이나 몸짓으로 자신이 주의해서 귀 기울이고 있다는 사실을 표현하여라.
② 적당한 질문을 하도록 하여라.
③ 결코 상대방의 신뢰를 저버리지 말아라.

제 2 장
당신은 두 남성과 결혼한 것이다

"어떤 사람이든 실제로는 두 가지 속성을 지니고 있다. 현재의 모습 그대로의 인간과 자신이 희망하는 모습의 인간형이 그것이다."
체스터필드 경은 이런 글을 쓴 적이 있다.

'많은 사람들은 대담해지고 싶어한다. 덕망이 없는 사람은 누구나가 선망하는 사람이 되고 싶어하고, 자신이 없는 사람은 어떻게 해서든지 용기 있는 사람이 되고자 한다. 그러므로 당신의 남편도 더 나은 자신을 위해 노력해야 하며, 그렇게 만드는 것이야말로 당신의 역할이기도 하다.
그렇다고 해서 잔소리를 하거나, 다른 사람과 비교하거나, 함부로 재촉만 할 것이 아니라, 부드러운 태도로 용기와 칭찬을 해 주며, 뒤에서 밀어주듯 하여야 한다.'
이에 관해서 마졸리 홈스는 이렇게 말했다.

"자기 아내에게서 칭찬을 받았을 때, 또는 '당신은 참 훌륭하시네요' '전 당신이 자랑스러워요' '당신이 제 남편이라니 참 기뻐요'라는 말을 들었을 때, 마음 속으로 기쁨을 느끼지 않는 남편은 아마 없으리라."

이 말의 진실성에 관해서는 수많은 사람들이 증인이 되어 주리라 믿어진다. 예컨대 테네시 주 클록스빌 시의 디포트 가 209번지에서 파크스 자동차 부속품 상점을 경영하는 G. R. 파크스 씨는 내게 다음과 같은 편지를 보내 준 적이 있다.

사람이란 장래 자신이 희망하는 사람이 될 수 있을 뿐만 아니라, 아내가 바라는 남편상 또한 될 수 있다고 나는 확신합니다.

나는 오랫동안 많은 사람들을 고용해 왔는데, 어떠한 사람이건 그의 부인을 만나서 이야기를 건네 보지 않고서는 그에게 책임 있는 중요한 직책을 맡긴 적이 한 번도 없습니다.

일반적으로 아내의 처세관, 즉 남편의 일에 협력하는 열성의 강도가 남편의 성공을 결정하는 법입니다. 나의 경우가 그 좋은 예라고 하겠습니다.

나와 결혼하기 전 내 아내는 꽤 부유한 집안에서 부족한 것 없이 지냈습니다. 유복한 양친 슬하에서 충분한 교육을 받고, 즐겁고 행복한 가정에서 자란 것입니다. 그와 반대로 나는 돈도 없고, 교육도 제대로 받지 못하고, 이렇다 할 재산도 없고, 다만 무엇인가 큰일을 하려는 야심과 아내의 신뢰를 제외하면, 그야말로 알몸뚱이 그대로였습니다.

결혼 초 곤란했던 수년 간, 즉 내가 실패와 절망과 싸워 가던 동안은 오로지 아내의 끊임없는 격려가 나를 노력하게 해 주었어요.
　내가 오늘날 이만큼 성공한 것은 오직 아내의 끊임없는 내조 덕택입니다. 최근 아내는 수년 동안 중병으로 누워 있었지만, 아내는 조금도 우울해하지 않습니다. 지금도 아내는 여전히 나를 도울 방법만을 생각합니다.
　나는 매일 아침마다 "여보, 오늘은 뭐 도와드릴 것 없어요?" 하는 아내의 말을 듣지 않고는 출근하지 않고 있습니다. 그리고 저녁에 집에 돌아오면, "오늘은 별일 없었나요?"라고 아내는 묻습니다. 그러므로 나는 어떻게 해서든지 결코 그녀를 실망시키지 않으려고 애쓰고 있습니다.

　그런데 파크스 부인과 정반대인 아내들은 흔히 자기가 희망하는 대로 남편이 무엇이든지 해 주었으면 하고 남편을 지나치게 몰아세운다. 그런 부인은 쓸데없는 요구를 계속해 남편들로 하여금 오히려 귀찮은 하숙집 여주인 취급을 받도록 스스로 자처한다.
　성공은 서두른다고 해서 되는 것이 아니다. 성공을 하기 위해서는 그 사람을 고무시킬 필요가 있다. 어떻게 하면 아내가 원하는 사람이 되도록 남편을 고무시킬 수 있을까?
　남편을 칭찬하고 가치를 인정해 주어야 한다. 또한 그의 능력이 신장되도록 그의 능력을 찾아야 한다. 만약 그가 자신감을 가질 필요가 있다면 일찍이 대단히 용기를 필요로 했던 일을 완수한 적이 있었다는 사실을 일깨워 준다.
　"당신 부서의 불필요한 경비를 절약할 방법을 부장님께 건의했던 일이 생각나세요? 그건 상당히 용기를 필요로 하는 일이었어요. 아마 그 때부터 당신에겐 큰일을 할 수 있는 대담성이 싹트기 시작했었나 봐요."

"당신은 그렇게 하실 수 있을 거예요."라는 말을 아내에게서 들었다면, 아무리 겁쟁이인 남자라도 자기가 용기 있는 사나이라는 것을 보여 주고 싶어질 게다. 뿐만 아니라, '어쩌면 나는 내가 생각하는 것보다는 훨씬 용감한 사나이인지도 모르겠는걸' 하고 자기 자신도 그렇게 행동하게 된다. 그러나,

"저로서는 당신이 왜 그렇게 변변찮으신지 모르겠어요. 당신은 고양이 한 마리도 꾸짖지 못하는 분이에요."

이런 식으로 말하면 그 사람을 어떤 테두리 안으로 얽어매는 결과가 될 것이다. 더욱이 그의 야심이 고양이 새끼를 꾸짖는 따위보다도 훨씬 높은 데 있는 경우에는 더욱 그렇다.

이에 대해서 마가렛 반닝은 《코스모폴리탄》지에 기고한 글 중에서 다음과 같이 충고했다.

아내는 어떠한 경우에도, "당신의 상사가 당신의 실패를 모른 체하며 태연한 척한다면 당신도 이제는 끝장이군요"라는 말은 절대로 입에 담아선 안 됩니다. 가정에서 아침밥을 먹을 때나 침대에 누워 잘 때나, "당신은 어디에서나 인정을 못 받는 사람이군요"라는 말을 입 밖에 내는 아내는 실제로 남편을 그릇되게 하기 쉽습니다.

과연 이 말은 진리이다.

여성의 간단한 말 한마디에 남성은 스스로에 대한 견해를 완전히 바꾸고 전혀 새로운 인생관을 갖게 되는 경우가 흔히 있다.

예를 들면 제2차 세계대전 때의 용사인 토머스 W. 존스튼 씨의 얘기를 해 보자. 그는 뉴 햄프셔의 맨체스터 시 마튼 가 300번지에 살고 있다.

토머스 존스튼은 전쟁 때의 부상으로 다리에 심한 상처를 남기고 절름발이로 제대했다. 그러나 그가 전쟁 전에 즐겨하던 수영은 다행히 할 수가 있었다. 병원에서 퇴원을 하고 얼마 후 어느 일요일 그들 부부는 햄프튼 해수욕장에 갔다. 한바탕 헤엄을 친 뒤, 존스튼 씨는 모래밭에 누워서 햇볕을 쬐며 잠이 들었다.

한참 만에 잠에서 깨어 보니, 주위 사람들이 존스튼 씨를 힐끔힐끔 쳐다보고 있었지만 그는 그다지 신경을 쓰지 않았다. 그러나 그는 조금 뒤 자신의 발이 주위의 시선을 끈다는 사실을 알아차렸다.

그 다음 일요일 존스튼 부인은 그 해수욕장으로 다시 가자고 제안했지만 그는 거절하며 다시는 가지 않겠다고 고집을 부렸다.

"나의 아내는 내가 한평생 잊을 수 없는 말을 그 때 했습니다. 그 말로 인하여 나는 기쁜 마음으로 아내와 함께 해수욕장엘 갔습니다. 아내는 이렇게 말했습니다. '여보, 당신의 다리에 있는 상처는 당신의 용기를 증명하는 표시예요. 당신은 훌륭한 행동을 한 결과, 그것을 얻었으니까 숨길 필요가 없어요. 어떻게 해서 그것을 얻었는지 생각하신다면 언제든지 정정당당히 남들에게 보일 수 있을 거예요. 자, 다시 가서 헤엄을 치세요.'"

토머스 존스튼 씨는 아내의 한마디에 다시 해수욕장으로 가게 되었다.

그는 비로소 깨달은 것이다. 불구자라는 그의 열등감을 아내가 타파해 주었다는 것을.

1952년 봄 보스턴 상업자 회의소 세일즈 매니저 클럽은 판매 강습회를 개최했다.

그 강습회는 5일 동안 계속되었고, 약 5백 명의 세일즈맨과 판매 지배인들이 참석하였다.

그 강습회의 마지막 밤에는 수강자의 부인들도 출석하도록 초대되었다. 남편의 판매 성적을 보다 더 올리도록 격려하는 방법을 특별 강의받도록 되어 있었다.

강사 중에는 데이빗 게이 파워즈 박사가 있었다.

그는 게이 파워즈 회사의 사장으로서 수많은 회사의 판매 고문을 지냈고, 또한 《새로운 인생을 위하여》라는 책의 저자이기도 하다. 박사는 그 때 모여든 부인에게 이렇게 권장했다.

"남편의 판매고를 올려서 돈을 더 많이 벌어오기를 원하거든, 매일 아침 남편이 의기 양양해져서 휘파람이라도 불면서 출근할 수 있도록 해 보십시오."

어떻게 하면 만족할 만한 결과를 얻을 수 있을까?

남편에게는 평소 존경하는 인물상이 있다. 남편으로 하여금 자기 자신이 그러한 인물이라고 스스로 믿게 한다.

"설혹 남편의 양복이 좀 낡았더라도 '당신은 참 멋쟁이시네요'라고 말하고, 남편의 넥타이에 관해서도 고상한 것을 골랐다고 칭찬해 보십시오. 어젯밤의 파티 석상에서 남편이 저지른 실수 따위는 절대로 되풀이하지 마십시오. 성격의 선량함만을 되풀이해서 칭찬하세요. '이제 만나시는 손님과의 상거래는 틀림없이 성공할 거예요.' 이렇게 힘을 불어넣으라는 것입니다."

파워즈 박사와 같은 탁월한 판매 고문도 그 방법이 가장 효과적이라고 생각했다. 그 결과로 우리에게 주어지는 것은 행복해 보이고 일에 열중하게 된 남편, 즉 우리의 노력을 보상하고도 남음이 있는 어떤 결과를 얻게 될 것이다.

세상에는 남편을 존중하는 사소한 말 덕분에 남편이 실패에서 기적적으로 재기한 예가 얼마든지 있다.

내 이야기가 너무 과장된 것일까? 아니다. 예컨대 교량에 있어서 천재적인 엘리 갈버튼슨의 경우를 보자.

그는 어느 인터뷰 때, 나의 남편에게 이렇게 말했다.
"나는 1922년에 처음으로 이 나라로 건너왔는데, 하는 일마다 실패만 되풀이했다. 트럼프를 할 때조차도 결코 이겨내지 못했다."

이러한 그가 조세핀 달론이라는 매력적인 교량 기술자와 결혼함으로써 그에게 행운이 열린 것이었다. 그가 교량에 뛰어난 재능을 가지고 있다는 사실을 그녀가 발견하여 그를 설득했던 것이다. 그가 교량에 전문가가 될 수 있었던 것은 오로지 그녀의 격려가 있었기 때문이다.

성의를 다해 남편을 칭찬하고 그 가치를 인정해 준다는 것, 그것이 남편의 능력을 발휘게 하는 최대의 방법이다. 진심으로 그렇게 노력한다면 언젠가 아내들은 두 남편 중의 하나를 추방하고 또 하나, 즉 우리가 바라고 희망하는 이상적인 남편이 남게 된다고 그 누가 단언하지 않을 수 있겠는가.

제 3 장
남편이 하는 일을 믿으라

19세기 말, 미시간 주 디트로이트 시의 전등 회사가 어느 젊은 기사를 주급 11달러로 고용했다.

그는 날마다 열 시간씩 근무하고 집에 돌아가서는 뒤뜰에 있는 낡은 오두막집에 틀어박혀 새로운 엔진 제작을 위해서 밤이 깊도록 몰두하였다.

한낱 농부에 불과했던 그의 부친은 아들이 쓸데없는 짓으로 시간을 낭비하고만 있는 줄 알았다. 이웃 사람들도 이 젊은 기사에게, '쓸모없는 놈'이라는 별명을 붙이고는 놀려댔다.

그의 연구가 언젠가는 훌륭한 열매를 맺으리라고는 어느 누구도 생각하지 못했다. 단 그의 부인만이 안타깝게 지켜보며 그를 믿었다. 그녀는 하루의 일이 끝나면 반드시 그 오두막집에 와서 남편을 돕기도 했다. 겨울이 되어 해가 짧아졌을 때는 일하는 데 편리하도록 석유 램프를 가지고 가서 서 있기도 했다. 추위 때문에 이는 덜덜 떨리고, 손은 차갑게 얼어붙었지만, 그녀는 남편이 그녀를 놀려대느라고 '나의 신자'라고 부를 만큼 남편이 만드는 엔진이 성공하리라고 굳게 믿었다.

이 낡은 오두막집에서 쓰라린 노력을 계속한 3년 후에 그의 광기에 가까운 연구는 마침내 결실을 맺었다. 그것은 이 사람이 서른 번째 생일을 맞이하던 1893년의 일이다.

이웃집 사람들은 일찍이 듣지 못하던 소리에 모두들 놀랐다. 창가로 뛰어가 보니 그 기인(奇人)으로 알려진 사나이가 그의 부인과 함께 말도 없는 수레를 타고 거리를 달리고 있지 않은가. 그 수레는 여러 사람이 보는 가운데 저쪽 거리의 귀퉁이까지 갔다가 다시 돌아오는 것이었다.

이 사나이의 이름이 바로 헨리 포드이다.

이렇게 해서 그날 밤 우리 인류에게 중대한 영향을 끼치도록 운명 지워진 새로운 사업이 탄생한 것이다.

헨리 포드를 그 사업의 아버지라고 일컫는다면 포드 부인이야말로 그 사업의 어머니라고 일컬을 만하지 않을까?

그로부터 50년 후, 평소에 영혼 재래설(靈魂 再來說)을 믿어온 포드 씨는 이 다음에 다시 이승에 태어나면 무엇이 되고 싶으냐는 질문에 대해서 이렇게 대답했다.

"내 아내와 같이 있을 수만 있다면 무엇으로 태어나든 전혀 개의치 않겠소."

그는 이승을 등질 때까지 그녀를 '나의 신자'라고 불렀고, 저승에서도 그녀와 같이 살고 싶다고 희망하였다.

주위의 여러 사람들이 자기를 비난할 때는 자기 편을 들어주는 여성이나 자기를 믿어 주는 사람이 필요한 법이다.

온갖 일이 뜻대로 잘 되지 않을 때, 남의 공격을 받았을 때나 사업에 실패하였을 때 남편에게, "어떤 일이 있더라도 당신에 대한 저의 신뢰에는 변함이 없어요" 이렇게 말하며 남편에게 끈기와 자신을 주는 아내가 필요하다.

아내조차 자기를 믿어 주지 않는다면, 대체 세상에서 어느 누가 믿어 줄 것인가? 믿는다는 것은 적극적인 능력이다. 그것은 어떠한 실패도 인정하기를 거부한다. 또한 그것은 잃어버린 자신을 부단히 되찾으려고 애쓰는 것이다. 하나의 예를 들어 보자.

로버트 듀퍼는 코네티컷 브리스틀 시의 크라운 가 2번지에 살고 있다.

듀퍼 씨는 평소에 세일즈맨을 꿈꾸었는데, 마침내 1947년 그 기회가 찾아왔다. 그는 보험 회사의 사원이 될 수 있었다. 그러나 힘껏 노력했음에도 불구하고 그 결과가 좋지 않았다.

그는 자신이 불운하다고 생각하며 의기 소침해서 늘 마음 속으로 애태우며 괴로워했다. 그렇게 번민한 결과 마침내는 신경쇠약이 되어 직장도 그만두어야 하는 궁지에 빠지고 말았다.

나는 듀퍼 씨에게서 온 편지 한 통을 가지고 있는데, 그 편지에서 듀퍼 씨는 전후 사정을 다음과 같이 술회하고 있다.

"이젠 완전히 실패라고 나는 절망하고 있었는데, 아내인 도리스는 그것은 한낱 일시적인 차질에 불과하다고 주장합니다. 그러면서 '다음번에는 틀림없이 잘 될 거예요'라고 계속 용기를 주었지요. '너무 상심하지 마세요. 당신에게는 훌륭한 세일즈맨이 될 만한 소질이 있다는 건 제가 잘 알고 있어요'라는 것이었지요."

　그 후 로버트는 어느 공장에 근무하게 되었는데, 그 때에 도리스는 똑같은 언행으로 남편을 대했다. 남편이 자신감을 잃지 않게 언제까지나 열심히 격려를 되풀이했다.

　"그로부터 1년 반 동안 도리스는 내가 지닌 좋은 소질을 칭찬하고 내 천성이 세일즈에 적합하다고 계속 강조했습니다."

　로버트는 이어서 이렇게 말하였다.

　"나는 내가 그러한 소질을 타고났다고는 꿈에도 생각지 않았어요. 그러나 그녀가 만일 끊임없이 나를 격려해 주지 않았던들 나는 결코 판매 일을 계속하지는 않았을 것입니다.

　도리스는 내가 판매하는 일을 단념하기를 원하지 않았습니다. '당신에게는 소질이 있는 거예요. 그럴 생각만 있으시면 반드시 성공하고 말고요'라고 되풀이해서 말하는 것이었습니다.

　이러한 그녀의 절대적인 신뢰에 제가 어찌 감히 저항할 수 있겠습니까? 이윽고 그녀의 확신이 내게로 옮겨져서 나는 그 공장을 그만두고 다시 판매의 일로 되돌아왔습니다. 그렇게 해 보니 이제는 나 스스로도 그 일에 어떤 신념을 가질 수 있게 되더군요.

　나의 앞길은 결코 순탄하지는 않았으나 도리스 덕택으로 이제 성공은 눈앞에 다가온 것같이 생각되었습니다. 진지하게 해 나가면 성공할 수 있다는 확신을 아내는 나에게 불어넣어 준 것입니다."

　만일 내가 세일즈맨을 고용한다면 나는 물론 도리스 듀퍼와 같은 부인을 둔 세일즈맨을 우선적으로 선발할 것이다. 그러한 아내는 결코 자기 남편을 실패한 채로 내버려 두는 법이 없기 때문이다. 그런 여성은 남편이 쓰러졌을 때에도 남편을 부축해 세우고 몸에 묻은 먼지를 털면서 하던 일을 계속하라고 권할 것이다.
 러시아의 위대한 음악가 세르게이 라흐마니노프는 25세 때에 이미 작곡가로서 자리를 굳혔다. 자기의 재능을 확신한 그는 그 무렵에 심포니를 하나 썼지만 비참한 실패로 끝났다.
 그 결과 그는 완전히 기가 죽어서 절망의 나락으로 빠져들었다. 그의 친구들은 할 수 없이 그를 정신병 의사인 니콜라스 데일 박사에게 데리고 갔다. 박사는 되풀이해서 다음과 같은 생각을 그에게 주입시켰다.
 "자네 체내에는 위대한 것이 잠자고 있다네. 그것은 세상에 나올 날만을 기다리고 있지."
 이 생각은 서서히 라흐마니노프의 마음 속에 뿌리를 박아서 그 자신을 눈뜨게 했다. 그는 그 다음 해, 그의 걸작〈피아노 협주곡 제2번〉을 작곡해서 데일 박사에게 주었다. 이렇게 해서 라흐마니노프는 재기하여 그 이름을 빛냈다.
 이처럼 사람을 격려하는 것은 엔진에 연료가 필요하듯이 사람에게 있어서도 매우 중요하다. 그것은 그 사람의 활력과 사기를 진작시켜 패배를 승리로 전환해 준다.
 운명은 때로는 우리들을 절망시키기도 한다 —— 다시는 일어나지 못할 정도로 큰 타격을 주는 것같이 생각되기도 한다.
 그러나 그 경우에 다음과 같이 말해 주는 사람이 있느냐 없느냐에 따라서 커다란 차이를 가져오게 된다.
 "걱정하실 것 없어요. 이런 것쯤으로 좌절해서는 안 되지요. 당신이 성공하리라는 것은 제가 잘 알고 있으니까요."
 그것은 아내들이 남편에 대해 가지는 신념과 똑같은 것이다. 그녀들은 특수한 통찰력 덕분으로 다른 사람에게는 보이지 않는 남편의 소질을 볼 수 있다. 그녀들은 자신의 애정의 거울로 그것을 본다. 다만 어떠한 신뢰도 밖으로 나타나지 않고서는 아무 쓸모가 없다.

남편을 분발시키는 방법
① 남편의 말을 잘 경청하는 아내가 될 것. 그러기 위해서는,
  • 얼굴 표정이나 몸짓으로 항상 상대방의 말을 주의해 듣고 있다는 표시를 하여라.
  • 총명한 질문을 잊지 않도록 하여라.
  • 남편의 신뢰를 저버리는 짓을 하지 말아라.
② 남편을 칭찬하고 용기를 주라. 그럼으로써 남편이 바라는 바가 실현될 수 있게 남편을 도와주라.
③ 남편의 일이 잘 되지 않을 때에도 남편을 믿으라.

제 3 부
내조의 공을 쌓는 방법

자기 자신을 위해서는
될 수 있는 한 건강하며
힘이 강할 필요가 있다.
그러나 신에 봉사하기 위해서는
그럴 필요는 없을
뿐만 아니라 때로는
그 반이다

제 1 장
남편의 일을 이해하고 도와라

　어느 날 아침이었다. 버스의 승객들은 차림새가 이상한 어느 부인을 보고 무척 놀랐다. 조그마한 몸집의 그 부인은 보란 듯이 엽총 한 자루를 어깨에 메고 당당한 모습으로 차에 올라섰다.
　승객들은 일제히 그 부인에게 넋을 빼앗기고 말았다. 선전을 하기 위한 분장일까? 아니면 머리가 돌아 버린 것일까? 그 부인이 아주 침착한 태도로 총을 다시 어깨에 메고 차에서 내릴 때까지 서너 명의 남자 승객은 줄곧 어리둥절한 표정으로 그녀를 지켜볼 뿐이었다.
　그 부인이 내리고 나자 승객들은 모두들 안도의 한숨을 내쉬었다. 그러나 그 내용은, 알고 보면 별일도 아니다. 이드리아 피셔가 그 총을 산 단골 손님을 위하여 남편 대신 배달하는 길이었던 것이다.
　미주리 주 세인트루이스 라드우힐 9번지에 사는 마이엘 피셔는 커다란 가정용 전기 기구 제조 회사의 세일즈맨이다. 그의 아내인 이드리아는 남편이 그녀를 《로빈슨 크루소》에 나오는 충실한 하인의 이름을 따서 '나의 프라이데이'라고 부를 정도로 남편을 돕는 데 최선을 다해 왔다.

그녀는 나에게 이렇게 말했다

"식사나 잠자리나 저의 남편은 자기 일 외에는 전혀 안중에도 없는 사람이에요. 그러니까 저도 자연히 남편의 태도에 말려들고 말았지요. 지난 25년 동안 저는 남편을 도울 수 있는 자질구레한 방법을 이것저것 생각해 보고 연구해 왔어요. 지금도 역시 그런 생각을 즐기지요."

피셔 부인은, 남편이 자질구레한 일에 신경 쓰지 않도록 했던 것이다. 판매를 늘리는 일, 고객에 대한 접대나 거래 또는 판매액을 증가시키는 일 등 중대한 일에만 남편의 정력을 기울일 수 있도록 하기 위해서였다. 사소한 일이긴 하지만, 손을 뗄 수도 없는 자질구레한 일들에서 남편을 풀어 주면 그는 보다 더 큰 일에 전력을 기울일 수 있으리라는 그녀 나름의 계산이었다.

남편의 성공이 분명 그녀 자신을 위한 일이기도 하다는 데서 그녀는 남편의 성공에 남다른 기쁨을 느끼고 있었다. 최근 테네시 주에서 열린 판매 집회에서 피셔 씨가 강연을 마친 다음 청중의 한 사람이 이렇게 말했다.

"오늘 밤 귀하의 강연을 가장 흥미 있게 들은 사람은 누굴까요? 세일즈맨들이었을까요? 아니면 부인이었을까요?"

아내가 남편의 이야기를 열심히 귀 기울여 듣는 것 이상의 사랑은 없을 것이다. 그러므로 피셔 씨가 그의 아내를 이 세상 무엇과도 바꿀 수 없는 귀한 보물로 여기어 존경한다는 것은 어쩌면 당연한 이야기이다.

그럼에도 불구하고 대부분의 아내들은 피셔 부인처럼 행동하지 않는다.

"저 사람은 무엇 때문에 비서를 두었을까?"

"만일 회사에서 저에게 월급을 준다면 제가 그이의 조수 노릇을 하겠어요. 하지만 그럴 필요는 없어요. 제가 할 만한 일은 그이가 알아서 다 해내고 있는 걸요 뭐."

아내들은 이런 말을 하기 일쑤이다.

그런 것도 모두 좋다고 하자. 왜냐 하면 그것은 그들의 문제이며 모든 사람에겐 저마다 다른 생각이 있는 법이니까.

그러나 조그마한 일이나마 때로 아내의 정성어린 손으로 도움을 받는다는 것은, 남편의 일을 잘 진행시켜 나갈 수 있도록 자극을 줄 수 있다.

아내가 남편을 위해서 어떤 도움을 줄 수 있는지는 남편의 일에 따라서 정해질 것이다. 타이프를 친다든가, 리포트를 작성한다든가, 편지를 쓰는 등 사무적인 도움을 필요로 하는 남편도 있다. 남편 대신 전화를 걸어 주고, 자동차를 운전하며, 참고 문헌을 조사하는 등 남편의 수고를 덜게 해 줌으로써 남편이 보다 더 효과적인 일을 위해 정력을 쏟을 수 있게 해 줄 수도 있다.

그러나 남편을 돕고자 해도 도대체 무엇부터 시작해야 할지 모르는 경우도 있다. 그럴 때는 어떻게 하면 좋을지 남편에게 물어보라.

셋이나 되는 아이들 뒷바라지, 또 집안 일만으로도 눈코 뜰 새 없이 바쁜 아내들에게 남편의 충실한 내조자 노릇까지 하라는 것은 분명 어리석은 일이기도 하다. 그러나 그 중에는 남편에게 조금이나마 도움을 주고자 하는 열의로 모든 일들을 지혜롭게 해 나가는 여성도 있다.
 그러한 경우의 좋은 예로 피터 애탈트 부부의 이야기를 해 보자.

 그들은 뉴욕 포스트힐 42번가의 180번지에 살고 있다.
 피터는 제2차 세계대전에 참전했다가 돌아와 자동차 한 대와 고작 8백 달리를 밑천으로 '아스칸 리무진 서비스'라는 택시 영업을 시작했다. 마을 사람들은 전부터 있는 택시 회사가 바빠서 시간을 맞출 수 없을 때엔 피터 택시를 부르게 되었는데, 피터는 일도 재빠르고 싹싹하며 운전 솜씨도 좋았으므로 차차 사업이 번창하기 시작했다.
 바쁘게 움직이는 남편을 향해 아내인 로즈는 자진해서 일을 하겠다고 제안하기에 이르렀다.
 "우리 집에 사무용 전화가 증설되면, 제가 당신의 비서 노릇을 하겠어요."
 이윽고 사무용 무선 전화가 증설되자 로즈는 사무실에서, 손님을 태우고 달리는 남편에게 연락을 보내는 역할을 맡게 되었다.
 그 후로 피터의 사업은 대단히 번창하여 운전사도 채용했다. 로즈는 세 아이를 돌보면서 자질구레한 집안 일을 맡아 하며 피터가 없을 때는 전화 연락을 도맡았다.
 그에 관해서 피터는 이렇게 얘기한다.
 "우리 로즈처럼 손님에게 서비스를 잘 해 주는 사람은 제아무리 급료를 많이 준다 해도 고용할 수 없습니다. 아내는 손님들의 이름이나 주소를 나 못지않게 잘 알고 있고, 단골 손님에게 참 잘 대해 줍니다. 또 손님들도 그녀가 엉터리 같은 말을 하거나, 내가 손님을 오래 기다리게 하는 일은 없다는 것을 잘 알고 있습니다. 만일 내가 갈 수 없을 때는 아내는 다른 택시 회사를 불러서 손님에게 보내드립니다. 아마도 아내가 없었다면 도저히 오늘의 나는 있을 수 없었을 거예요."

한편 로즈는 미소를 지으며 이렇게 말했다.

"남편에게 도움이 꼭 필요한 경우에 그것을 도울 수 없을 만큼 바쁜 아내는 없다고 생각해요. 진심으로 남편을 돕고자 한다면, 제가 한 것과 같이 집안 일을 정리하고 시간적 여유를 만드는 것은 누구나 할 수 있는 일이지요."

가정에 어린아이가 없는 경우라면 남편의 사무실이나 일자리에 나가서 실제로 그 일을 도울 수도 있을 것이다.

뉴욕의 이스트앤드 33번지에 사는 베라 바라스 부인의 경우가 그런 것이다.

그녀의 남편은 유명한 의사였다. 언젠가 직원이 출근을 하지 않아서 한동안 일을 처리할 사람이 없었는데, 아내인 루이스는 좋은 비서가 나타날 때까지 대리 근무를 하게 되었다. 그런데 그녀는 제법 일을 잘 해 내어 오늘날까지 계속 그 일을 해 오고 있다. 그녀는 오전 중에는 집안을 돌보고 오후에는 남편의 일을 도왔다.

"그녀는 그것을 일이라고 생각하지 않았지요. 병원을 찾는 환자나 왕진을 가야 할 환자에 대해서 그녀는 남보다 더 큰 관심을 가지고 있답니다."

남편인 박사는 이렇게 설명하였다.

아닌게 아니라 아내라는 존재는 남편을 위한 어떠한 일에도 도움을 줄 수 있다. 두 사람의 관심은 일을 하는 동안 맺어질 뿐만 아니라, 생활 속에서도 결합되어진다. 아내는 자기 일을 늘리지 않을 수 없다.

　이렇게 남편의 일에 충실한 아내들은 지난날에도 수없이 많은 명사들의 뒤에서 그들을 도왔다.

　영국의 작가 안소니 트로로프는 자기 소설이 출판되기 전에 그의 원고를 읽고 비평해 주는 사람은 다름 아닌 바로 자기 아내였다고 말한다.

　"나에게 그것은 큰 도움이 되었지."

　그는 이렇게 말하곤 했다.

　프랑스의 작가 알퐁스 도데는 결혼을 거부했다. 결혼은 자기의 창작 의욕을 무디게 한다고 생각했기 때문이다. 그러나 줄리 아란드라는 여성을 알게 되자 그의 마음에 변화가 왔다. 그의 걸작 중 몇 편은 그가 그녀와 결혼한 후에 씌어졌다.

　그녀는 탁월한 문학적 감각을 지닌 여자로서 도데는 그녀를 높이 평가하고 있었다. 그녀에 대해서 도데의 아우가 말했다.

　"나의 형은 형수님에게 작품에 대해 의견을 듣기 전에는 한 페이지도 더 써나가지 못할 정도였지요."

　스위스의 위대한 자연과학자로서 꿀벌에 대해 권위자였던 후버는 17세 때에 장님이 되었다. 그의 아내는 그러한 남편을 격려하여 자연계의 역사를 공부하도록 했고, 자신도 자기가 관찰한 것을 남편에게 제공하여 남편의 연구를 크게 성공시켰다.

　그러나 남편이 하는 일이나 직업에 대한 지식이나 이해 없이는 남편을 효과적으로 도울 수 없다. 그리고 이해가 깊으면 깊을수록 남편을 돕는 작업도 잘 되게 마련이다.

　한편 그러한 전문적인 도움을 줄 수 없는 경우에도 남편의 일을 전혀 도울 수 없는 것은 아니다. 남편이 하는 일을 이해하는 것만으로도 동정심이 깊고, 인내할 줄 알고 이해심이 많은 반려자가 될 수 있다.

제임스 M. 바리의 유쾌한 희곡《어느 부인이나 알고 있는 것》의 한 장면에는 이런 대목이 있다. 여주인공인 마기와 이리는 그녀의 약혼자가 공부하는 두터운 법률 서적을 두 손으로 안고 침대 속으로 들어가서, 자기 형제들에게 이렇게 말했다.

"그이가 아는 것을 제가 모르다니요. 전 그럴 수 없어요."

아내가 남편의 직업에 관한 지식을 갖는다는 것은 남편이 그의 일을 잘 해나가는 데 있어서 커다란 자극이 된다는 것이 증명되었다. 그래서 오늘날에는 상업계에서도 종업원의 아내에게 남편의 일에 관한 지식을 갖게 하도록 적극적으로 노력해 가고 있다.

그러나 큰 회사에 근무하는 직원들의 아내는, 자기 남편이 그 회사의 어느 부처에서 일하고 있다는 것 이상의 상세한 지식을 갖기가 차츰 어려워지고 있다. 그런 탓도 있겠지만, 오늘날 회사원의 부인들은 영화·강연·팜플렛·잡지 등등, 참으로 여러 가지 매스컴에 의해 교육 공세를 받고 있다고 해도 과언이 아니다.

릴리 튤립 캡 주식 회사의 중역인 F. K. 더셔 씨는 직원들의 부인들에게 자기 회사에 관한 팜플렛을 서너 달마다 보내는 계획에 대해서,

"그 팜플렛을 읽기만 해도 그녀들은 직접 일을 돕지는 못할망정 남편의 회사 일에 흥미를 갖게 될 거예요."

라고 잡지《포춘》에서 말했다. 이와 같이 회사의 일에 흥미를 갖게 된 부인들은 그 남편을 위해서나 고용주를 위해 중요한 협력자가 되

어 줄 것이다.

스위스의 엘리콘에 있는 기계 제작 공장에서는 직원들의 아내를 위한 공장 견학날을 정해 놓았다. 이 날이 되면 사원의 아내들은 공장의 내부를 샅샅이 돌아볼 수 있으며, 각종 물품의 제작 과정에 대한 설명도 듣는다. 공장에서는 실지로 그 견학을 효용성 있는 정책으로 채택하고 있었다. 그것은 견학하러 왔던 부인들 가운데서 일을 개선하기 위한 좋은 아이디어를 제공하는 경우가 자주 있었기 때문이다.

미국의 많은 회사들도 부인들을 견학시킴으로써 그와 같은 좋은 성과를 거두고 있다. 한 예를 들면, 아메리칸 브레이크 슈 회사가 그렇다. 직원의 아내들을 위해 공장 견학을 실시하고 그 부인들에게 회사의 운영에 관한 아이디어나 의견을 제출해 주도록 장려하고 있는 것이다.

마틴 W. 샤울은 《투데이스 우먼》지에 흥미 있는 글을 썼다. 중서부 지방에 있는 어느 부엌용 기구 제조 공장을 견학한 어느 여성의 이야기이다. 그 부인은 기계와 씨름하는 자기 남편을 유심히 바라보다가 한 가지 아이디어를 얻었다.

"여보, 그 기계는 조금 개량해야겠군요. 머리 위의 지레 대신 발로 밟는 페달은 어떨까요? 많은 시간과 노력을 훨씬 절약할 수 있을 텐데요."

이와 같은 아내의 말을 듣고 남편도 그럴 듯한 생각이 들어 곧 그 아이디어를 상부에 제출했다. 그 결과 제안은 곧 실행에 옮겨졌고, 한 사람당 20퍼센트 이상의 생산 실적을 올릴 수 있었으며, 그녀에겐 아이디어에 대한 보상으로 350달러가 지급되었다.

남성은 생활의 대부분을 자기 일에 보낸다. 따라서 남편이 시간의 대부분을 소비하는 것이 어떠한 일이든, 아내도 그 일에 관심을 가진다는 것은 아내만의 특권이라고 할 수도 있겠다. 남편의 일에 관심을 갖고, 필요한 경우 그 일을 도움으로써 아내는 남편의 성공을 도와줄 뿐만 아니라, 그 보람도 함께 누릴 수 있는 권리도 얻게 되는 것이다.

나는 톨스토이의 불후의 명작인 《전쟁과 평화》를 볼 때마다 그의 부인이 그 거대한 소설을 일곱 번이나 손수 정서하였다는 사실이 생각난다. 이야말로 진실로 남편에게 충실한 반려자가 아니고서는 도저히 할 수 없는 일이다.

만일 그대가 남편을 위해서 내조의 공을 세우고 싶거든
① 될 수 있는 한 남편이 하는 일을 깊이 이해하여라.
② 남편의 일을 위해서라면 어떠한 일이라도 특별한 서비스를 하도록 노력하여라.

제 2 장
남편의 비서와 사이좋게 지내라

여자들에게 있어서 가장 좋은 벗이 어머니라면, 남편을 위해서 가장 좋은 자기 편은 의심할 여지도 없이 바로 남편의 비서라고 할 수 있다. 좋은 비서란 자기의 주인(고용주)의 이익을 도모하는 것이 유일한 목적이다.

그녀는 고용주가 일하기 좋도록 그 날의 일이 원만하고 활발하게 진행되도록 만든다. 수없이 많은 자질구레한 일에 대해서도 일일이 신경을 쓰고, 고용주의 의도를 살펴서 그의 마음에 들게 하려고 노력한다.

그녀의 일은 손님 접대와 심지어는 지배인으로서의 할 일까지 헤아릴 수도 없이 많다. 만약에 이러한 유능한 서비스를 도맡아 처리해 주는 비서라는 직종이 없었더라면, 사무 순환이 지금처럼 원활하게 이루어지지는 않았을 것이다.

유능한 비서는 성공을 돕는 중요한 조력자라고 해도 결코 과언이 아니다. 이러한 사실은 비서나 아내나 모두에게 주인의 출세를 위하여 그를 돕는다는 공동 목적을 가지고 있음을 의미한다. 그들 모두가 궁극적으로 주인의 성공에 이해 관계가 얽혀 있는 것이다. 그러므로 이 두 사람이 라이벌이 되는 대신 서로의 공동 목표를 향해 협력자가 된다면 서로 반목하는 경우에 비해 많은 효과를 거둘 수 있을 것이다.

그러나 실제로는 어떠한가? 아내와 비서는 서로 반목하기 일쑤이다. 한편이, 또는 쌍방이 서로 상대방의 공적이나 영향력을 은근히 시기하거나 질투하는 수가 많다. 비서는 부인을 일컬어 이기적이라느니, 간섭이 너무 심하다고 생각하고, 아내는 아내대로 남편이 그의 비서를 너무 신임한다고 안절부절못한다.

나는 비서로서의 경험도 가지고 있고 아내로서의 경험도 있다. 그러므로 쌍방의 심리를 이해는 하지만, 나의 경험에 의하면 둘 사이를 원만하게 유지하기 위해서는 보통 아내 쪽의 태도가 중요하다고 생각한다.

훌륭한 비서로서 그 지위를 유지해 나가려면 비서는 모름지기 어떠한 사람과도 사이좋게 지내야 하기 때문이다.

이러한 사실을 염두에 두고, 아내로서 남편의 비서와의 마찰을 제거하고 서로 친밀한 관계를 맺으며, 협력해 나아가기 위해서는 다음 몇 가지 계율을 지켜야 한다고 생각된다.

질투가 심해서는 안 된다

'우리 남편은 아주 훌륭한 분이다.'

아내가 남편을 이렇게 평가하는 것은 자유이지만, 그 남편이 비서의 눈에도 반드시 훌륭한 인물로 보이는 것은 아니다. 비서란 항상 자기 고용주를 냉정한 눈으로 바라보기 때문이다.

나는 그 동안 많은 비서를 보아 왔는데, 남의 남편 꽁무니만 따라 다니는 비서는 한 명밖에 보지 못했다. 그 비서는 아마도 어떤 직업을 갖더라도 그런 짓을 할 여인이다.

남편의 일이 바빠서 시간 외의 일을 해야 할 경우 남편을 위해서는 무엇보다도 아내의 이해 깊은 태도가 중요해진다. 그런 경우에도 지혜로운 아내는 부질없는 오해를 일삼지 않는 법이다. 남편과 비서는 나이트클럽에서 술을 마시고 있는 것이 아니라, 사무실 책상 앞에서 중요한 업무를 수행하기 위해 머리를 싸매고 온 정신을 기울이고 있다고 생각해야 한다.

그러한 아내는 남편이 혼자 있지 않고 비서와 함께 일을 하고 있다는 사실을 오히려 기뻐한다. 왜냐 하면 적당한 시간에 식사를 하도록 하며, 몸을 돌보아 주는 사람이 곁에 있기 때문이다. 남편을 위해서는 무엇보다도 그러한 것이 필요함을 그녀는 알고 있는 것이다.

비서의 용모나 애교, 또는 그녀가 하는 일에 시기심을 억제하라

스마트한 옷차림을 하는 것은 여성으로서 일을 하기 위해 필요한 것이다. 가정에 있는 부인도 그러한 옷차림을 늘 하지 말라는 법은 없다. 일반적으로 보면, 여자들이 옷차림에 소비하는 시간과 돈은 너무 많다고 생각할 수도 있다. 그러나 비서를 질투하기에 앞서 그녀에게 뒤지지 않도록 몸단장을 하면 어떨는지?

대부분의 남성은 옷차림이 단정치 못하거나 매력이 없는 여성보다는 어디까지나 단정한 옷차림의 말끔한 비서를 좋아하게 마련이다.

생각해 보라. 난잡하고 지저분한 장소에서 일하느니보다는 깨끗하고 따뜻한 환경에서 일하고 싶다는 것은 누구나 갖는 자연스러운 욕구가 아닌가. 이 점에 비추어 보건대 몸단장을 잘 하는 여성은 사무실을 빛내 주는 장미꽃과 같은 존재이다.

'옷이나 화려하게 입고 나와서 남자들의 비위나 맞추고 하루 종일 포근한 사무실에 앉아만 있어도 월급을 받으니 그런 좋은 자리가 또 어디 있을까.'

어느 아내가 비서라는 직업을 시기하여 빈정댄 말이다. 그런 아내는 과연 이런 생각을 해 본 일이 있을까? 똑똑하고 야심 있는 비서의 대부분은 가정에 들어앉아 아내 노릇하기를 부러워한다는 사실을. 모름지기 직장 여성은 결혼해서 가정에 들어앉아 어린애를 키우게 될 날을 목마르게 기다리고 있다.

그녀들이 하는 일은 결코 쉬운 일이 아니다. 좋은 비서가 되기 위해서는 아내 이상으로 일을 해야 하지만, 가정 주부만큼 정신적인 보수는 얻지 못한다.

남편의 비서를 사적으로 이용하지 마라

고용주의 아내가 남편의 비서를 사적인 일로 부려먹는 것은 좋지 않다. 점심 시간을 이용해서 무엇을 사다 달라느니, 극장의 입장권을 사기 위해 줄을 서는 일을 시키면, 비서가 어떤 사정으로 거절할 경우, 아내는 몹시 민망스러운 느낌을 갖게 되고, 비서는 귀중한 휴식 시간을 빼앗기는 결과밖에는 안 된다.

하기야 비서는 보수를 받는 대가로 고용주의 사소한 일들을 해야 한다. 예컨대 고용주가 자기 가족에게 보내는 선물을 고르는 일, 또는 업무상의 필요에 따라서 어떤 사람을 초대하여 파티를 열기 위한 사전 준비라든지, 여행할 때라면 호텔 예약 등 여러 가지가 있다. 그러나 고용주에게서 특별히 이러이러한 일을 해달라는 지시를 받지 않는 한, 비서란 결코 고용주 부인의 사적인 일을 해 주기 위해서 고용된 것은 아니다.

지나치게 터놓고 지내거나 냉정하게 대하지 마라

비서를 대할 때 '하인과 주인 마님'이라는 의식을 노골적으로 표현하는 것은 이미 옛날 얘기이다. 그럼에도 불구하고 자기 남편의 비서에 대해 거만하고 오만스러운 태도를 취함으로써 자기를 잘난 사람으로 보이려는 시대에 뒤떨어진 여인이 아직도 없지 않다. 이럴 경우 겉으로 잘난 체하며 으스대는 부인보다도, 오히려 비서가 교육 수준도 높고 똑똑한 여자인 경우가 많다.

그와 반대로 고용주의 부인이 지나치게 허물없이 지내려는 태도도 자존심 있는 직업 여성으로서는 불쾌한 일이다. 아내는 모름지기 고용인에 대해서 양식 있는 태도를 보여야 한다.

'그대가 원하는 바를 남에게 베풀지어다.'
라고 예수 그리스도의 교훈을 실천해서,

'만일 내가 비서라면 나는 고용주의 부인이 내게 이렇게 해 주기를 원할 것이다.'

하고 반대되는 입장에서 생각해 보고, 또 그러한 양식 있는 태도를 취하도록 한다.

시간 외에 특별히 일을 해 주었을 때는 감사의 뜻을 표시하라

누구나 칭찬받을 만한 일을 했을 때에는 칭찬을 받고 싶어한다. 어떤 비서라도 고용주의 부인에게 특별한 의뢰를 받지 않았더라도 때로는 부인을 위해서 서비스하는 때가 있다.

예를 들면 내 남편의 비서인 마딜린 버크는 우리가 휴가로 여행을 떠날 때엔 언제나 호텔을 주선해 주며, 또 밖에서 식사를 할 때는 자리를 잡아 주고 극장의 입장권을 사주는 등의 서비스를 한다. 그녀는 이러한 서비스를 자기가 해야 할 일의 일부분으로 알고 있지만, 그것이 나를 위해서는 매우 편리했다.

비서도 역시 인간이므로 칭찬해 주면 기쁜 법이다. 전화를 걸어서 한마디 해 주든지, 감사의 말을 전해 준다든지, 또는 정성어린 조그만 선물을 보낸다든지 하는 사소한 일로 그녀의 호의에 보답하는 뜻을 나타낼 수 있다.

남편의 사무실에 근무하는 여성과 원만하게 지낸다는 것이 남편을 돕는 데 있어서 얼마나 중요한 일인가를 명심해 주기 바란다.

내 친구의 남편은 어느 커다란 부동산 회사의 경리부장인데, 남편의 일이 특히 바쁜 날에는 비서가 전화를 건다.

"사모님께 알려드려야 할 것 같아서 전화 드렸어요. 오늘 세무서 사람들이 하루 종일 여기 와 계셔서 부장님이 몹시 바쁘세요. 며칠 동안은 장부를 조사하느라고 계속 바쁘실 거예요. 점심때 샌드위치와 커피를 드시는 것이 고작이셨지요."

이런 전화를 받은 브랭크 부인은 브랭크 씨가 귀가했을 때에 특히 신경을 써서 남편에게 서비스를 한다. 브랭크 씨가 바쁜 동안은 신경을 많이 쓰게 하는 모임을 거절하고, 남편의 식사에 특히 세심하

고, 그 밖에도 여러 가지로 남편을 위로하려고 애쓴다.

 이와 같은 방법으로 남편을 돌보는 것이 언제나 좋다는 것은 아니지만, 내 친구의 경우를 보면 때를 잘 맞추어서 성공한 예이다. 이 경우의 포인트는 브랭크 부인과 그녀 남편의 비서는 브랭크 씨가 일을 가장 능률적으로 할 수 있도록 늘 협력해 왔다는 데에 있다.

 대기업에 근무하는 남편을 가진 부인 중에는 남편의 비서와 개인적으로 만나는 기회가 전혀 없는 사람도 있으나 우리들은 대부분 개인적으로 만날 기회를 갖게 된다. 그러한 경우야말로 우리들의 마음가짐이 밖으로 나타나게 된다.

 모름지기 아내가 언제나 남편의 비서와 사이좋게 지내기 위해서는 다음의 다섯 가지 원칙에 유의할 필요가 있다.

① 질투가 심해서는 안 된다.
② 비서의 용모나 애교, 또는 그녀가 하는 일에 대한 시기심을 억제하여라.
③ 남편의 비서를 사적으로 이용하지 말아라.
④ 지나치게 터놓고 지내거나 지나치게 냉정하게 대하지 말아라.
⑤ 시간 외에 특별히 일을 해 주었을 때는 감사의 뜻을 표시하여라.

제 3 장
계속 공부하도록 격려하라

 당신의 남편은 한 회사의 중역이 되었을 때를 대비하여 마음의 준비가 되어 있는가? 만약, 그렇지 않다면 앞으로 어떤 일을 준비해야 하나?
 5년이나 10년 또는 15년 후에 자신이 희망하는 지위에 올랐을 때 필요한 지식을 처음부터 터득하고 있는 사람은 없다. 많은 사람들은 세월이 흐를수록, 나이를 먹을수록 경험과 특별한 훈련에 의해 지식을 몸에 지닌다.
 사회학자인 W. 로이드 워너 씨는,
 "사람들의 꿈은 성공할 수 있다는 신념으로 뒷받침되어 있는데, 사람을 향상시키는 중요한 수단 중의 하나는 두말할 나위 없이 교육이다."
 "경영자는 끊임없이 직원에게 발전할 기회를 만들어 주어야 한다. 인사 고과(人事考課)나 훈련 계획을 비롯하여 여러 가지 장려책으로써."

 오늘날은 회사의 지원 아래 직원을 위해 특별한 훈련을 하는 기업체도 많다. 또 근무 기간이 아닐 때 자비로 기술을 배우려는 적극적인 마음을 가진 사람에 대해서는 어떤 대책을 가지고 있는 회사도 있다.

 크게 성공한 사람 가운데는 이와 같이 여가를 잘 활용해 출세한 사람들도 많다.

 버몬트 주에서 구두 가게를 하던 찰스 C. 프로스트는 매일 한 시간씩 공부에 할애함으로써 유명한 수학자가 될 수 있었다. 목수인 존 헌터 씨는 하루에 겨우 4시간밖에 잠을 자지 않고 그 여가에 비교 해부학을 배워 끝내는 그 분야의 권위자가 되었다.

 바쁜 은행업자인 존 라보크 경은 여가를 이용해서 선사 시대에 관한 연구를 하여 결국은 유명해졌다. 제임스 와트는 기계 수리를 하며 틈틈이 화학과 수학 공부를 해서 드디어는 증기 기관을 발명했다. 조지 스티븐슨은 기사 노릇을 하며 야간 교대 시간을 이용해서 수학을 공부했다. 그리하여 마침내는 증기 기관차를 발명했다.

 이러한 사람들이 만약 현재 상태에 그대로 만족했다면, 그로 인한 사회적 손실은 이루 헤아릴 수 없을 정도로 컸을 것이다. 현재 상태에 만족하여 공부하기를 게을리 한다면 경쟁이 심한 이 세상에서 어느 누구도 성공할 수 없을 것이다.

 남편이 성공하고자 공부를 하려 할 때 아내는 무엇을 도울 수 있을까? 무엇보다도 아내의 태도가 남편의 노력을 좌우한다는 점을 기억해 둘 필요가 있다.

 남편이 야간 학교를 다니면서 공부하는 경우를 예로 들어 보자.

일주일에 2~5일 동안 출석하는 사람은 확실히 야심가라고 할 수 있다. 그는 현재 종사하는 일에서나 희망하는 분야에서 크게 성공할 수 있는 사람이다.

그러나 그 기간 중에 아내는 혼자서 집을 지켜야만 한다. 아내는 고독에도 길들게 되어 자신을 그 환경에 적응시켜야 한다.

만일에 아내가 자신의 마음을 새로운 환경에 적응시킬 수 없다면, 남편의 공부에 대한 열의도 아내의 불평 탓으로 사라져 버릴 수도 있다.

이러한 타입의 부인은, 남편이 성공 못 하는 이유의 하나가 바로 자신에게 있다는 점을 이해하지 못하고 있는 것이다. 그녀들은 남편의 성공을 위해서 꼭 해야 하는 일을 매우 어렵게 만든다.

그런 부인은 우선 자기의 주위를 돌아볼 필요가 있다. 성공한 사람이라고 해서 결코 타고난 것만은 아니요, 그들은 성공하는 데 필요한 기술을 우선 습득해서 귀중한 보물을 수중에 넣기 위한 지식부터 먼저 얻었다는 점을 명심해야 한다.

다행히도 남편이 결혼 전에 그러한 지식이나 기술을 터득하고 있었다 해도 세상의 추세를 따라간다든가, 새로운 법칙에 순응해 간다든가, 경쟁 상대자를 이겨낸다든가 —— 그러기 위해서는 결혼 후에도 결혼 전보다 더 배우고 노력해야만 한다.

내가 아는 어느 의사는 진지하게 말한다.

"치료에 관계되는 새로운 발견이나 기술에 관한 문헌을 충분히 읽어서 터득하려면 환자를 진찰할 시간이 내겐 전혀 주어지지 않을 것입니다."

모든 사람이 정상을 차지하기란 불가능한 일이다. 누군가는 그보다 한 계단 낮은 일을 해야 한다. 그러나 향상하려고 노력하는 한 그 사람은 언제까지나 남의 밑에서만 그냥 묻혀 있으라는 법은 없다. 그것을 생각하면 저절로 용기가 솟아오를 것이다.

그 한 예를 들어 보자.

한때 미장이 노릇까지 했던 어느 젊은 변호사의 이야기이다. 그는 K. O. 허윅으로 오클라호마에 살고 있다.

허윅은 처음에 캔자스 시티의 어느 신탁 회사에 말단 사원으로 근무하고 있었지만 오클라호마 마샬 시로 옮겨와, 셸 석유 회사에 근무하게 되었다. 거기서 그는 육군 소령의 딸인 애블린 잉글과 결혼했다.

그 후 얼마 뒤 세상은 일대 불황을 겪게 되었다. 그 바람에 허윅은 다른 종업원들과 더불어 해고당하고 말았다. 그의 교육 정도와 경력으로는 서기 노릇하는 것이 고작이었지만, 그런 자리마저도 구할 수 없는 상태였다. 그는 별수없이 무엇이건 가리지 않고 송유관 공사의 인부들 틈에 섞여서 한 시간에 40센트의 임금으로 일을 시작하였다.

그가 내게 말해 준 이야기의 후반은 다음과 같다.

아내가 상점에 취직해서 받아오는 월급이 있긴 했지만 난 그에 덧붙여서 우선 몇 해 동안은 먹고 살 수 있게 베이비 골프 경영에 착안하여 실행에 옮겼습니다. 그런 얼마 후, 나는 다시 셸 석유 회사에 복직하여 오클라호마 츠루사 시로 전근하게 되었습니다.

거기서 나는 경리부에 근무하면서 투자에 관한 서류를 다루었지요. 해야 할 일이란 단 한 가지 —— 배워야 한다는 것 외에 다른 방법은 없었습니다. 나는 그래서 오클라호마 회계 법률 학교의 회계과 야간반에 입학했는데, 그것은 지금까지 내가 한 일 가운데 가장 보람 있는 일이었습니다.

나는 야간부에서 공부함으로써 학문의 부족을 보충할 수 있다는 사실을 알게 되었던 것입니다. 거기서 3년간 배우면서 나의 월급은 배로 늘었습니다. 나는 더 나아가서 츠루사 대학의 법학과 야간반에 입학하여 4년간 배웠습니다. 졸업하여 학위를 따고 변호사 시험에 합격하여 변호사 자격을 얻었지요. 그러나 나는 그것에 만족하지 않았습니다.

더 나아가 공인 회계사 시험을 보려고 야간반에 다니기 시작했던 것입니다. 그렇게 회계 이론을 3년 배운 뒤 그 다음으로 화술에 관한 교육을 받았습니다. 이런 것을 전부 합해서 내가 받은 야간 교육은 12년 전 내가 땅을 파던 시절에 받던 1시간당 40센트라는 임금보다 훨씬 많은 수입을 가져다 주었습니다.

오늘날 허윆 씨는 법률 사무소를 내는 한편 일찍이 그 자신이 다니던 오클라호마 회계 법률 학교에서 교편을 잡고 있다. 그의 이야기는 가장 좋은 예라고 할 수 있다. 사람이 시간과 노력을 아끼지 않고, 또 아내가 그 일에 협력해 주기만 한다면, 세상에 나와서 성공하기 위해 자기 자신을 어떻게 재교육할 수 있나를 증명해 주는 좋은 예인 것이다.

주간에는 일하고 야간에 공부하기란 쉬운 일이 아니다. 그러한 계획이 빗나가지 않기 위해서는 가정에서 여러 가지 격려가 필요하다. 피곤에 지칠 수도 있을 것이고 낙망하는 경우도 있으리라. 이렇게 노력한들 과연 보람이 있을까 하는 의구심으로 괴롭힘을 당하는 일도 있을 것이다.

그것은 아내로서도 결코 쉬운 일은 아니다. 특히 새로운 생활에 아직 길들지 못한 신혼 초기에 있어서는 더구나 더할 것이다.

여기서 가장 현명한 방법은 그녀 자신도 배우기 위한 계획을 설계하는 것이다. 경제 사정이 허락한다면 남편의 일을 보다 더 잘 이해하기 위해서 남편과 같은 공부를 하는 것이 좋다. 그렇지 않으면 자신의 취미를 기르는 것도 좋다.

어떤 방법이든 만약 남편과 아내가 같은 학교에 다니게 된다면 둘 다 공부가 즐거울 것이다. 어린애가 있는 부인은 어렵겠지만 그렇다고 남편이 배우려고 공부하는 동안 멍청히 지내라는 법도 없다. 부근의 도서관에도 갈 수 있을 것이고, 남편은 야간 학교에 다니고 애들이 잠든 사이에 집에서 공부할 수도 있을 것이다.

나의 남편은 언젠가 고래에 관한 질문을 박물관의 담당자에게 한 적이 있다. 보통 사람의 경우, 대체 어느만큼이나 공부하면 고래에 관해 전문가가 될 수 있느냐고. 그 대답인즉, 3개월이면 고래에 관해서 상당히 많이 알게 되고, 9개월이 되면 어엿한 전문가가 될 수 있으리라는 것이었다.

당신은 고래에 관해 흥미가 없을지 모르지만 무엇이건 좀더 알고 싶어하는 것은 있을 것이다. 남편이 저녁마다 앞날의 성공을 위해서 피땀어린 노력을 계속하는 동안 아내는 기가 죽어 있으란 법이 어디 있겠는가. 좋은 기회라 여기며 효과적으로 이용해야 한다.

설사 남편의 교육비를 지불하기 빠듯할지라도 결코 낙심할 것은 없다. 도서관에 가면 각종 지식을 손쉽게 이용할 수 있다.

교육이란, 대학에서 4년간 배운다거나, 또는 수입 정도에 따라서 자동적으로 얻어지는 것이 아니다. 교육은 평소의 마음가짐과 노력의 정도에 따라 차이가 날 뿐이다. 남편은 모든 방법을 동원하여 한평생 동안 배움의 길을 개척해야 한다. 아내인 당신 또한 마찬가지이다. 남편이 공부하는 방법은 그가 현재 하는 일이나 장차 해 보고자 하는 일의 종류에 따라서 대체로 결정되지만, 아내인 당신의 경우는 비교적 자유로이 선택할 수 있다.

아내로서 중요한 것은 똑똑히 깨닫는 데 있다. 출세, 성공하고자 하는 사람은 자신을 단련시키기 위해서 배울 필요가 있다는 것을. 또한 그런 견지에서 남편에게는 아내의 도움이 필요하다는 것을.

남편이 교육을 받기 위해서 사용한 시간이나 돈은 가족의 장래를 위한 투자이다. 그렇게 근무 후의 야간 공부가 몇 해 동안 계속되면 아내는 고독 속에서, 오락이나 사치와는 완전히 담을 쌓고 지내는 생활이 무슨 가치가 있는가 회의를 느끼게 될 때가 있을 것이다. 그럴 경우에 자신의 희생은 남편이 성공하는 날 반드시 보람을 느끼리라는 것, 그러한 희생은 삶에 최선을 다하는 사람에겐 항상 붙어다니는 법이라고 생각하면 위로를 받을 것이다.

그것이 의심된다면 최근 미국 학교 협회로부터 호레이셔 알 상을 받은 사람들의 경우를 생각해 보자.

일찍이 전선 기사였지만 현재 미국의 유명한 호텔 월도프 아스토리아의 회장이 된 헨리 크라운. 고작 2달러의 주급으로 장부 정리를 담당하기도 했던 IBM 회사 사장 토머스 J. 와트슨. 옛날엔 역에서 소화물 운반을 했지만, 스튜어트 베이커 회사의 회장이 된 볼 G. 호프만 등.

그대의 남편도 또한 당신의 내조와 격려에 따라서 온갖 배움의 기회를 이용해 이들처럼 출세할 수가 있다.

남편이 똑똑하고 의지가 강할수록 그는 자신의 지식과 기능을 키워 나가기에 열심인 법이다. 미국의 유엔 대사인 어네스트 그로스는 어느 날 밤 파티에서 내게 이렇게 말했다.

"난 수많은 편지들을 더 훌륭하게 쓰기 위하여 야간 학교 속기반에 다니고 있지요."

그러고 보면 그대의 남편이 학생이라는 사실은 마땅히 감사할 만한 일이다.

언제까지나 열심히 하도록 남편에게 용기를 북돋워 줄 일이다. 그렇게 하는 것이 성공의 확률을 높이는 것이 되리라.

하버드 대학의 위대한 총장이었던 로렌스 로얼 박사의 말에 다음과 같은 구절이 있다.

'인간을 교육하기 위해서는 단 한 가지 방법밖엔 없다. 스스로 배우겠다는 의욕을 불러일으키게 하는 방법이 그것이다. 그에게 힘을 주고, 지도하고, 칭찬해 주고, 격려하는 것도 좋지만, 가장 중요한 것은 자신의 노력으로써 터득한다는 것이다. 그가 터득할 수 있는 것은 그의 노력에 정비례하는 것이다.'

제 4 장
만일의 경우에 대비하라

조셉 아이젠버그는 뉴욕 브롱크스 2347번지에 살고 있다. 그는 세탁소에 세탁물 주문을 맡아 주는 일을 25년간 계속해 왔는데, 갑자기 실직하고는 어찌할 바를 몰랐다. 다른 기술이 있는 것도 아니고, 교육도 받지 못했고, 더구나 나이도 많은 경우, 직업을 얻기란 쉬운 일이 아니었다.

그러던 어느 날, 어떤 사람의 주선으로 제법 괜찮은 제과점을 인수하였다. 그 때문에 식구들은 한동안 애를 먹었다.

그야말로 큰 일이었다. 아이젠버그의 부인인 제니는 가게가 자리 잡힐 때까지 도저히 고용인을 둘 여유가 없다는 것을 알았다. 그래서 자기가 몸소 가게의 일을 돕기로 결심하였다.

그로부터 집안 일 외에도 오랫동안 가게 일을 보게 되었다. 청소와 빨래·식사 준비 외에 8시간 내지 10시간 동안 가게 일을 본다는 것은 누구에게도 쉬운 일은 아니었다.

"하지만 그렇게 하는 것만이 남편이 성공할 기회가 된다고 생각하여, 저는 기꺼이 그 일을 해냈어요. 우리 가게는 차츰 번창하게 되어 그로부터 5년이 지난 오늘날에는 살림 형편이 훨씬 좋아졌어요. 우리는 우리 두 사람만의 힘으로 여기까지 이른 것을 매우 자랑스럽게 생각합니다."

제니 아이젠버그는 이렇게 술회하고 있었다.

아이젠버그 씨가 일자리를 잃었을 때와 같이 난처한 처지에 놓였을 경우, 아내가 돕지 않는다면 두 번 다시 성공할 기회마저 잃어버린다.

대부분의 아내들은 좋은 때나 나쁜 때나, 모든 책임은 당연히 남자가 져야 한다고 생각한다. 그러나 그녀들은 잊고 있는 것이다. 궁지를 모면하기 위해 때로는 여자도 발벗고 나서서 노력해야 한다는 사실을······.

다음의 예도 필요한 때에 기꺼이 남편을 도운 어느 아내의 이야기이다.

테너시 녹스빌 시의 크루즈 가 116번지에 사는 윌리엄 R. 콜먼 부인은 남편의 일을 도울 뿐만 아니라, 자기 자신도 따로 직업을 가진 직업 여성이다.

콜먼 부인은 간호사이었다. 1936년 콜먼 씨와 결혼했을 때 콜먼 씨는 낮엔 일하고 밤엔 고등학교 졸업 자격증을 따기 위해 야간 학교에 다니고 있었다.

남편이 야간 학교를 계속 다니게 하기 위해 콜먼 부인은 간호사 일을 계속했다. 더구나 남편이 개근하게 하기 위해서 더욱 애를 많이 썼다. 큰딸이 태어나던 날 밤에도 결석해서는 안 된다고 강제로 떠밀다시피 해서 남편이 야학에 가게 했을 정도였다. 그런 보람이 있어서 윌리엄은 6년간 줄곧 개근으로 아내와 딸이 자랑스럽게 지켜보는 가운데 졸업장을 탔다.

윌리엄이 스테인리스 스틸로 된 부엌 도구를 판매하는 일을 시작하자, 아내 헬렌도 그 일을 돕게 되었다.

헬렌이 요리를 만드는 법을 보여 주고 윌리엄은 그 기구를 판매하였다.

이윽고 윌리엄의 아버지가 죽고 윌리엄의 형제들이 그 아버지가 경영하던 인쇄소를 공동 소유하게 되었다. 그 때 윌리엄과 헬렌은 은행에서 빚을 얻어 그 인쇄소를 사들였다. 그 후 이 빚을 갚기 위해 헬렌은 다시 간호사가 되었다. 그리고 밤이나 토요일에는 윌리엄과 함께 일하곤 했다.

'만일 이대로 건강을 유지하여 일할 수 있다면 우리는 5년 후에 집을 살 수 있고, 또 인쇄소의 빚도 모두 갚게 된다. 그렇게만 된다면 나는 이제 일을 그만두고 남편과 아이들을 위해 집안 일에만 전념할 생각이다.'

헬렌은 그의 수기에서 이상과 같이 쓴 적이 있었다.

앞에 말한 아이젠버그 부인도 그렇지만 콜먼 부인은 비상 사태의 경우, 남편과 더불어 일한 아내의 전형이라고 할 수 있다. 그러한 협력은 일시적일지라도 그 효과는 비길 데 없이 큰 것이다.

빚을 졌거나, 병이 들었거나, 남편이 직장을 잃었을 경우, 가정이 위기에 처했을 때, 때때로 아내가 일시적이나마 사회에 진출하여야 할 때가 있다. 그러한 도움은 무엇을 의미하는 것일까. 단순히 자기 직업을 가졌다는 것은 자기 만족을 위한 것만이 아니라 가족을 위한 부부의 협력이라고 할 수 있다. 그것은 하나의 비상 수단이기도 한 것이다.

내가 아는 어떤 부인은 그러한 상황에 잘 대처하여 온 가족에게 이제까지와는 달리 새로운 생계의 길을 개척했다.

J. D. 스턴 부인은 남편과 아이들과 함께 뉴저지 웨스트필드 시 스탠리 422번지에 살고 있다.

스턴 씨는 세일즈맨이었는데 몇 해 전에 중병이 들어 일을 할 수가 없게 되었다. 큰 집을 유지하며 세 아이와 쌍둥이를 보살펴야 하는 책임이 아내의 어깨에 지워졌던 것이다.

스턴 부인은 서슴없이 돈이 될 만한 자기의 재능을 생각해 봤다. 그러나 회사에 근무할 만한 교육도 받은 적이 없을 뿐만 아니라 소질도 갖고 있지 않았다. 그녀가 가장 자신 있는 것은 어린이의 생일 축하 케이크나 결혼 케이크, 또는 파티에 쓰이는 과자를 만드는 것이었다.

그녀는 자기의 생각을 몇몇 친구들에게 얘기했다. 그 결과 친구들은 파티를 베풀 때마다 반드시 그녀에게 케이크를 주문하게 되었다. 그녀가 만든 맛좋고 진기한 과자들은 대단한 호평을 받았고 주문은 계속 들어왔다. 오히려 손이 모자라 도움을 청해야 할 지경에까지 이르게 되었다.

요리는 전부 집에서 만들었으므로 남편과 아이들도 거들어 주었다. 일이 점차 늘어나 마침내 스턴 부인은 파티 전문 요리사로 독립할 수 있게 되었다.

오늘날 그녀의 사업은 고용인을 두게 될 만큼 확장되었다. 그녀는 의기 양양하게 식료품점을 내고 50마일 지역 내의 파티 요리를 전담하게 되었다.

스턴 부인의 난관 돌파 계획은 이렇게 성공하게 되어, 남편인 스턴 씨는 지금 매니저로 어엿하게 일하고 있다. 그들 둘은 더없이 잘 조화를 이루고 있는 것이다. 스턴 부인은 말하기를,

"저는 원가 계산이니 계산서를 쓰는 일은 전혀 할 줄 모릅니다. 그러나 나 자신이 해야 할 일을 원만하게 해낸다든가, 새로운 요리법을 고안해 낸다든가 하는 일들로 머리가 꽉 차 있습니다. 그래서 사무에 관한 세부적인 일들은 남편이 맡아서 잘 처리해 준답니다."

언제 어느 때 예기치도 않은 곤란한 일이 일어나서 우리의 가정을 위협하고, 그로 인해 아내들이 직접 나서서 한 집안 수입의 전부 또는 일부를 벌어들여야 할 사태가 일어날지도 모른다.

그러한 만일의 사태에 대비해서 충분히 대책은 세워져 있는지, 그것을 알아보기 위해서 지금 곧 우리 생활에 쓸모있는 기능을 적어 둘 필요는 없는 것일까?

내조의 네 가지 방법
① 남편의 일을 이해하고 도와라.
② 남편의 비서와 사이좋게 지내라.
③ 회사에서 베푸는 특별 강습회나 야간 학교, 또는 독학 등등, 온갖 기회를 이용하여 공부를 계속하도록 남편을 격려하여라.
④ 만일의 사태에 대비하라. 필요한 경우엔 일할 각오를 갖는 것이 중요하다. 생활을 위해 쓸모있는 기능을 무엇이든지 터득해 두는 것이 좋다.

제 4 부
경우에 따라 하는 방법

어떠한 일이 일어나도
낙심해서는 안 된다.
이미 매장되어 버린
과거의 일에
애태우지 말라.
그렇게 성인들은 말한다

제 1 장
남편이 전근 발령을 받았을 때

 지금까지의 생활을 떠나기 싫다고 해서 남편을 한 고장이나 한 가지 직업에만 얽매어 두는 아내 —— 인사부장의 말을 인용하면, 그런 아내는 처치 곤란의 말썽꾸러기이다. 필라델피아에 있는 애틀랜틱 리파이닝 회사 중역 L. 엘리엇은 그러한 아내를 '못된 아내'라고 일컬으면서, 남편의 성공을 위해서는 부담스런 일이라고 지적했다.
 또 어떤 중역은 지금까지 살아온 마을에서 떠나기 싫어하는 아내 때문에 모처럼 얻은 승진의 기회를 놓치고 말았다는 어느 유망한 청년 사원의 이야기를 해 주었다.
 부모·친구·교회, 그리고 마음에 드는 아름다운 주택을 떠날 수가 없다는 것이 이유였다.
 한 집안이 겨우 그 고장에 뿌리를 박기 시작했을 때 그 곳을 떠나 낯선 곳으로 옮겨가는 데는 큰 용기가 필요하다. 그와 같은 환경의 변화를 극복하기 위해서는 결혼 자체가 근본적으로 건전한 것이어야 한다.

제2차 세계대전 중에 있었던 이른바 '전쟁 신부'의 대부분은, 한 군사 기지에서 다른 기지로 계속 이동해 다녀야 하는 고생과 살벌한 환경 속에서 가정을 꾸미는 뼈저린 고통을 견뎌내지 못했다.

만일 환경에 잘 순응할 수 있는 아내라면 그러한 장애쯤은 거뜬히 넘길 수 있을 것이다. 버지니아 노포크 시에 사는 레오날도 캐츠쉬너 부인은 바로 그러한 아내 중의 한 사람이다.

그녀는 《우먼스 데이》라는 잡지에 글을 발표한 적이 있다.

"나의 남편은 2년 전 현역으로 해군에 소집되었다. 갓 지어 놓은 집을 팔아 치우고 어린 아들을 데리고 여러 고장을 전전해야 하다니……. 그 때 나는 그 이상의 불행은 없으리라는 생각이 들었다. 앞으로 2년은 재미없는 시간의 무한한 연속처럼 보였다. 나는 정말 참담한 기분으로 최초의 주둔지로 이사했다. 하지만 여러 고장을 다녀본 지금에 와서 나의 지난날을 돌아보건대, 내가 얼마나 어린애 같은 안일한 생각을 해 왔는가를 깨닫게 되었다.

남편은 언젠가는 제대하게 될 것이다. 그리고 우리는 우리의 희망, 즉 한 가정을 어엿하게 꾸미고 영원히 안착하기 위한 계획을 짜게 될 것이다. 그토록 기쁜 기대를 가지고 있으면서도 한편으로 나는 현재의 생활에 안녕을 고하기가 어쩐지 아쉽게만 여겨지는 마음을 고백하지 않을 수 없다.

나는 여러 계층의 사람들을 알게 되었고, 그들과 더불어 살아가는 것을 배웠다는 점에서 지난 2년간의 생활에 감사해 마지않는다.

나는 인내라는 것을 배웠고, 다른 생각이나 행동을 하는 사람들을 이해할 수도 있게 되었다. 또 이것이 있었으면 편리할 텐데 하는 일상 생활에서의 사소한 불편을 참아내는 것도 배웠다. 또한 행복한 가정이란 재물이 많은 것에 있지 않고 오히려 사랑과 이해와 주위 사람들에 대한 따뜻한 마음씨, 더 나아가서는 어떠한 환경에 처하게 되더라도 보다 좋게 바꾸어 나갈 수 있는 능력 여하에 달려 있다는 것을 깨닫게 된 것이다."

지금까지 길들어 온 환경을 떠나서 낯선 곳으로 가야만 할 사정이 만일 당신에게 일어났을 경우, 당신은 다음 네 가지 충고에 유의해야 할 것이다.

이사 가는 그 고장이 지금까지 살아온 곳과 같으리라고 기대하지 마라

모든 사람들이 그러하듯 땅이나 일이라는 것도 하나하나가 모두 다른 것이다. 설사 당신 남편이 지금까지 지켜온 자리가 현재의 새로운 지위보다 좋아 보이는 수가 있을지라도 결코 낙심해서는 안 된다. 현재는 겉보기에 비록 빛나지 않더라도 승진의 기회는 예전보다 더 많이 주어지는 경우가 많다.

생활하는 동안 그전처럼 편안하지 못하다고 해서 낙심하지 마라

이러한 경우에는 그 조건에서 그대가 가능한 한 최선을 다함으로써 당신의 의지를 시험해 보면 아마도 뜻밖의 좋은 결과가 나타날 것이다.

어느 여름에 내 남편은 오이오밍 대학의 하기 강습회에 나가서 강의를 한 적이 있었다. 마침 그 무렵 우리는 집이 부족해서 결혼한 퇴역 군인 가족들을 위해 세워진 허술한 건물에서 잠을 자며 지내야 했다. 솔직히 말해서 나는 이 숙소가 몹시 못마땅하였다.

하지만 그 초라한 숙소에서의 생활은 나의 인생에 있어서 가장 값지고, 감사할 만한 체험이 되었다. 집 안 청소는 간단했고, 이웃 사람은 모두 착했다. 젊은 부부가 각기 학교에 다니면서 애를 키우고, 가난한 살림 속에서나마 매일을 즐겁고 만족하게 지내는 모습을 볼 때, 나는 초라한 숙소를 보고 정이 떨어졌던 나 자신을 부끄럽게 여겼다.

그 해 여름에 우리는 몇몇 가정과 아주 친숙한 교제를 했다. 그리고 또한 성공이나 행복이라는 것은 그 사람의 생활 수준과는 거의 관계 없으며 그와는 별다른 것이라는 진리를 터득하게 된 것이다.

앞으로 새로 맞게 될 환경의 좋고 나쁨을 가리기 전에
먼저 힘닿는 데까지 최선의 노력을 하라

내가 아는 어느 부인은, 남편이 조그만 공장 도시로 전근했을 때 남편을 따라 그 도시로 옮겨 가서 살았다. 그 전근은 남편이 오랫동안 기대해 온 승진이었다.

하지만 아내는 그 도시에 불과 스물네 시간 동안 있었을 뿐, 보따리를 싸들고 먼저 살던 집으로 돌아가 버렸다. 그 결과 남편의 오른 봉급도 두 살림을 꾸려나가기에는 부질없이 탕진될 수밖에 없었다.

남편은 마침내 먼저 자리로 돌아가서 일하게 해 달라고 상사에게 애원하는 처지가 되었다. 이것은 모두 남편의 전근에 대해 아내가 힘 자라는 데까지 노력하지 않은 탓이다.

새로운 기회를 한껏 이용하고 지난 일에 미련을 갖지 마라
낯선 고장에 가게 되면 새로운 벗을 사귀도록 열심히 노력해야 한

다. 교회나 클럽, 여성 단체에 가입해서 그 고장의 유력자와 사귀어 나가도록 해야 한다.

못마땅히 여겨지는 일을 투덜거리기에 앞서서 그것을 개선하도록 노력하자. 그렇게 할 수 없을 때는 그런 따위의 일은 잊어버리는 것이 좋다. 어차피 이 세상엔 좋은 일, 마음에 드는 일만 있는 것은 아니니까 말이다.

로버트 와트슨 부인의 이야기를 들어 보자.

현재 오클라호마 츠루사 시 동쪽 23번가 264번지에 사는 그녀는, 커터 석유 회사에 근무하는 물리학자인 남편과 더불어 지구 위의 여러 나라를 여행했다.

와트슨 부인과 자녀들은 그 여행의 대부분을 세계의 한 구석에 있는 가장 미개한 땅에서 지냈지만 그들은 매우 즐겁게 지냈다. 그렇게 행복하고 화목한 가정은 또다시 없을 정도였다.

와트슨 부인은 생각했다. 가정은 영혼의 휴식처라고.

"저는 언제든지 이삿짐을 다 싸서 나설 수 있어요. 세계의 어느 곳에 가서 살게 되더라도 마음만 있으면 얼마든지 공부하고 힘차게 자라날 기회는 있는 법이라는 것을 우리 집의 신조로 삼고 있지요. 예를 들어 보면 우리가 바하마 섬에 머물고 있을 때 유명한 수영 선수가 그 곳에서 다이빙 코치를 하고 있다는 말을 들었어요. 그것은 우리 집에서 물의 여왕으로 불리는 수지를 위해 베테랑에게 직접 지도를 받게 할 수 있는 절호의 기회였지요. 그 결과 수지는 다이빙으로 상을 탈 정도로 진보했어요. 만일 우리가 다른 곳에 살았더라면 결코 그렇게 좋은 혜택을 얻을 수는 없었을 것 아니에요?"

와트슨 부인은 또 이렇게 말했다.

"어느 회사의 중역이 이런 말을 하는 것을 들은 적이 있어요. 그분의 회사에서는 사원을 외국에 파견할 때 부인이 따라갈 수 있느냐의 여부에 따라 보낸다는군요. 그런 경우는 어떻게 해야 할까요? 제가 알고 있는 최선의 방법은, 먼저 살던 곳에 있으면 얼마나 좋았을까 하고 불평만을 하지 말고, 낯선 곳에 있게 된 모처럼의 기회를 충분히 활용해 보는 것이지요."

남편의 업무 관계로 아내도 거처를 옮겨야만 하는 불가피한 경우에 처했을 때, 당신은 다음의 사항을 염두에 두고 기꺼이 남편을 따라 나서도록 할 일이다.

① 새로 가게 된 고장이 지금까지와 같으리라고 기대해서는 안 된다.
② 지금까지와 같은 편리한 생활이 주어지지 않았다고 해서 그 때문에 실망하지는 말라. 그런 일은 그리 대수로운 문제가 되지 않으니까.
③ 이제부터 맞게 될 환경에 대해 불평하기에 앞서 최선을 다해 노력하여라.
④ 새로운 환경을 한껏 이용하라. 지난 일에 대해 미련을 갖지 말아라.

하여튼 낯선 땅 —— 새로운 고장에서 살아본다는 것도 나쁘지는 않은 일이다. 한 군데에 언제까지 늘어붙어 있어서 곰팡이가 날 지경이라면 그것도 부질없는 일이 아니겠는가?

제 2 장
매우 바쁜 남편을 위해 아내가 할 일

몇 달 전의 일이다. 오래 전부터 안면이 있는 한 사람이 우리를 찾아왔다.

그는 일에 지친 까닭인지 몹시 초췌한 표정이었다.

"이제 앞으로 어떻게 해야 좋을지 모르겠어요."
라며 이야기를 꺼냈다.

"나는 우리 회사에 새 지점을 확장하려고 6개월이나 시간 외 근무를 하며 노력해 왔습니다. 밤마다 집엔 늦게 들어갔지요. 그 동안은 도저히 제 시간에 귀가할 수가 없었어요. 그런데 내 아내인 헬렌은 이로 인해 생겨나는 일들 —— 식사 때 내가 집에 없거나, 둘이 같이 외출할 수가 없다는 사실 —— 이 몹시 못마땅하다는 것입니다. 새로운 일을 해낸다는 것이 지금의 우리에게는 매우 중요하다는 말을 아내가 납득하도록 할 수가 없습니다. 나는 아내가 마음에 걸려 맡은 일을 침착하게 해낼 수가 없습니다."

이 불쌍한 사나이는 이중으로 무거운 짐을 지니고 있어서 그의 얼굴이 초췌해지는 것은 당연한 일이었다.

그 이야기는 나로 하여금 내 남편이 어떤 책의 저술에 열중했던 당시를 생각나게 했다. 그 때 우리는 둘 중 누가 더 괴로워했는지는 알 수 없었지만, 그는 집에서 일을 하기는 했으나 종일토록 서재의 문을 굳게 닫고 좀처럼 얼굴도 보이지 않고 밤늦게까지 쓰는 일에만 열중해 있었다. 더구나 그러한 일은 매일 계속되었다.

우리는 사교적인 모임에도 같이 얼굴을 나타내는 일이 없었고, 그의 진행 계획서에 얽매어져 어느 누구도 초대할 수 없었다. 다행히 모두 우리를 잘 이해해 주는 사람들이었기에 그나마 큰 무리 없이 넘길 수 있었다.

돌이켜보건대, 아내인 나로서는 그 기간이 한없이 쓸쓸했지만, 남편이 적당한 식사와 휴식을 취하고 조금이라도 신선한 공기를 마실 수 있도록 온갖 세심한 주의를 기울이며 억척스럽게 일했다. 또 몇몇 클럽에도 가입하여 친구들과 사귀며 나 자신의 취미도 키워 나가도록 노력했다. 그러는 동안 그 저술은 겨우 완성되었고, 우리는 다시 전처럼 지낼 수 있게 되었다.

일반적인 일 이외에 이와 같은 노동을 강화해야 하는 기간이 아내로서는 결코 편안한 것이 아니지만, 남편에게 필요한 것이며, 또한 상황이 좋아질 수도 있다. 이러한 경우 아내는 간호사가 되고, 보호자가 되어 다시 정상적인 생활로 돌아갈 날을 참고 기다려야 한다. 이것은 괴로운 일이지만 어쩔 수 없는 일이다.

남편의 일이 이와 같이 지나치게 바쁠 경우, 남편이 괴로워하지 않고 그 기간을 넘길 수 있도록 부인들이 어떻게 도와야 하는가? 이러한 경우에 내가 시도해 본 다음의 다섯 가지는 어떤 사람에게도 유용한 방안이 되리라고 생각된다.

남편의 식사는 그가 격무를 견뎌낼 수 있도록 세심한 배려를 하라

식사 횟수를 늘이되 한꺼번에 많은 양을 주어서는 안 된다. 남편이 저녁을 서둘러 먹고 밤늦게까지 일을 하게 되는 경우, 남편이 피로해하는 경우를 대비해서 약간의 가벼운 음식들을 마련하는 것도 좋겠다. 과일 주스 · 카스텔라 · 샐러드 등은 가벼운 음식물로 소화가 잘 되고 필요한 비타민도 풍부하다.

남편이 집에서 식사를 하는 경우, 식사 후에 밤일을 할 예정이 있다면 소화가 잘 되지 않는 음식을 많이 먹지 않도록 해야 한다.

영양에 대해 더 잘 알도록 노력하거나 몸을 보호하는 음식에 관해 의사와 의논해 보는 것도 좋을 것이다.

그 전에는 이렇지 않았는데 …… 라고 울적해지지 않기 위해서는
무엇이든 기분 전환이 될 만한 일을 계획하라

어느 집을 방문하든지 남편과 동행해야만 가는 습관을 고치고, 사교에 있어서도 독립할 수 있도록 노력해야 한다. 물론 여자 혼자서는 거북할 경우도 있으니 그런 장소는 피해야 한다. 그런 곳이 아니라면 당신은 마치 5월의 햇살처럼 따뜻하게 환대를 받을 것이다.

미술관을 찾거나 교회나 당신이 소속된 단체 등을 위해 봉사하는 종류의 —— 지금까지는 시간이 없어서 할 수 없었던 —— 일을 하면 된다. 혹은 교양을 높이기 위한 공부를 한다든지 야간 학교에 다니는 것도 좋을 것이다.

이러한 것은 당신에게 좋은 결과를 가져다 주고, 또 남편이 당신을 홀로 있게 해서 생기는 불안감을 없애 줄 것이다.

남편이 왜 잠시도 옛 친구들과 어울려 지내지 못하는가를
이해할 수 있도록 그들에게 사정을 얘기해 주라

당신이 진심으로 남편을 믿고, 남편이 하는 일에 찬성한다는 것을 알려 주도록 한다.

당신이 남편을 지지하고,
또 관심을 지니고 있다는 사실을 남편에게 알려라

그렇게 하면 남편의 일은 잘 진행될 것이고, 당신의 남편에게서 멀어지려는 마음을 지켜 줄 것이다.

그러한 현상은 일시적인 일이라는 것을 잊지 마라

당신이 만일 그러한 위기를 극복해 나간다면, 현재의 어려운 사태가 지나간 후 당신과 남편은 제2의 밀월을 즐길 수 있게 될 것이다.

제 3 장
남편이 특수한 직업을 가졌을 경우

　밤에 일하는 직업의 남편을 못마땅하게 여기고 그것을 견뎌 내지 못한 탓으로, 그 때까지 만족스럽게 일해 가던 남편의 직업을 거의 강제적으로 그만두게 만든 아내를 나는 알고 있다. 그녀의 남편은 유명한 관현악단의 악사였다.

　연주회는 대체로 밤에 열리곤 했는데, 그는 자기의 일을 사랑했고, 상당히 많은 급료도 받고 있었다.

　그러나 그의 아내는 남편이 일하는 동안의 고독을 견뎌 내지 못하고 그 직업을 그만두게 했으며, 전혀 맞지도 않는 가정용 기구의 판매원으로 직업을 바꾸게 했다. 그 결과, 남편의 수입은 줄고, 일에도 만족할 수 없었다. 그가 성공할 기회는 그만큼 줄었을 뿐만 아니라, 그 부부의 결혼 생활에 있어서 행복감도 눈에 띄게 줄어들었다.

　남들이 휴식하는 시간에 일한다든가, 특수한 일을 하는 사람들은 남달리 융통성이 있는 아내를 필요로 한다. 다시 말해서 택시 운전사, 기차나 기선의 승무원, 비행사 등 특수한 직업을 가진 사람의 아내는 융통성 있는 여성이어야만 결혼 생활을 원만하게 지속할 수 있다.

연예계의 저명 인사 가운데는 부인들의 몰이해로 결혼 생활에 실패한 경우가 많다.

특수 직업인의 아내를 위한 교육이 있다. 그것은 그녀들이 무엇이나 다 누릴 수만은 없다는 사실이다.

많은 여성들은 영화 배우·오페라 가수·작가·음악가처럼 인기 직업을 가진 유명 인사와 결혼한 여자를 부러워한다. 나도 열여섯 살 때는 유명한 탐험가와 결혼하고 싶다는 꿈을 가지고 있었다. 그러나 이처럼 유명 인사의 아내 노릇을 한다는 것은 최신 유행의 옷을 입고 카메라 앞에 서서 미소짓는 것보다 훨씬 더 부담스럽다는 사실을 아는 사람은 드물 것이다.

아마도 로월 토머스 부인 같은 여성이라면 그것이 그렇게 쉬운 일이 아니라는 것을 당신에게 설명해 줄 수 있으리라. 그녀의 남편만큼 국제적으로 유명한 사람도 그리 흔치 않다. 그는 《아라비안나이트》에라도 나올 만한, 흥미 있고도 변화 무쌍하다. 노련한 뉴스 아나운서이며, 작가·강연자·스포츠맨이기도 한 로월 토머스는 치마라의 산골에 가 있더라도 마치 뉴스나 영화의 카메라 앞에 서 있는 것과 다름없이 태연할 수 있는 사람이다.

그의 아내인 프란시스 토머스는 풍부한 재능의 소유자이지만, 카멜레온이 그 몸빛을 바꾸듯이 수시로 남편의 요구에 따라서 자신을 적응시켜 온 여인이다. 제1차 세계대전이 끝난 직후 아라비아의 로렌스와 함께 파스티너의 분쟁에 관한 강연을 하러 다니는 남편을 따라서 그녀는 세계 각국을 여행했는데, 그 때에도 그녀는 남편을 위해 온갖 일을 다했다. 마호메트교에서 기도를 할 때, 신자를 모을 때 쓰는 음악의 작곡도 맡았고, 여행에 관한 일체의 조사에 이르기까지 가리지 않고 일했다.

미국으로 돌아와서 고향에 자리를 잡자마자 탐험가·비행사·군인 등 남편의 책 속에 나오는 저명 인사의 끊임없는 방문을 받아 프란시스는 미국에서도 가장 바쁜 여인이 되었다. 주말의 토머스 집은 50명 내지 2백 명이나 되는 손님들의 파티로 번잡스러웠다.

남편이 탐험을 나가 집을 비우는 동안 프란시스는 근심 걱정으로 날을 보냈다. 제1차 세계대전 후의 독립 혁명 때도 남편이 시가전을 하다가 치명상을 입었다는 뉴스가 몇 번씩 들려온 일도 있다.

1962년에는 로월 토머스가 탄 비행기가 스페인 안달레시아 지방에서 황무지에 추락된 사고도 일어났었다. 그 때 프란시스는 파리에서 남편이 구조되기를 안타깝게 기다리고 있을 수밖에 없었다.

최근에도 그녀의 남편은 티베트의 산악 지대를 여행하다가 중상을 입었다. 20일 동안을 원주민들의 등에 업혀서 간신히 히말라야에서 구출될 수 있었고, 그 염려스러운 20일 동안 토머스 부인이 입수할 수 있었던 정보는 고작 남편이 중상을 입었다는 말뿐이었다.

여러분이 만일 이런 경우를 당했다면, 이와 같은 불안한 상황을 과연 견뎌 낼 수 있었을까?

근래에 와서는 그의 외아들도 아버지의 뜻을 이어 모험에 나서게 되었다. 토머스 부인은 세계 일부 지역으로부터 폭동이나 전쟁 소식을 들릴 때마다 아들의 모험 결과를 알기 위해 불안한 마음을 달래며 애타게 기다려야 하는 신세가 되었다.

사정이 이렇게 되어도 당신은 로월 토머스와 같은 남들의 화제에 오르는 사람의 아내가 되면 얼마나 멋질까 하는 생각을 하는가? 그런 사람의 아내가 할 일에 관한 지금까지의 간단한 설명에 비추어 봐도, 남다른 직업을 가진 사람의 아내가 되기 위해서는 자신도 남다른 여성이어야 한다는 것을 알 수 있을 것이다.

당신은 화려하게 거리를 누비며 지나가는 지사의 행렬을 본 적이 있으리라. 저 지사의 부인이 되어 장미꽃을 두 손 가득 안고 환호하는 군중들 속을 누비면 얼마나 좋을까 하는 생각을 하지는 않았는가. 하지만 메릴랜드 주의 지사 부인 데어돌 맥케르딘의 말에 의하면, 거기에도 곤란한 부자유가 따른다는 것이다.

맥케르딘 부인은 활동적이며 정력적인 남편과 한 쌍을 이루고 있는 온화하고, 부드럽고, 우아하고, 아름답고, 여성적이었다.

그 부인의 말에 의하면 그들은 지사 관사로 옮겨와 살게 된 후로는 집안의 생활 양식이 완전히 변해 버렸다는 것이다. 남편은 아침 일찍 일어나서 밤늦게 잔다. 그 하루는 완전히 공적인 일들로 메워진다. 남편이 공적인 일로 너무나 바쁘다 보니 부인은 좀처럼 남편과 얼굴을 마주할 수 없었다.

그러나 맥케르딘 부인은 남편이 여행을 할 때나 지방으로 강연을 하러 갈 때 남편과 동행함으로써 그러한 문제를 모두 해결했다고 말했다.

"보통 부부의 경우와는 달리, 여행을 떠남으로써 여생을 보다 즐겁게 할 수 있다는 것을 우리는 깨달았습니다. 그것은 마치 즐거운 휴일 같았어요. 여행을 하면서 부딪치는 여러 가지 체험을 둘이서 같이 나눈다는 것도 매우 의미 있는 일이지요. 그러한 체험은 보다 귀중하고 잊을 수 없는 것이 되기도 한답니다."
 로월 토머스나 맥케르딘 지사의 경우 운이 좋았다고 할 수 있다.
 왜냐 하면 그들은 그들 자신의 명예일 뿐 아니라, 명성과 높은 지위에 으레 따르기 마련인 불편들을 견디어 낼 수 있는 아내가 있었기 때문이었다.
 당신 남편의 직업이 특수하기 때문에 그에 따른 여러 가지 곤란한 상황에는 다음의 원칙을 적용시켜 보라.

 그러한 상황이 일시적인 경우에는 웃어 넘기며 참고 견뎌라
 누구나 순간적인 고통은 견디어 낼 수 있는 것이니까…….

 그 상황이 얼마간 계속될 것이라면
 그 위에 서서 그것을 고쳐 나갈 연구를 하라
 그 점에 관해서는 맥케르딘 부인을 본받는 것이 좋다.

 남편의 성공은 아내인 당신의 성공이라는 점을 늘 기억하라
 어떤 일이 남편의 성공을 위해서 필요하다고 생각되거든, 그 상태에 당신 자신을 적응시켜 나아가는 것이 당신의 책임이다.
 이는 인간적인 면으로 볼 때 남편에 대한 당신의 애정이 충분하다는 것을 나타내는 중요한 사실이기도 하다.

 어떤 경우라도 완전한 만족이란 없고
 이후에도 있을 수 없다는 사실을 명심하라
 어떤 생활에도 이익과 손해가 있는 법이다. 현재의 생활이 마음에

들지 않는다고 불평하는 사람은 가장 이상적인 환경에 놓여진 경우에도 결코 만족할 줄 모르는 사람이다.

제 4 장
남편이 집 안에서 일하는 경우

　당신의 남편이 하루 여덟 시간을 사무실이나 공장에서 보내는 경우라면 구태여 이 이야기를 읽을 필요는 없다. 그 경우 집에서 일하는 남편이 있는 아내의 부담에 비해서, 당신이 남편과 보조를 맞추어 나가는 일은 훨씬 쉬운 일이다.
　하지만 그런 처지의 사람일지라도 일단 이 이야기를 읽어 두는 것이 현명한 일인지도 모른다. 왜냐 하면 우리는 언제 어떤 처지에 놓이게 될지 모르는 일이니까 말이다.
　하루 종일 집에 있는 남편을 중심으로 가정 생활을 이끌어 나가는 아내는 높이 평가되어야 한다.
　예를 들면, 남편이 일하는 방 앞을 지날 때엔 반드시 발뒤꿈치를 들고 사뿐사뿐 소리를 죽여 걸어야 한다든가, 아직 청소가 끝나지도 않았는데 먼지가 나고 골치가 아프니 그만두라고 한다든가, 여자들이 떠들면 일에 방해가 된다고 해서 친구들을 한 명도 부르지 못하게 하는 등등의 경우를 생각해 보라.

　일의 대부분을 자기 집 안에서 처리하는 남자와 결혼하게 되면 당신도 반드시 이러한 문제에 직면하게 될 것이다. 하지만 이런 난처한 사태도 극복할 수 없는 것은 아니다. 남편에 대해 너그럽고 크나큰 애정을 가지고 자기가 원하는 바를 이루고야 말겠다는 각오만 있다면 난관쯤은 아무것도 아니다. 또 실제로 그렇게 해낸 아내도 많이 있다.

　하나의 예로 캐서린 그리스의 경우를 들 수 있다. 그녀의 남편은 NBC교향악단의 작곡가 겸 프로듀서인 돈 그리스 씨이다. 그가 작곡한 교향곡은 미국이나 유럽 대부분의 대교향악단에 의하여 연주되었고, 또 아서 휘들러나 알트로 토스카니와 같은 명지휘자에 의해 지휘된 바도 있다. 누구에게나 대단히 어려운 이러한 전문 분야에서 그리스 씨는 그토록 젊은 나이에 이미 빛나는 이름을 얻은 것이다.

　그리스 씨 댁이 뉴욕의 포리스트힐에 있을 때 우리는 그 이웃에 살고 있었다. 캐서린 그리스가 남편의 화려한 성공에 중요한 역할을 했다는 것은 그 친구들 사이에 널리 알려진 사실이었다.

　돈 그리스는 으레 집 안에서 작곡을 하기 마련이었다. 이층에 그의 서재가 있었지만, 그는 웬지 식탁에서 일하기를 좋아하였다. 그런데도 침착하고 조용한 성품인 캐서린은 그것을 싫어하는 눈치를 조금도 보이지 않았다.

　그녀의 표현에 의하면, 그녀의 남편은 단지 그의 테두리에서 일하고 있을 뿐이라는 것이다. 그녀는 또 자녀에게도 주의를 기울여서 아이들이 너무 귀찮게 굴 때는 다른 곳으로 가도록 세심한 배려를 아끼지 않았다. 캐서린 그리스는 가정을 일하기와 쉬기에 가장 적합

한 장소가 되도록 여러 가지에 신경을 썼다.

그녀는 요리 솜씨도 뛰어나 커다란 냉장고 안에는 손수 만든 아이스크림이나 맛있는 과자 등이 언제나 가득 차 있었다. 그러나 그녀는 가족들이 식사를 어떻게 하는가를 늘 세밀히 관찰하여 필요에 따라 냉장고 열쇠를 감추곤 했다. 왜냐 하면 너무 지나치게 많이 먹어서 배탈이 나지 않도록 조절하기 위해서였다.

대부분의 예술가가 그러하듯이 돈 또한 재정적인 면에서도 전혀 무능력했으므로 캐서린은 사설 매니저의 역할도 맡아 했다. 남편을 도와서 어느 계약을 맺는 것이 좋겠다든가, 수입의 얼마를 절약하여 어디에 투자하면 좋겠다든가 등의 문제를 결정했다. 돈에게 새로운 옷이 필요하면 우선 그 필요성을 눈치채고 새로 맞추도록 해 주는 것도 그녀의 일이었다.

나는 언젠가 그녀에게, 집에서 일하는 남편을 잘 다루려면 어떻게 하는 것이 좋으냐고 의견을 물었을 때, 그녀는 다음과 같이 대답했다.

"그 요령을 터득하기만 하면 그것은 꽤 간단하고 재미도 있어요. 돈이 하루 종일 집을 떠나서, 어느 스튜디오에라도 가서 일한다고 생각하면 얼마나 제 마음이 허전한지 모르겠어요. 지금은 도리어 그이가 집에 들어앉아 있는 생활에 그만큼 익숙해졌어요. 그이가 집에서 즐겁게 일할 수 있도록 돕는 데 있어서 간단하면서도 효과적이었던 방법을 여기서 몇 가지 말씀드려보겠어요."

다음은 그녀가 들려 준 이야기를 정리해 본 것이다.

마음 편히 일할 수 있게 해 준다

남편에 대한 생각을 잊어버리고 당신이 할 일에만 전념한다. 그이가 무엇을 하고 있나, 별일 없나 가끔 들여다보거나 말을 건네 보고 싶더라도 그런 일은 삼간다.

일하는 동안에는 자질구레한 일로 그를 방해하지 않는다

남편이 없을 때와 마찬가지로 모든 일은 당신이 해야 한다. 특별히 급한 일이 생기지 않는 한 이 규칙은 반드시 지켜야 한다.

마음을 잘 조절해야 한다

일이 잘 안 될 때 남자들은 흔히 신경질을 내기 쉽다. 그런 때일수록 당신은 침착하고 명랑한 태도로 그의 기분을 밝게 해야 한다.

사교적인 모임은 남편의 형편을 보아 적절히 조절한다

남편이 일하는 동안 친구들을 초대할 경우는 그에게 방해가 되지 않도록 각별히 신경을 쓰거나 전혀 초대하지 않는 편이 좋다.

집 안에서도 애들이 힘차고 자유롭게 뛰어 놀 수 있는 시간을 잠시나마 마련하도록 남편과 잘 의논한다

한창 힘이 넘치는 아이들에게 온종일 조용히 하라는 것은 억지이다. 이해심 많은 아버지라면 그런 말을 하지 않을 것이다. 가족 모두의 권위가 존중되어야만 비로소 행복해질 수가 있다.

위의 방법이 효과적임은 내가 보증한다. 결혼과 동시에 8년 동안 남편은 꼬박 집에서 일해 왔으니까 내가 한 이 말들은 결코 적당히 넘기려는 말이 아니다.

  만일 하루 종일 집에서 일하는 남편이 있다면 캐서린 그리스의 방법을 본받는 것이 당신에게 가장 현명한 방법이 될 것이다.

제 5 장
직업을 가진 아내의 경우

만일 당신이 직업 여성이라면 직장을 그만두는 것이 남편에게 도움이 된다고 할 때, 당신은 기꺼이 그 직업을 그만둘 수 있겠는가?

그럴 수 없다면 이 책을 읽을 필요는 없다. 왜냐 하면 당신은 남편을 성공시키는 일보다도 자신의 성공에 더 많은 욕심을 가지고 있기 때문이다.

한 사람을 성공시킨다는 것은 여간 어려운 일이 아니다. 그것은 참으로 노력을 기울일 만한 가치가 있을 때가 아니면 간단히 할 수 없는 일인 것이다.

다음은 어느 젊고 아름다운 여성의 이야기이다. 그녀는 결혼하기 전에는 자신의 성공만을 생각하는 여자였다.

유명한 탐험가인 카비스 웰스라는 장래의 남편과 사귀던 당시만해도 대단히 자기 마음에 드는 직업을 가졌었다. 그녀는 라디오 방송과 강연의 매니저로서 제법 이름이 알려져 있었고, 수많은 저명 인사들의 사무에 관한 일을 맡아 해 주었다.

 카비스 웰스도 처음에는 사무 의뢰자로서 그녀와 사귀었다. 그러다가 이윽고 연애의 꽃이 피었고, 그녀의 희망에 따라 계속 직장 생활과 독립해서 일해도 좋다는 조건 아래 마침내 두 사람은 3월에 결혼하였다.

 6월이 되기가 바쁘게 웰스는 아라라트 산에 등반하기 위하여 러시아와 터키로 여행을 떠나게 되었다.

 그녀는 그 동안 집에서 자기 일을 할 예정이었지만, 도저히 자기 혼자 남아 있을 마음이 들지 않았다. 이번 한 번만 따라가겠노라고 간청한 끝에 마침내는 그 모험에 동반하게 되었다. 그 여행기는 나중에 베스트 셀러가 되었으며, 그 탐험이야말로 고난과 고통과 실패의 악몽과 같은 참담한 여행이었다.

 여행에서 돌아온 그녀는 심경의 변화가 일어났다. 남편과 생사고락을 함께 한 모험에 비하면 자기의 직업이 아주 보잘것없는 일로 생각된 것이다.

 그녀는 일 년 후에 다시 남편을 따라 여행을 떠났다. 포카치페르트 산에 오르기 위해 멕시코로 갔는데, 이번에도 무서운 육체적 고통은 계속되었다. 그녀는 추위와 굶주림에 시달렸고 피곤에 지쳤다. 그러나 계속되는 두려움으로 마음을 조이면서도 스릴을 맛보았다.

 산꼭대기에서 휘몰아치는 차가운 바람이 그녀의 마음 속에 남아 있던 자기 본위적인 독립심의 마지막 한 조각까지 휩쓸어 버렸다. 그녀는 그 때 결정적으로 깨닫게 되었다. 자신의 성공보다도 카비스 웰스의 좋은 아내가 된다는 것이 훨씬 중요하다는 것을.

 멕시코에서 돌아오자마자 그녀는 사무실을 그만두고 남편을 도왔다. 이제부터는 지구 끝까지라도 남편을 따라 나설 수 있게 되었고, 그것은 그대로 실행되었다. 말레이시아 정글 지대를 비롯하여 아프리카·일본·아이슬란드·캐시미어의 계곡까지 여행한 웰스 부부의 생활은 스릴 가득한 여행기가 되었다.

제터 웰스는 이렇게 말했다.

"자기 자신의 독립된 직업을 갖는 게 무엇보다도 중요하다고 생각했던 시절을 돌아보면, 저는 그 생각이 얼마나 유치했는가를 깨닫고 어이가 없을 지경이에요. 남편과 더불어 체험한 갖가지 사건에 비하면, 그 때까지의 내 생활은 참으로 따분하고 무의미한 것이었지요. 저의 흥미를 남편의 일과 일치하게 함으로써 저도 또한 남편의 승리와 성공을 같이 누릴 수가 있게 된 것이에요. 실패나 귀찮은 일이 일어났을 경우엔 우리는 협력해서 그 해결을 도모했지요. 저에 대한 최대의 포상은 남편이 그 여행기의 첫면에 '나의 가장 좋은 벗, 나의 아내 제터에게 바친다'라고 써 주는 것이에요. 지금까지 받아온 아무리 많은 찬사도 남편의 이 헌사처럼 나에게 커다란 만족을 준 것은 없었답니다."

제터 웰스의 심경의 변화는 극적인 상황 아래서 일어난 것이었지만, 여자로서 사랑하는 이의 행복과 이익을 생각하는 것이 가장 보람 있는 일이라는 것을 깨달은 숱한 여성들과 상통하는 그 무엇이 있다.

그러나 나는 직업 여성을 얕보거나 무시하는 것은 아니다. 오히려 그런 사람들에 대해서는 존경하는 마음을 금할 수 없다.

인생은 뜬구름 같은 것이어서 언제 가족을 부양하게 될지 모르는 일이므로 여자도 자기 힘으로 생활할 준비를 갖추어야 한다. 질병·죽음·실직 등 뜻하지 않은 불행이 언제 불어닥쳐 평화롭고 안락한 생활을 깨트릴지 모르기 때문이다.

그러나 나는 지금 아내로서 남편을 성공시키는 방법을 연구하는 것이므로 아내로서의 의무를 진지하게 다하는 것 자체가 대단히 의미 있는 일이라는 점을 강조한다.

자신의 직업에 열심인 아내에게는 남편을 성공시키기 위한 여력이 그리 많이 남아 있다고 할 수 없다. 물론 무슨 일이나 예외가 있지만, 나의 관찰과 경험에 비추어 보건대 부부의 목적과 이해가 일치되어 있으면 성공하고 결혼 생활도 행복해질 기회가 보다 많아진다는 것은 사실이다. 그러므로 이와 같은 경우엔 다음의 법칙을 잘 외워두는 것이 중요하다.

제 6 장
남편에게 뒤떨어지지 않으려면

14년 전 결혼할 당시, 하인츠 부인은 공포증에 걸려 있었다. 그녀의 말에 의하면,

"저는 모르는 사람을 만나는 것이 두려웠고, 모임에 참석하는 것도 두려웠으며, 또 많은 사람들이 모인 장소에도 가기가 무서웠어요. 저는 몹시 마음이 약했습니다."

하인츠 씨는 유능한 소장(少壯) 변호인으로 지방 정치에도 열심히 참여했으므로, 자연히 사람들을 만나거나 회의 또는 사교적인 모임에 자주 나가게 되었고, 남을 초대하거나 초대받는 기회가 많았다.

그런데 신부인 셀리 하인츠는 그런 일을 생각만 하여도 오싹해진다는 것이었다. 도대체 그녀의 공포증과 남편의 지위에서 오는 필요성은 어떻게 조화시킬 수가 있을까?

그녀는 그것을 극복할 수 없었다. 공포증을 극복하거나 남편을 실망시키거나 둘 중 하나를 선택해야 하는 딱한 입장에 그녀는 놓이게

되었다.

셸리 하인츠는 자신의 결점을 고치기로 마음먹었지만 그 방법을 알 수가 없었다. 그러던 어느 날, 그녀는 어느 잡지에서 다음과 같은 글을 발견하게 되었다.

'사람이란 자기 자신에 대해서 대단히 흥미를 지닌 존재이므로, 이야기를 할 때엔 상대방에게 화제를 집중시키도록 하는 것이 좋다. 그 사람으로 하여금 자기 자신의 일·문제·취미에 대해서 말하게끔 돌려서 하면 좋다. 당신의 주의를 상대방에게 돌림으로써 당신은 자신을 잊을 수 있다.'

이 말이 셸리 하인츠에게 눈을 뜨게 하는 기회가 되었다. 그녀는 이 충고를 따르기로 결심했는데, 그것이 대단한 효과를 나타냈다.

하인츠 부인의 말에 의하면,

"다른 사람에게 실제로 관심을 돌림으로써 저는 차츰 공포심을 없앨 수 있었답니다. 다른 사람에게도 여러 가지 문제와 고민거리가 있음을 알게 되었지요. 그들을 잘 알게 됨에 따라 차츰 저도 그들이 좋아지게 되더군요. 지금에는 제 스스로 새로운 벗을 구합니다. 그들과 같이 있어도 결코 지루하지 않아요. 저는 우리 집에 다른 사람을 초대하는 일에 즐거움을 느끼고 있어요. 지금은 상원의원이 된 남편과 더불어 기꺼이 남을 방문하게도 되었지요. 사교적 교제를 할 수 없다는 이유로 남편에게 폐가 되지 않나 하고 염려해 왔는데, 그런 일 없이 지내 온 것을 저는 무한히 감사하게 여기고 있습니다."

남편의 직업과 관련해 필요한 교제를 위해서는 하인츠 부인처럼 자기 자신을 다스릴 필요가 있다. 남편의 성공은 세상과 절충을 이루어 나가는 능력에 따라 창조되는 법이다.

이러한 능력을 태어날 때부터 지닐 수 있다면 물론 행운이겠지만, 그렇지 않은 경우에는 하인츠 부인처럼 자기 스스로 습득해 나가야 한다. 그것이 남편을 성공시키는 현명한 부인이다.

어느 주지사가 언젠가 내게 다음과 같은 고백을 남모르게 한 적이 있다. 좋은 환경에서 자라난 싹싹하고 매력 있으며, 교양도 풍부한 여성과 결혼한 것이 자신의 성공 원인의 절반 이상을 차지했다는 것이다. 이 주지사는 해외에서 태어나 어느 빈민가에서 자랐다.

"내가 만약 이웃집 아가씨와 결혼했더라면, 나 스스로 교양을 쌓아 출세하려는 자극을 그녀에게서 받는다는 것은 어림도 없었으리라는 생각이 드는군요. 그러나 고맙게도 내게 부족한 것이 나의 아내에게는 모두 갖추어져 있어요. 아내에겐 마음의 안정과 그것을 지탱하는 바탕이 있지요. 나의 직업상 필요에 따라 흔히 있는 일이지만, 나는 지위가 높은 사람들이 많이 모인 곳에 참석해야 하는 경우도 있고, 하층 서민의 생활 속에 들어가 보아야 하는 경우도 있습니다. 그런데 그 어떤 경우에도 나의 아내는 조금도 태도를 바꾸는 법이 없습니다."

내 남편은 현재 비교적 낮은 지위에 있으니 그런 일은 내게 쓸데없는 일이야 —— 라고는 결코 생각하지 말아야 한다. 내일의 지도자가 오늘의 무명 청년에 지나지 않는 것은 흔히 있는 일이다. 누구나 처음부터 정상의 자리에 서는 것은 아니다.

앞으로 10년, 20년, 30년 후에 당신의 남편이 정상에 서게 될 경우 형편 없는 아내를 두었다고 세상 사람들에게 창피를 당한다면!

남편에게 그런 수치를 주지 않도록 하게 위해서 당장 오늘부터 준비하는 것이 어떨까? 그렇다. 오늘부터 시작하자. 만일 당신이 하인츠 부인처럼 공포증을 가진 여성이라면 당장 그것을 몰아낼 준비를 하자. 만약 남들과 사귀기 어렵고 현명하지 못한 여성이라면 남을 사랑하고 존경하고 같이 즐길 줄 아는 법을 배워라. 자신에게 교육이 부족하다고 생각된다면,

'난 상급 학교에 갈 기회가 없었으니까…….'
하는 따위의 어리석은 변명을 하지 말고, 당장 야간 학교에라도 다녀야 한다. 그러한 시간적 여유가 없다면 서둘러서 근처의 도서관에라도 다니도록 해야 한다.

남편의 일을 따라가지 못하고 남편에게 버림받은 아내란 이미 고생을 같이할 자격이 없는 여성이다. 그런 사람은 게으르거나 무능한 탓으로 주위에 무수히 널려 있는 발전의 기회를 이용하지 못한 채 지나치는 사람인 것이다.

"남편의 일에 보조를 맞추어 나간다는 것은 결혼 생활을 성공으로 이끄는 중요한 열쇠입니다."

미국 영화 협회 회장 부인인 존스튼 부인의 말이다.

존스튼 부인은 다음과 같이 충고하고 있다. 남편의 진보에 뒤지지 않으려고 노력하는 여성이라면 자기 주위의 좁은 교제 범위에 머물지 말고, 사회적인 활동에도 자진하여 참가함으로써 교제의 기반은 확고하게 다지는 것이다.

"우리 남편은 내가 꼭 도와주지 않아도 돼. 사회적인 일은 하고 있지 않으니까라고 당신은 생각할지 모릅니다. 나의 남편 에릭도 처음에는 그랬습니다. 우리가 약혼했을 때, 그는 집집마다 방문하여 진공 청소기 세일즈를 하고 있었어요. 우리 두 사람도 그 당시엔 에릭의 장래에 대해 전혀 어떤 전망도 갖고 있지 않았어요. 다만 제가 알

수 있었던 것은, 남편이 차츰차츰 다른 사람에게 인정받기 시작했다는 사실뿐이었어요."

　자기 자신에게 장차 어떤 운이 닥칠지 알 수는 없지만 현명한 사람은 장래의 성공에 대비하여 미리 준비를 한다.

　친구를 사귀고 그들과 교제를 계속하는 방법을 배우거나, 다른 사람들과도 잘 어울릴 수 있는 방법을 배운다는 것 ── 그것은 당신의 남편이 중요한 지위에 취임하게 될 경우를 대비하기 위한 매우 중요한 준비가 된다. 그것은 또한 당신의 남편이 어떤 직업이나 지위를 가졌을 경우에도 항상 남편을 도울 수 있는 하나의 기술이 된다.

　남편이 사람을 다루는 방법이 서투른 경우 현명한 아내라면 교묘하게 그 결점을 덮어줄 수 있으리라. 그 반대로 남편이 대인 관계에 있어서 지나치게 수단이 좋을 경우엔 아내로서 그러한 남편의 태도가 눈에 거슬리지 않도록 신경을 써야 할 것이다.

　이 책의 자료를 수집하는 동안, 나는 미국에서 가장 큰 어느 회사의 인사 담당 중역과 아주 재미있는 인터뷰를 했다. 그 중역은 일에 몰두해 버리면 다른 사람의 생각은 아랑곳하지 않게 되는 때가 가끔 있었는데,

　"나의 아내는 결코 싫은 표정을 하는 법이 없었어요."

　그는 아주 자랑스럽게 말하였다.

　"그렇지요. 극히 최근의 일인데, 나는 세탁소에 가서 마구 항의를 한 적이 있었어요. '내 옷을 이렇게 세탁해 달라고 했는데 도대체 이 꼴이 뭐란 말야'라고 말입니다. 그랬더니 세탁소에서 일하는 녀석이 한동안 기가 막히다는 듯이 쳐다보더니 한다는 소리가 '아저씨,

부인께서 오신다면 고맙겠는데요' 하는 게 아니겠어요? 누구나 내 아내를 좋아하는 눈치였어요."

그 중역은 말을 계속했다.

"우리 아내는 이 세상의 꽃입니다. 하트 같은 존재이지요. 아내는 다른 사람들을 공평하게 사랑하고 또 인정이 많아요. 예를 들면 그리스 사람이 경영하는 가게 앞을 지날 경우, 아내는 그리스 말로 인사를 합니다. 그 곳을 지나서 과일 파는 남자에게는 이탈리아 말로 이야기를 나눕니다. 그 남자들이 내게는 본체만체하는데도 말입니다. 그러나 일부러 고생해 가며 그 나라 말로 인사하는 법을 배운 것은 아내이니까 할 말이 없지요. 이러한 일들은 아내가 남의 마음을 잘 파악하여 그들에게 인심을 사려고 하는 행동이지만, 그것이 꽤 큰 효과를 거두는 것 같더군요."

나는 그 부인과 만난 적이 없지만 그런 부인이라면 틀림없이 좋아하게 되리라고 생각한다. 여러분도 그렇지 않을까?

우정과 신의를 가져다 주는 여성은 비할 데 없이 귀중한 보배이다. 바쁜 생활을 하는 사람들은 자기 일의 전문적인 문제에 너무 몰두하기 때문에 인생을 윤택하게 하는 따뜻한 인정을 잊고 지내기가 일쑤이다. 그러므로 그런 사람들은, 어디에서나 화기 애애한 분위기를 만들어 주는 여성을 아내로 맞을 수 있다면 그 얼마나 행복한 일인가.

그러한 아내는 남편이 아무리 출세를 해도 그에게 외면당한 채 뒤에 남겨질 염려는 없다. 왜냐 하면 그러한 아내는 남편의 오른팔과 같은 존재이기 때문이다. 남편의 사회적 활동을 돕기 위한 아내의 사교성에는 여러 가지 방법이 있는데, 그 가운데서 다음의 사항은 항상 실행할 필요가 있다.

한스 V. 칼텐보운 부인은 내조의 솜씨가 대단히 좋은 여인이다. 그녀의 남편은 뉴스 방송인 협회 회장이다. 칼텐보운 부인은 이야기를 하면서도 시기 적절하게 화제를 바꾸는 등 남이 따를 수 없는 특수한 감각을 지니고 있었다. 그로 인해 그녀에게는 커트 부인이라는 별명이 붙게 되었는데, 내가 그녀와 인터뷰했을 때 그녀는 내게 이렇게 말했다.

예컨대 점심 식사 때에 이야기가 이상한 방향으로 흐르게 되면 그녀는 적당한 기회를 보아서,

"여보, 왜 그 장군에게……의 이야기를 하시지 않으셨어요?"

살며시 한마디 던지는데, 그 한마디로 자리를 같이한 사람들로 하여금 쓸데없는 화제를 그치게 하고, 다시 그런 얘기를 하지 않기 위해 조심하도록 경고하게 된다는 것이다.

저명 인사인 남편이 강연을 마친 후에 악수를 청하며 모여드는 사람들, 또는 될 수 있는 한 오래 붙잡고 서서 이야기를 나누려고 다가드는 사람들 —— 그런 사람들로 인해서 시달림을 받지 않도록 방지하는 데 있어서도 칼텐보운 부인은 재치가 있다.

"여보, 지금 차가 기다리고 있어요."

"여보, 그 모임에 늦으면 어떻게 하려고 그러세요."

언젠가 시청에서 강연을 한 뒤의 일이었다. 남편에 대한 청중들의 질문이 끊임없이 꼬리를 물고 계속되자, 칼텐보운 부인은 질문을 빨리 끝내지 않으면 남편이 지치고 말 것이라는 염려 끝에 한 가지 생각을 해냈다. 그래서 부인은 서슴없이 손을 들고는,

"저, 한 가지 질문이 있습니다."

지적을 받자 그녀는 말을 계속했다.

"칼텐보운 부인은 칼텐보운 씨가 점심을 드시러 몇 시에 집에 가실 건지 그것을 알고 싶어하는데요……."

청중도 그 말뜻을 알아차렸다. 그 덕분에 칼텐보운 씨는 겨우 점심을 먹을 수 있었다.

성공한 남편, 또는 성공해 주기를 바라는 남편을 돕는 또 하나의 중요한 서비스가 있다. 그러나 그러한 서비스를 완전하게 해내려면 커다란 애정과 예민한 감수성과 적절한 타이밍이 필요하므로 오히려 섣불리 덤벼들면 참담한 결과를 초래하게 될 것이다.

그 중요한 서비스란, 남편이 자신의 성공에 도취해서 스스로 쓰러지는 불행을 막는 것이다.

지금까지 나는, 남편을 격려하여 용기를 북돋워 주어야 한다는 필요성에 대해 몇 번씩 역설했지만, 그 반면 남편이 마음을 해이하게 풀거나 자기 도취에 젖어 있지 않는가를 시험해 보기 위해서는 때로 남편을 견제할 필요도 있다. 그러한 것을 능숙하게 할 수 있는 아내는 영원히 사랑받을 가치가 있다. 또 그녀가 사랑받는 것은 지극히 당연한 일이다.

영국의 정치가 디즈레일리는 아내를 자기의 가장 엄숙한 비평가라고 말하며, 그러한 아내를 무척 자랑스럽게 여기고 있었다. 그녀는 언제나 남편의 행동이 현실을 벗어나지 않도록 견제해 나간다는 것이다.

또 우리와 같은 시기의 다른 저명 인사는, 가장 필요한 때 자기에게 행해지는 아내의 친절한 견제는 자신의 행복을 위해 큰 도움이 되었다고 말한 바 있다. 그는 레이먼 비처스토라는 사람으로 작가·강연자, 또 편집자이기도 했다. 그의 할머니는 《엉클 톰스 캐빈》을 저술한 유명한 스토 부인인데, 레이먼드 역시 저명한 작가이며 강연자이다.

"처음, 강연자로 출발했던 나는 다행히도 청중을 만족시킬 수 있었습니다. 강연이 끝난 다음, 청중들이 내 주위에 모여들어서 '강연은 아주 훌륭했습니다'라고 말하는 것이 보통이었는데, 나는 그것을 신실로 받아들였습니다. 나는 청중의 이러한 찬사에 도취되어 있었던 것입니다.

집에 돌아와서 아내인 힐다에게 '당신 남편이 천재란 말이야'라고 빨리 말해 주고 싶어 안절부절못할 정도였으니까요. 그녀는 지금까지 내가 새로운 모험을 시작하거나 어떤 일에 착수할 경우에는 언제나 자신감을 불어넣어 주곤 했습니다. 그러나 그 날은 내 성공에 조금도 감탄한 표정을 짓지 않았습니다. 나는 그녀의 태도에 꽤 큰 충격을 받았습니다. '당신이 강연을 잘 해 주신 것은 저도 무척 기뻐요. 하지만 듣기 좋게 아부하는 그들의 말에 그대로 넘어가선 안 돼요. 앞으로도 계속 당신 자신의 수준을 높이도록 노력하지 않는다면, 오늘 당신을 칭찬한 청중도 결국에는 당신을 외면해 버릴지도 모른다고 생각해요.' 아내의 이 말을 나는 똑똑히 기억합니다.

어느 빌딩의 시무식에 나가서 많은 사람들 앞에서 강연을 했을 때의 일입니다. 그 때 나는 매우 열변을 토했는데, 내 자신 윌리엄 브라이언 이래의 대웅변가라고 느낄 정도였습니다. 나는 그렇게 기분 좋게 집에 돌아왔습니다. 그리고 그러한 나의 성공을 아내에게 이야기하고 연설 가운데에서도 가장 멋진 부분을 생각하고 그 대목을 그대로 실연해 보였지요.

또 청중에게서 들은 찬사도 흉내내 보였습니다. 그러고는 자리에 앉아 아내의 칭찬을 기다렸지요. 아내는 미소를 지으면서 말하더군요. '과연 훌륭하셨어요······. 하지만 당신의 연설이 훌륭했기 때문이 아니라 그 건물을 지은 사람이 훌륭해서 사람들의 마음을 감동시킨 것은 아니었을까요? 그 사람은 당연히 칭찬받을 자격이 있는 사람이고, 당신은 다만 그들을 빛내 주는 역할을 맡았던 것뿐이 아니었을까요······.' 생각해 보면 사실 그러했습니다. 나의 자만심은 순간 비누거품같이 사라져 버렸습니다. 나는 스스로 자기 도취에 빠져 있었다는 것을 깨달았습니다. 아내의 애정과 좋은 센스 덕분에 나는 나 자신의 노력이 아직도 너무 부족하다는 것을 느끼기 시작했습니다."

하인츠·존스튼·칼텐보운 부인 등 여러 아내들은 남편과 더불어 자기 자신도 진보하여 남편에게 도움이 될 수 있는 인물이 되는 방법을 알고 있었다.

그런 사람들은 어느 곳에서나 친구를 사귀는 능력과 어떤 환경에 처하더라도 그 곳에 적응할 수 있는 능력, 남편의 지위를 확고한 현실의 기반에 고정시킬 수 있는 능력을 지녔던 것이다.

이렇게 해 나가는 아내는 결코 남편에게 뒤떨어져 남겨지는 여성이 될 리는 만무하다.

제 5부
남편의 성공을 위해 삼가야 할 사항

사람들 사이에 벌어지는
싸움이란,
물이 뚝을 터뜨리는
것과 흡사하다.
한 번 그 뚝이 터지면
다시는 도저히
막아낼 수가 없다

제 1 장
남편이 가정을 등지려는 이유는 무엇인가?

 '가정에서의 남편의 행복은, 무엇보다도 아내의 성격이나 기분에 좌우된다. 잔소리는 불필요하다. 많은 남성들이 일을 게을리 하거나 성공하려는 열의를 상실하는 것도 아내가 언제나 집요하게 따지고 들거나 남편의 기분을 상하게 하기 때문이다. 부질없는 말로 남편의 희망이나 포부에 찬물을 끼얹어 열의를 식히거나, 끊임없이 잔소리를 퍼부으며 시비를 건다든가, 남과 비교하는 것은 전혀 필요 없다.'
 도로시 딕스는 이렇게 썼지만, 실제로 잔소리가 많은 아내는 낭비와 불신감보다도 더욱 많은 불행을 가정으로 끌어들이는 법이다. 만약 내 말을 믿을 수 없다면 전문가의 증언을 들어 보자.
 저명한 심리학자 루이스 M. 텔만 박사는 1천5백 쌍의 결혼 생활에 대해서 상세히 조사했다. 그 결과 대부분의 남편들이 잔소리가 많은 것은 아내의 최대 결함이라고 진술했다고 한다.
 갤럽의 여론 조사에도 같은 결과가 나왔다. 즉, 남성은 누구나 잔소리가 많다는 것을 여성이 지닌 최고의 결점이라고 꼽고 있다.

또 하나의 예를 들면, 과학적인 관찰로 유명한 존슨의 성격 분석에 관한 결과가 있다. 잔소리를 잘 하거나 불평을 늘어놓는 것만큼 가정 생활을 파괴하는 나쁜 버릇은 없다는 것이다.

그런데도 옛날 동굴 속에서 살던 시절부터, 세상의 숱한 아내들은 잔소리를 함으로써 남편을 마음대로 쥐어 흔들곤 했다.

전설에 의하면, 소크라테스는 그의 유명한 악처 크산티페를 피하느라고 아테네의 플라타너스 나무 밑에서 사색에 잠겼다고 한다. 프랑스 국왕 나폴레옹 3세나, 링컨도 잔소리 많은 아내로 인하여 괴로움을 당했다. 또 카이사르는 그 잔소리 잘 하는 성격을 참을 수 없었으므로 자기의 두 번째 아내와 이혼했다고 스스로 글을 써서 남기기도 했다.

오늘날에도 여인들은 잔소리를 함으로써 남편이 자신이 바라는 대로 되리라 생각하는 모양이지만, 유감스럽게도 지금까지 특수한 경우를 제외하고는 성공한 일이 별로 없다.

나의 옛 친구가 한 말이 있다.

"지금까지의 내 직업은 언제나 아내가 비방하거나 얕보거나 해서 엉망진창이 되어 왔지요."

그는 세일즈맨으로 자기 상품을 자랑하고 그것을 판매하는 데 대단히 열심이었다. 그러나 그가 밤늦게 귀가해서 조금이나마 아내에게서 부드러운 위로의 말을 듣고 싶어할 때조차도 그의 아내는 오히려 귀에 거슬리는 말을 하곤 했다.

"아니, 어떻게 됐죠? 오늘은 돈 좀 가지고 오셨어요? 아니면 지배인의 잔소리를 들었수? 다음 주엔 집세를 내야 한다는 거 알고는 계시겠죠?"

이런 일이 몇 해 동안이나 계속되었다. 이렇게 구박을 받으면서도 그를 자력으로 길을 개척했다. 지금 그는 유명한 회사의 부사장이 되어 있다.

그의 부인은 어떻게 되었을까? 그는 부인과 이혼했다. 그러고는 전 부인에게선 도저히 상상도 할 수 없었던 애정어린 내조를 아끼지 않은 젊은 여성과 재혼하였다.

그러나 전 부인은 자신의 남편에게서 왜 버림을 받아야 했는지 지금도 그 까닭을 모르고 있다. 그녀는 자기 친구에게 이렇게 말하였다.

"오랫동안 지지리도 날 고생시키더니 이제 내가 필요 없어지니까, 남편은 나를 버리고 젊은 계집을 찾아갔답니다. 사내란 다 그런 거예요."

아내를 버리게 된 것은 다른 여자가 생겼기 때문이 아니라, 너무나도 잔소리가 심한 탓이라고 어느 누가 그녀에게 들려주더라도, 그녀는 아마 곧이들으려 하지 않을 것이다. 실상은 그것이야말로 그가 그녀를 버린 진짜 이유인데도 말이다.

그녀의 잔소리는 언제나 남편을 멸시하는 내용이었다. 생활 능력이 없다고 항상 비판하면서 남편의 자존심을 상하게 하는 것이 그녀의 상투적인 수단이었다.

극히 최근의 일로 또 다른 옛 친구의 아들이 그런 꼴을 당했다. 그 사람도 광고업에 종사하는 20대 청년이었다. 경쟁은 치열했다. 그가 일을 계속하기 위해서는 동정과 애정 있는 여성이 필요했으나, 그의 아내는 성격이 강하고 대단한 야심가로 남편이 무기력해 보여 참질 못했다.

  그는 이와 같은 아내의 끊임없는 욕설과 비난 때문에 신경이 극도로 피로해졌다.

  그가 나에게 고백한 말에 의하면, 가장 참을 수 없었던 것은 아내로 인해 차츰차츰 자신이 무너져 가는 일이었다고 한다.

  그 결과 사업에 실패하여 실업자가 되고 말았다. 그러자 아내는 기다렸다는 듯이 이혼을 요구했다. 그녀와 이혼한 후 그는 마치 환자가 일시에 병이 낫듯 서서히 잃었던 자신감을 되찾았다.

  잔소리 중에서도 가장 나쁜 말은 남과 비교하는 것이다.

  "당신은 왜 좀더 돈을 못 버는 거죠? 빌 스미스 씨를 좀 보세요. 당신보다 수입이 두 배나 된대요."

  "우리 친정 동생은 아내에게 고급 털 코트를 사 주었어요. 그애는 당신과 달라서 역시 돈벌이에 능란한가 봐요."

  "내가 하버트와 결혼했다면 하고 싶은 모든 것을 다 할 수 있었을 텐데……."

  이런 말은 상대방의 아픈 상처를 예리한 칼로 찌르는 것과 같다.

  불평을 늘어놓는다, 바가지를 긁는다, 또는 남과 비교한다, 헐뜯는다, 욕설을 퍼붓는다, 말이 많다 —— 악처라고 불리는 여성은 이 가운데의 어느 한 가지에 능하거나, 아니면 이러한 모든 악덕을 고루 갖춘 경우이다. 잔소리가 심하다는 것은 일종의 습관성 마약과도 같아서 그것은 곧 습관이 되어 버린다.

  갓 스물의 새색시 시절에는,

  "우린 언제쯤이나 마틴 씨처럼 집을 새로 지을 수 있을까요?"

  이렇게 가벼운 핀잔 투의 얘기를 건네는 여성도 나이가 한 마흔

살쯤 되면 어떤 일에도 만족하는 법이 없는 얄미운 불평자가 되는 것이 보통이다.

 가벼운 말다툼 한 번 없이 일생을 지내는 부부란 많지 않다. 건전한 부부라면 가끔 충돌할 때가 있어도 그런 일로 두 사람 사이가 금이 가는 법이 없다.

 그러나 잠시도 쉴새없이 신경을 건드리는 잔소리를 계속 늘어놓는다면, 아무리 명랑한 성격의 소유자라도 견디지 못하고 기분이 상한다. 근무 시간에 최선을 다하여 큰 발전이 있었다 하더라도, 저녁마다 잔소리가 많은 아내의 곁으로 돌아가다 보면 오히려 그 발전은 제자리걸음이 되고 만다.

 버지니아 대학의 교수 사무엘 W. 스티븐슨 박사는 최근 그의 강연을 통해서 미국의 남편들을 위한 세 가지의 새로운 자유를 부르짖었다. 잔소리로부터의 자유, 주제넘은 논평으로부터의 자유, 집안의 사소한 문제들로부터의 자유가 그것이다.

 도대체 여자는 왜 남편에게 잔소리를 할까? 그 이유는 몇 가지가 있다. 잔소리가 심한 것이 무슨 병의 증세인 경우도 있다. 그런 때는 자동차를 정기적으로 검사하여 언제나 고장 없는 상태를 유지하는 것과 같이 규칙적으로 건강 진단을 받아서 건강한 몸을 유지해 나갈 수도 있을 것이다. 또 심한 피로가 원인이 되는 경우도 있다. 이것을 고치려면 생활을 보다 합리적으로 개선해 나가야 한다. 피로의 원인을 발견해서 그것을 제거해 나가야 하는 것이다.

 심리학자가 말하는 억제된 적대 의식도 그 원인으로 분석된다. 친척간의 문제, 성적인 실패, 애정의 결핍, 인생에 대한 불만 —— 이것들이 전형적인 적대 의식의 원인으로서 외면에 나타나 잔소리·히

스테리·불평 등이 된다.

　이것을 치료하는 가장 좋은 방법은 그 사람의 정신 상태를 분석해서 적대 의식을 발견하고 그 원인을 찾아 제거해 버리는 것이다. 그것을 억누르려는 것은 불붙는 곳에 기름을 더 부어 주는 것과 같은 결과를 초래하게 된다.

　법에서도 잔소리가 심한 것을 정상 참작하는 경우가 더러 있다.

　스웨덴 의회는 형법전(刑法典)에 획기적인 개정을 했다고 한다. 그 외신에 의하면, 피해자가 평소 잔소리꾼이라는 사실이 증명되면 계획적으로 살인을 한 경우처럼 과실 치사로 간주된다는 것이다.

　또한 조지아 주의 대법원은 아주 재미있는 판결을 내린 적이 있다. 남편이 아내의 잔소리를 피해 서재에 틀어박혀 있는 것은, 경우에 따라서는 비난의 대상이 되지 않는다는 것이다.

　솔로몬의 말씀에도 있는 것과 같이,

　'잔소리 많은 여자와 함께 지내느니 차라리 지붕 밑 다락방에 사는 편이 현명한 일이니라.'

　어느 영국 판사는 아내가 다른 남자와 함께 도망 간 후로 그 남편의 이혼을 허락해 주었다. 그 허가에 즈음하여,

　"오랜 기간에 걸친 불화로, 그녀는 남편에게 점차 가치 없는 존재가 되어 버렸으므로……."

　이러한 이유로 남편을 상대로 한 그녀의 손해 배상 청구를 2백 10달러에서 100달러로 절하시킨 것이었다.

　《저널 아메리칸》 지상의 시평난을 담당하고 있는 헐 보웰은 이 사건에 대한 논평에서,

　"불화로 인하여 가치가 매년 줄어든다고 법률책에 적혀지기를 원

하는 아내가 어디 있겠는가? 이것은 참으로 심상치 않은 판례이다. 이런 식으로 하면 남편들도 재판소로 몰려들어 이렇게 말할 것이다 —— '판사님, 나는 이혼하려고 하는데 위자료에 대해서 잠깐 말씀 좀 들어 보십시오. 늙은 아내와 나는 평소 오랫동안 불화가 있었습니다. 아내는 이미 나에게 싫증을 느끼고 있습니다. 따라서 나는 아내를 다만 자유롭게 해방시켜 줄 뿐입니다'라고 —— 이렇게 하다가는……."

사람에 따라서는 아내를 해방시켜 준다는 데 동의할뿐더러 아내를 쫓아내기 위해서는 어떻게 돈을 마련해서라도 위자료를 주겠다고 생각하는 사람도 상당히 많을 것이다.

《월드 텔레그램》의 최근 호에는 자포자기한 사나이의 이야기가 실려 있었다. 그 사나이는 쉰 살의 기계공이었는데, 그는 자기 아내를 죽이려고 세 명의 건달을 고용했다. 그가 왜 그렇게 끔찍한 짓을 했느냐 하면, 아내는 그 남편에게 평소부터 갖가지 욕설을 마구 퍼붓곤 했기 때문이었다.

말이 많다는 사실이 그렇게 남편의 일이나 성공에 방해가 된다면 그것을 고칠 수 있는 방법은 없을까? 잔소리 많은 나쁜 습관을 가진 사람이 자기 불행을 깨닫고 그것을 고치려고만 한다면, 그것은 결코 불가능한 일은 아니다.

스스로 병들었다는 자각을 하지 못하면 병을 고칠 수 없기 마련이다. 잔소리가 많다는 것도 일종의 고질적인 마음의 병이다. 여러분이 그 병에 걸렸다고 생각되거든 우선 남편에게 물어 보라.

"맞아, 당신도 잔소리깨나 하지."

남편은 이렇게 대답할지 모른다. 이 경우 그 말이 맞지 않다고 화를 내어 남편의 잘못을 들추어서는 안 된다. 그런 일은 바로 남편의 말이 옳다는 사실을 증명할 뿐이다.

이제 곧 그러한 증세를 치료하는 방법을 찾아내야 한다. 다음의 여섯 가지 방법이 효과적일 것이다.

남편이나 가족에게 협조를 요청하라

당신이 화를 내거나 성난 목소리로 일을 시키거나 마구 욕설을 늘어놓을 때마다 25센트의 벌금을 내도록 가족과 약속하라.

한 가지 일에 대해서 한 번만 말하고, 그 뒤에는 깨끗이 잊어버리도록 노력하라

"여보, 잔디 깎는다더니 어떻게 됐어요?"

이렇게 여러 번 귀찮게 재촉하면, 남편이 어떤 이유에서든 그 일을 하기 싫어하는 증거라고 판단해야 할 것이다. 이럴 때 계속해서 귀찮게 말을 자꾸 한다는 것은 헛수고에 지나지 않음은 뻔한 일이다. 남편에게 반감을 불러일으켜서 고작 아내에게 지지 않겠다는 고집만 갖게 하는 결과를 가져온다.

부드러운 방법으로 부탁하라

"파리는 신것보다는 단것에 많이 모여든다."

이것은 우리 할머니가 자주 하시던 말씀인데, 그 말은 지금도 진리라고 볼 수 있다.

"저, 여보. 오늘 잔디 좀 깎아 주시겠어요? 저녁에 당신이 좋아하시는 맛있는 파이를 만들어 드릴게요, 네?"

"당신이 언제나 잔디를 깨끗이 깎아 주셔서 제가 신경 쓸 일이 별로 없어서 참 좋아요. 옆집에 사는 엘렌 스미스 부인이 그 남편도 당신 같았으면 좋겠다고 말하더군요."

같은 일이라도 이렇게 부탁하는 편이 목적을 달성하기 쉽다.

유머를 익혀라

유머를 잘 하는 것은 다른 사람과 조화를 이루는 좋은 방법이다. 슬픈 자리에서 흰 이를 드러내며 웃음을 터뜨리면 누구에게나 미친 사람이라고 손가락질을 받겠지만, 하잘것없는 일을 비극적으로 받아들이고 처리하는 태도는 우리의 감정을 아무렇게나 흐뜨리는 결과만 가져올 뿐이다.

목욕을 하는 남편에게 수건을 갖다 주면서도 마치 러셀이 어린이들의 죽음을 슬퍼하던 때처럼 아주 과장된 비통한 목소리나 그와 마찬가지로 하잘것없는 일로 노여워하고 얼굴을 찡그리고 남을 비방하는 사람들은 우리 가운데 얼마든지 찾아볼 수 있다.

곤란한 일이 일어났을 때는 침착하게 얘기하라

여러분을 속상하게 하는 일이 생겼을 때는, 그것을 우선 종이에라도 적어두고 그 자리에서는 아무 소리도 하지 말라. 나중에 당신이나 남편의 감정이 완전히 가라앉았을 때 그것을 읽도록 하라. 평범하고 하찮은 말썽들로 인해서 이야기를 늘어놓는다는 것이 스스로 창피해져서 당신은 그 종이를 그대로 휴지통에 던지게 될 것이다.

그러나 그것이 최상의 방법은 아니다. 속을 상하게 하는 원인을 냉정하게 서로 털어놓고 서로를 믿는 마음과 협조로써 그것을 제거하는 방법을 찾아보는 것이 가장 현명하다.

　잔소리를 하지 않고 일을 잘 해 나갈 수 있다는 자신감을 가져라

　이른바 인간 관계에 관한 기술을 터득하도록 계속 노력하고 연습해야 한다. 억지로 하도록 시키지 않아도 당신이 원하는 일을 다른 사람이 해 줄 수 있게끔 상대방을 솜씨 있게 추어주어라.
　찰스 슈와브의 말에 의하면 그것이 바로 사람을 다루는 요령 중에서 핵심적인 사항이라 한다. 그는 이 요령을 터득하여 한 해에 백만 달러 이상의 봉급을 받게 되었다.

제 2 장
잔소리를 하는 아내가 되지 말아라

　최근의 어느 파티에서 나는 미국에서도 가장 오래 된 회사의 공장 지배인과 같이 자리한 적이 있었다. 나는 그 기회에 남편의 성공을 도우려면 아내는 어떻게 해야 하는지 그에게 물었다.
　"남편의 출세를 위해서 아내가 할 수 있는 일에는 크게 두 가지가 있는데, 첫째는 남편을 사랑하는 것이고, 둘째는 남편의 일에 간섭하지 않는 것입니다."
　또 그 지배인은 이렇게 말하는 것이었다.
　"남편을 사랑하는 아내는 남편이 마음 편히 지낼 수 있도록 행복한 가정을 만들기 위해 노력할 것입니다. 거기에 남편이 마음놓고 자기 일에 몰두할 수 있도록 배려한다면 그 남편은 그의 재능과 노력 여하에 따라 얼마든지 크게 성공할 수 있지 않겠습니까?"
　더 나아가서는 남편의 직장 문제에 대해서도 그러한 태도를 가져야 한다고 그는 말한다.

"남편에게 주제넘는 비평을 한다거나, 일에 참견하거나, 회사 직원들에 대해서 비평하거나, 남편의 봉급이나 근무 시간이나 직위 등을 다른 사람과 비교함으로써 남편의 직장에 관한 일에까지 직접 간섭하는 아내들이 더러 있습니다. 남편의 일에 관해 사설 고문관이 되고자 하는 아내만큼 남편의 성공을 방해하는 존재는 아마 없을 것입니다."

대부분의 아내들은 자기 남편을 한시바삐 중역의 위치에 오르게 하겠다는 화려한 꿈을 가지고 있다.

그래서 그녀들은 남편에게 충고를 한다는 핑계로 근무처를 찾아가서 사람들을 사귀려고 갖은 애를 쓴다.

그러나 때로는 그 결과가 남편의 승진을 보장하는 대신 남편의 근무처를 바꾸어 버리게 하기도 한다.

나는 실제로 그와 같은 예를 알고 있다.

예전에 내가 어느 조그마한 회사에 근무할 때의 일이었다. 인사 개편이 있은 후 새 지배인으로 임명된 사람은 무슨 일이든지 상당히 능란했다. 다만 곤란한 점이 있다면 그의 부인이 남편을 따라서 사무실까지 들어와 말참견을 하는 일이 자주 있는 것이었다.

그녀는 매일 아침 남편과 함께 출근하고, 남편의 지시를 받아 타이피스트에게 그것을 주어 치게 했다.

이와 같은 사실은 결코 내가 지어서 하는 말이 아니다. 그녀의 이러한 행동으로 직장의 사기는 저하되었고, 심지어 여사무원 하나는 회사를 그만두고 말았다. 남아 있는 우리들도 그만둘 시기를 기다리는 심각한 상황에까지 도달하고 말았다.

마침내 그 지배인은 취임한 지 꼭 3주일 만에 중역실에 불려 들어가 해고한다는 선고를 받았다.

그래서 그는 회사를 떠나야만 했다, 부인과 함께.

이것은 너무 심한 처사일까? 그럴지도 모른다. 그러나 그보다 못한 이유로 해고된 예도 세상에는 많이 존재하고 있다.

그러니까 아내의 주제넘은 참견은 아무리 그것이 훌륭한 동기에서 나왔더라도 매우 위험한 것이다.

최근에 나의 친구가 들려준 말이 있다.

유망했던 중역 한 사람은 남편의 일에 참견하는 아내로 인해 오랫동안 근속했던 직장에서 물러나지 않을 수 없는 궁지에 빠졌다는 것이다.

그의 아내는 자기 남편의 경쟁자라고 생각되는 같은 회사의 중역에 대해서 갖은 모략을 다했다. 따라서 중역들 사이에 불화를 일으키고 갖은 험담을 퍼뜨리기도 했다. 이에 그녀의 남편은 아내의 이와 같은 참견을 억제할 수가 없었으므로 그가 할 수 있는 단 한 가지의 일을 한 것이었다.

즉, 지금까지 아무런 잘못 없이 근무해 온 회사를 스스로 그만두어 버린 것이다.

나는 이 부인처럼 남편의 성공에 지장을 주는 사람에게 도움이 되는 비결을 가르쳐 주려고 한다.

다음 열 가지를 그대로 실행한다면 남편을 궁지로 몰아넣을 것이고, 실업 상태에 놓이지 않는다 하더라도 틀림없이 신경쇠약증에 걸리고 말 것이다.

남편의 비서에게 심술궂은 태도를 보여라

특히 비서가 어여쁜 경우에는 더욱 심술궂게 행동하여 스스로 회사를 사퇴하도록 만든다. 비서 하나쯤 자리를 비웠다고 해서 크게 고민할 것은 못 되니까.

날마다 여러 번씩 남편에게 전화하라

매일 그에게 전화를 걸어 집안의 말썽거리를 알려 주고 오늘은 누구와 점심을 드셨냐고 따진다. 특히 퇴근할 때에 식료품을 사오라고 부탁한다. 월급날에는 회사로 남편을 찾아가기를 게을리 해서는 안 된다.

일이 이쯤되면 집안의 주도권을 쥐고 있는 사람이 누구인가를 남편의 동료들도 알아차릴 것이다. 그리고 남편이 일에 주력하는 정력도 그늘에서 자라는 호박처럼 맥없이 시들어 버릴 것이다.

남편의 동료 부인과 사이좋게 지내지 마라

그리되면 좋지 않은 일이 꼬리에 꼬리를 물고 일어날 것이다.

상사가 남편의 동료에 대해서 무슨 말을 했는지, 또 남편의 동료가 상사를 어떻게 보고 있는가 —— 당신은 흥미진진한 가십을 마구 퍼뜨릴 수도 있다.

그 결과 회사 내부는 서로 반목하게 될 것이다.

일에 비해서 급료가 적다든가, 아무도 남편의 재능을 인정해 주지 않는다는 말을 자주 남편에게 하라

그리하면 남편도 어느덧 당신의 말을 곧이듣게 되고, 그런 기분을 일에도 반영케 될 것이다. 따라서 마침내는 다른 직장을 구할 생각이 들 것이다.

남편에게 주제넘는 말참견을 하라

이를테면 남편에게 채찍질을 가하는 것이다. 그리하면 남편은 회사에서 얌전히 일을 할 뿐이요, 아내인 당신이 남편을 조종하여 모든 일을 주관한다.

호화로운 파티를 베풀고
사치를 부림으로써 남편에게 출세했다는 생각을 들게 하라

그 동안 당신은 신이 나겠지만 남들은 뒤에서 손가락질을 하며 비웃을 것이다.

남편의 비밀을 철저히 캐내고 스파이망을 펴두어라

남자는 남자만의 방에서 일을 하게 되어 있다는 사실은 당신에겐 하등의 의미도 없는 일이다. 왜냐 하면 당신의 눈으로 볼 때, 그녀들은 모두가 계략에 능란한 여자들이니까.

남편의 상사에게 미인계를 쓸 기회가 있거든
서슴없이 당신의 매력을 발휘하라

그런 후에도 그 상사가 남편에게 아무 말도 하지 않으면 남편은 당신의 손아귀에 쥐어져 있다는 말이 회사 안에 널리 퍼질 것이다.

회사의 파티나 모임에서는 마음껏 술을 마셔라
　당신이 얼마나 수다스럽고 경박한가를 모두에게 보여 준다.
　또는 남편이 쉬는 날에는 농담하기를 좋아한다거나, 잠잘 때에는 물방울 무늬의 파자마를 입는다는 둥 너절한 이야기를 재잘거려서 회사 사람들을 웃겨 주라. 그러면 당신은 그 자리에서 가장 인기 있는 여인이 될 것이다. 그와 동시에 남편은 동료들의 좋은 놀림감이 되어서 남편의 입장을 난처하게 한다.

남편이 저녁 늦게까지 과외 근무를 하거나
출장갈 때마다 불평이나 잔소리를 하라
　당신이 무엇보다도 귀중하다는 사실을 남편으로 하여금 인식하게 하라. 따라서 당신은 보다 더 귀하게 대접받을 가치가 있으므로, 어떠한 희생을 무릅쓰고서라도 그러한 대우를 받도록 하라.

　남편이 출세할 기회를 방해하는 데 수완을 발휘하고 싶거든, 모름지기 그대는 위 사항을 착실히 실행에 옮기도록 하라.
　그것은 남편이 직장을 잃고 당신이 남편을 잃게 되는 틀림없는 비결이다.

제 3 장
남편의 용기를 북돋워 주어라

1925년 제인 웰슈는 토머스 칼라일과 결혼했다. 그 때 제인의 친구들은 그녀가 몹시 운 나쁜 결혼을 한 것이라고 험담을 늘어놓았다.

친구들은, 제인은 미인인 데다가 상당한 재산의 상속자였으므로 얼마든지 훌륭한 배우자를 고를 수 있다고 생각했다. 그러나 상대방인 토머스 칼라일은 어떤가? 머리가 뛰어나게 좋긴 했지만 촌스럽게 둔하며 무뚝뚝하고, 또한 비굴한 그는 지력과 재능만을 지니고 있을 뿐, 돈도 없고 앞날에 대한 비전도 전혀 없었다.

제인 칼라일이 스코틀랜드 출신의 이 완고한 남편과 결혼한 후에 어떻게 했는지는 오늘날에 하나의 전설로 되어 있다.

제인 칼라일은 원래 재능 있는 여류 시인이었지만, 남편을 돌보는 데 전념하기 위해서 스스로 붓을 내동댕이치고 말았다. 요즘에는 이런 유형의 아내가 이상적 여성상으로 환영받을 리 만무하지만, 그 시절엔 남편을 위해 자신의 세계를 희생시키고자 자기를 헌신하면서 까지 남편의 뒷치다꺼리를 해내는 여성이야말로 일등 신부감이라고 들 생각했었다. 제인 역시 그런 일등 신부감 중의 한 사람이었던지 남편이 자신뿐 아니라 누구에게도 훼방을 받지 않고 저작에 전념할 수 있도록 최대한의 노력을 기울였다.

그리하여 그 때까지 같이 지내던 양친과 친구들과도 헤어져서 남편과 더불어 스코틀랜드의 시골로 이사를 했다. 거기에서 그녀는 옷도 손수 수선하는 검소한 가정 주부로서 살아갔다.

그녀는 또한 남편의 만성 위장병을 간호해 주어야 했고, 언제나 침울해 있는 남편의 마음을 밝게 하려고 애썼다. 그러는 동안에 남편의 작품이 세상 사람들의 관심을 끌게 되자, 그녀는 남편의 재능을 인정해 주는 사람들과도 가까워지려고 노력했다. 그렇게 하는 것이 남편의 저작을 위해서 좋은 선전이 된다고 생각되었기 때문에 아름다운 사교계의 부인들이 남편을 둘러싸고 갖은 교태를 부려도 그녀는 잠자코 있기만 했다.

그것보다 더 감탄할 만한 것은 그녀가 결코 남편의 개성을 바꾸려 하지 않았다는 데 있다. 그 유명한 편지 속에서 그녀는 이렇게 말했다.

"……저는 어느 누구를 가릴 것 없이 몽땅 한 묶음으로 다루려고는 하지 않아요. 각자의 주위에 동그라미를 그려 놓고 그 안에 머물러서 자신의 친분을 닦도록 하라고 말하고 싶어요."

보다 거만한 아내라면 칼라일의 거칠고 소박한 면을 좀더 세련되게 하려고 했을지도 모른다 ── 그야 물론 그를 위해서 하는 일이겠지만.

그러나 제인은 한결같은 모습 그대로를 지키려고 했다. 그녀는 있는 그대로의 그를 좋아했던 것이다. 또한 그녀는 세상 사람들 역시 있는 그대로의 그를 받아들여 주기를 바랐던 것이다.

사실상 한 남자의 능력을 보다 빨리 실현하게 돕는다는 것과 그 능력 이상의 일을 하게 한다는 것 사이에는 미묘한 선이 그어져 있다. 따라서 남자의 능력의 한계를 인정해서 그 이상의 것을 강요하지 않는다는 것, 그것은 여성의 책임이 된다.

제인 칼라일의 경우엔 정신계의 한 거인을 단순히 인품 좋은 사교인으로 만들어 버리지 않게 한다는 것이 문제였다. 그 외곬으로 치달리는 성격까지도 포함해서 칼라일의 중후한 개성을 알뜰히 존경한 제인이었던 것이다. 그러기에 그녀는 '동그라미'에서 그가 뛰어나오지 않게 유의했다.

우리는 누구나 다 그렇게 사물을 식별하는 힘이 예민한 것은 아니다. 세상의 숱한 남자들은 자신이 지닌 능력의 한계를 뛰어넘는 데에서 오는 과도한 긴장으로 신경이 녹초가 되곤 한다. 대체로 야심이 너무 강한 아내로 인해 그 한계를 벗어난 능력을 발휘하도록 채찍질되는 법이다.

흔히 낮은 지위에서 힘에 겨운 일을 무난히 해 나가며 행복하게 지내는 사람이 많다. 만일 그런 사람을 경영자의 지위에 앉히면 그들은 거기서 오는 긴장과 책임감 때문에 신경 조직이 견디지 못하고 병이 들거나 젊은 나이로 죽는 결과가 생길지도 모른다.

성공은 우리가 정신적·육체적·기질적으로 꼭 들어맞는 사업을 위해서 일함을 가리킨다. O. S. 마틴은 이런 말을 했다.

"2인자로 만족하느니보다는 설사 토목 인부라도 최고가 되는 편이 낫다."

　이 세상에서는 아무나 장군이나 사장이 될 수는 없다. 우리들이 높은 지위를 나타내는 직함에 집착하거나, 조그만 일에도 만족하며 사는 사람을 사내답지 못한 못난이라고 여기는 심리는 명성이라는 것을 너무 과장해서 생각하기 때문이다.

　아내의 입장에서 본다면 세상의 그러한 면을 느끼지 않을 수 없다. 그 결과 남편의 능력을 채찍질을 해서 재촉하게 되는 것이다. 남편은 사회적으로나 직업적으로나 어느 누구에게도 뒤지지 않을 뿐만이 아니라, 그들보다 앞서기 위해서 피나는 노력을 기울여야 한다.

　어떤 사람의 말처럼 우리 모두가 신경병에 걸렸다는 얘기는 조금도 이상스러울 것이 없다. 성서에서 '너희 가운데 고민해서 자기의 수명을 조금이나마 연장시킬 수 있는 자, 그 누구인가?'라고 예수 그리스도는 물은 적이 있다. 물론 우리는 그럴 수가 없지만 수많은 아내들은 그것이 가능하다고 생각하기 때문에 흔히 볼 수 있는 비극의 원인이 되는 것이다.

　내가 아는 한 부인의 이야기를 해 보겠다.

　그녀의 남편은 결혼 당시만 하더라도 자신의 일에 만족하던 연관공(鉛管工)이었다.

　그러나 그 남편을 어떻게 해서든지 샐러리맨이 되게 하려고 20년간 피나는 노력을 한 것은 그의 아내였다. 그녀는 친구들의 남편은 서류 가방을 들고 다니는데 —— 하기야 그 속은 텅텅 비었을지도 모르지만, 자기 남편만이 도시락 보따리를 들고 다니는 것을 부끄럽게 여기고 있었다.

　마침내 이 가련한 남편은 아내의 환심을 사기 위해 큰 회사에 들어가서 사무를 보게 되었다. 어떻게든지 남편을 샐러리맨으로 만들어야겠다는 아내의 결심 덕택으로 그는 몇 년이 지나 조금은 승진하였다.

그의 수입은 연관공이었던 때처럼 많지는 않았으나 드라이버 대신 펜대를 쥐고 있었으니까 그런 고통은 참아내야 한다고 생각할 수밖에 없었다. 그는 이렇게 그다지 뛰어난 재능도 없는 평범한 샐러리맨이 되었다.

그러나 직공에 불과했던 남편을 어떻게 샐러리맨으로 만들어 냈는지 떠벌리고 다니는 아내는 제풀에 신명이 나 있었다.

이처럼 남편에게 채찍질을 한다는 것이 단지 그가 좋아하던 일을 버리게 하고, 좋아하지 않는 일을 강요하는 결과가 되어서는 안 된다. 그러나 때로는 현재의 일을 적절히 전환시켜야 출세시키는 경우도 있다. 그런 경우 앞날이 내다보이는 출세의 실마리를 포착하는 데 용기가 있어야 하지만, 그러한 출세는 가끔 재난이 되는 수도 있다는 것을 알아 둘 필요가 있다.

호놀룰루의 경찰국에 근무하던 그리포드 H. 슈왈츠만의 경우가 그러했다. 그는 호놀룰루의 헤이든 가 3259번지에 살면서 순찰차를 타고 다니는 직무를 맡고 있었다.

그러던 그가 다른 곳으로 전근 발령을 받은 것은 딸을 낳은 지 얼마 되지 않아서의 일이었다. 그러나 그 전근으로 수입은 증가했지만 근무 시간은 길고, 게다가 예전보다 더 힘든 일을 해야 했으므로, 아내와 어린애를 위해서 시간을 낸다는 것은 엄두도 못 낼 지경이었다. 그런데도 양심적인 경찰이었던 그는 이 전근을 받아들이고 진지하게 최선을 다하려고 애썼다.

처음에는 모든 일이 잘 되어 가는 것같이 느껴졌다. 그러는 사이에 그는 차츰 체중이 줄고 밤에는 잠을 이룰 수도 없었으며, 늘 조바심과 불안감으로 자주 화를 내게 되었다. 그래서 마침내는 의사의 진찰을 받아야만 했다.

예전부터 친구였던 그 의사는, 이상이 없다고 진단해 주었지만 슈왈츠만의 말을 상세히 들어 본 결과 겨우 원인을 찾아내게 되었다. 그 증상은 격무에 시달리는 것이 원인이었다. 그래서 의사는 곧 경찰 부장을 불러 사정 이야기를 했다.

슈왈츠만은 이제 완전히 폐인이 되기 일보 직전에 있다는 것, 지금이라도 그전처럼 순찰차를 타는 일로 바꾸어 주지 않으면 폐인이 되어 버릴 것이라고 말했다.

다시 전근이 받아들여져 슈왈츠만의 건강은 곧 회복되었다. 수면도 식사도 평소대로 유지되고 체중도 증가하여 마음도 평온해질 수 있었다.

"제 마음에 드는 일을 한다는 것이 수입을 증가시키는 것보다 훨씬 중요하다는 것을 이번에 배웠습니다. 금전과는 비교도 되지 않을 만큼 건강·행복·만족은 값비싼 것이지요."

적당한 때에 그러한 교훈을 배웠다는 것은 그리포드 슈왈츠만을 위해서 지극히 다행한 일이었다고 해야 하겠다. 우리들 중에는 이미 때가 늦어서 손을 써 볼 수도 없게 될 때까지 그것을 깨닫지 못하는 사람도 많다.

존 P. 마칸드의 《되돌아설 수 없는 지점》이라는 소설을 읽은 분이면 기억할 것이다. 학교·클럽·옷차림·살림살이 등 —— 무엇이든지 개성보다는 '내력이 좋아야 한다'는 것이 더 중요하다고 생각하는 사회에 살면서, 자신의 허영심을 만족시키기 위해 남편에게 출세를 강요하는 어느 아내의 이야기를.

 그 남편은 출세하는 방법이 자신에게 맞지는 않았지만 부득이 아내의 계획에 협력하는 동안 마침내는 곤경에 빠지게 되었다. 그는 이미 되돌아설 수 없는 지점에까지 와 버렸다는 것과, 어느 틈엔지 자기 성격에 맞지도 않는 환경에 빠져 아주 난처한 입장에 처했음을 비로소 깨달은 것이다.

 따라서 야심이 지나치면 중대한 결과를 초래한다. 이에 관해서는 최초의 〈뉴욕 타임스〉에 나와 있었던 〈야심 때문에 자살한 어느 관리〉라는 제목의 기사가 내 눈을 끌었다.

 경찰 당국의 표현에 의하면 '야심에 패(敗)해서' 자살했다는 마흔한 살 국무성 관리의 비극이 그 기사에 담겨져 있었다. 담당 형사의 말에 의하면 이 불행한 자살자의 희망은 외교관이 되는 것이었다고 한다. 그래서 그는 두세 번이나 외교관 시험을 보았으나 번번히 불합격의 쓴잔을 마셨다는 것이다.

 능력 이상의 일을 하다가 우리들 자신 —— 또는 우리들의 남편을 자살로 휘몰기보다는 자기 능력의 한계 안에서 유쾌하게 일하는 편이 얼마나 더 나은지 모를 일이다.

 피터 J. 스타인 크라운 박사는, 《자살 방지법》이라는 저서에서 수입·명성·높은 생활 수준 등등에 대해서 남달리 동경하던 끝에 남편에게 무리한 노력을 강요하는 아내를 비난하며 말하기를,

 "선천적이거나 후천적일 수도 있지만, 이러한 여성들은 근본적으로 야심가이다. 그러한 여성들 때문에 가정의 행복이 파괴된 실례를 나는 지금까지 많이 보아 왔다."

허울 좋은 '성공한 사람'이 되게 하려고 남편을 채찍질하지 말고, 남편으로 하여금 있는 그대로의 자아를 발휘케 하는 자유를 허용해 주면 어떨까?

 앙드레 모루아도 《생활의 기술》이라는 책에서 이렇게 말한 적이 있다.

 "삭가라 할지라도 자기 혼자서 온갖 종류의 소설을 쓸 수는 없다. 또한 정치가라고 자기 혼자 힘으로 온갖 반대당을 설득할 수 있는 것은 아니다. 여행가라 할지라도 자기 혼자 힘으로 모든 나라들을 여행하며 돌아다닐 수는 없다. 되풀이하거니와 자기에게 적합하지 않은 일에는 참여하지 않는 것이 중요하다."

제 4 장
능력 개발의 기회를 만들어라

서부 개척 시대의 일이다.

나의 선조 찰스 로버트슨은 캔자스에서 농사를 짓고 있었는데, 그 일을 그만두고 크게 한몫 잡기 위하여 인디언 영토로 이주하려고 결심했다.

그와 아내 허리는 포장 마차에 가재 도구를 싣고 자녀들을 데리고 미지의 땅으로 떠났다. 두 사람은 현재의 오클라호마 동북부에 있는 시마론 강변에 정착해서 우선 통나무 오두막집을 짓고 약간의 토지를 개간했다.

그 후, 그는 빚을 얻어 현재는 오클라호마 츠루사 시가 된 조그만 마을에 상점을 열었다. 허리는 그 벽촌에서 연약한 몸으로 아홉 아이를 거느리고 심한 고생을 했다. 처음에 지은 통나무 오두막집은 낡은 신문으로 벽의 틈을 막고 지냈다. 물론 의사는 가까이에 없었고, 교육 기관이라고 해야 교실 한 칸짜리 미션 스쿨뿐이었다.

가난·질병·부채·엄동·혹한 등이 두 사람을 기다렸지만, 찰스 로버트슨은 그것을 훌륭히 극복하고 마침내 성공했다.

허리는 남편이 훌륭한 시민이 되고, 자녀들이 행복한 결혼을 하고, 그 옛 인디언 영토가 미합중국의 한 주가 되는 것을 지켜보았다.

미합중국의 발전은 이렇게 새로운 영토를 개척해서 국경을 넓혀간 찰스 로버트슨과 같은 사나이들의 선구적인 노력에 힘입었을 뿐만 아니라, 허리와 같이 모험을 겁내지 않은 용감한 아내들의 헌신적인 협조로 매우 큰 성과를 얻은 것이다.

여성들은 신을 믿고, 남편을 믿고, 또 자기 자신을 믿고 있다. 그녀들은 위험이나 곤란 또는 질병이나 죽음과 직면한 적도 있었다. 그래도 서부로 오기 전의 안일한 생활에 미련을 느끼며 그 때를 그리워한 적은 한 번도 없었다. 이렇게 개척자의 아내들은 남편을 따라 황야 속으로 들어가서 미국의 역사와 영광의 한 페이지를 기록한 것이다.

그 결과로 그녀들은 값진 유산을 자손들에게 남기고 갔다. 그 유산은 토지나 도시만이 아니다. 그것은 굽힐 줄 모르는 용기와 신념이라는 자랑스러운 전통인 것이다.

남편에게 성공을 가져다 주려는 아내는, 모름지기 이와 같은 개척자들에게 지지 않는 불굴의 정신을 지녀야 한다. 약간의 위험이 따를지라도 남편이 원하는 일에 과감히 뛰어들도록 배려하는 마음이 필요하다. 또한 어떠한 일이 일어날지라도 남편을 도와야 한다. 그것은 물론 남편들도 마찬가지이다.

한 예를 들어 보자.

뜻없이 현실에 안주해 사는 사람이 있었다. 그는 자동차 정비소를 차릴 돈을 벌기 위해서 어느 회사의 회계부에 근무했다.

그는 결혼을 했다. 그러나 그가 자신의 계획을 말하자 집을 마련해서 살림의 기틀을 잡을 때까지는 직업을 바꾸지 말라고 아내는 말했다. 마침내 그 목표가 달성될 무렵, 아이가 태어났다. 그의 아내는 혼자서 사업을 시작하는 것은 너무도 무모한 짓이라고 남편을 설득했다. 그러고는 우물쭈물하는 동안에 어느덧 또 몇 해가 지나가 버렸다.

"만일 당신의 사업이 망하면 어떻게 할 셈이에요? 그 동안 회사에 근속한 실적·연금·보험, 많지는 않지만 정기적으로 들어오던 봉급이 모두 한꺼번에 단절되면 어떻게 해요?"

이처럼 아내가 모험에 불응하여 그는 성공의 기회를 끝내 놓치고 말았다.

그는 현재 한가한 시간에 자동차의 내부를 살피는, 일상의 피곤과 권태만을 느끼는 중년의 평범한 샐러리맨이 되고 말았다. 그는 피곤에 지쳐 마치 병자 같았다. 그는 아무런 흥미도 정열도 느끼지 못하는 일에 얽매인 채 인생의 대부분을 보낸 것이다.

그 원인을 살펴보면 그의 아내가 그에게 모험을 허용하지 않았다는 데 문제가 있음을 발견하게 된다. 만약 그가 직장을 그만두고 자기가 선택한 일에 몰두했는데도 그것이 실패로 돌아갔다면 어떠했을까?

그 경우엔 적어도 자기가 하고 싶었던 일을 하고야 말았다는 만족감을 느낄 수는 있었을 것이다. 그리고 실패를 거듭하더라도 결국에는 성공했을지도 모르는 일이 아닌가?

하지만 이런 아내가 많지 않은 것은 매우 당연한 일이다.

세이퍼 맥주 회사가 실시한 최근의 조사가 있다. 그 조사는 6천 명의 가정 주부를 대상으로 질문을 던졌다.

'모든 조건이 다 갖추어진 직업이긴 하지만, 남편이 그것을 좋아하지 않을 경우가 있다. 그러나 안전도 낮고 수입도 적지만, 남편이 좋아한다면 아내의 입장에서 남편의 전업을 원하는가?'

이 질문에 전업을 원하지 않는다고 대답한 것은 겨우 전체의 25퍼센트에 지나지 않았다.

나는 오클라호마 츠루사 시에 있는 석유 회사의 회계 담당자였던 찰스 레이놀즈 아래에서 일한 적이 있다. 그는 활발하고 유능하고 누구에게나 좋은 인상을 주는 청년이었다. 회사에서도 그를 인정하고 있었다. 그는 여러 모로 장래가 촉망되었다.

집에는 부인과 세 아이가 있었지만 그는 틈이 있을 때마다 그림 그리기를 즐겼다. 그래서 사무실 벽은 그가 그린 풍경화로 장식되고, 간혹 외부 사람들에게 팔리기도 했다. 그는 현재의 직업이 싫지는 않았지만 그림 그릴 시간이 좀더 필요하다고 생각했다.

시간이 지날수록 그는 미술가의 낙원인 뉴 멕시코 타오스로 가고 싶은 마음이 더욱 간절해졌다. 한참 동안 고민한 끝에 그는 아내에게 고백했다. 그녀는 이렇게 대답했다.

"어머, 참 멋진 생각이군요! 우리 타오스로 가서 화구점을 차려요. 제가 가게를 경영할 테니, 당신은 그림만 그리면 돼요. 모든 일이 잘 될 거예요. 틀림없이."

찰스 레이놀즈는 아내의 도움으로 화필을 들었다. 온 가족이 이 새로운 일에 전력을 기울였고, 학교를 다니는 조카도 레이놀즈가 그림을 그릴 때 가게 일을 도왔다.

마침내 레이놀즈는 열심히 노력한 끝에 미국 서남부에서 가장 유명한 화가가 되었다. 그의 작품은 미국 전역에 전시되었고, 유명 화랑에서 개인전을 열기도 하였다. 오늘날에는 타오스 미술가 협의회 회장을 맡고 있으며, 뉴 멕시코 타오스 시의 키트 카이슨에 훌륭한 화랑과 아틀리에도 있다.

이렇게 성공하기까지는 그들 부부가 실패를 무릅쓰고 모험하는 용기를 가진 데 있었다. 이와 같은 모험가가 성공하는 것은 놀랄 일이 아니다. 왜냐 하면 성공의 원인은 대체로 그들 자신에게 있기 때문이다.

반데 그리프트 제독도 전투 전에는 반드시 휘하의 전 대원에게, "신은 대담하고 용기 있는 사람을 도와주시기 마련이다."
라고 말하곤 했다.

그러나 자신에게 가장 알맞은 일, 또는 가장 만족스러운 일이라도 반드시 그를 부자로 만들지는 못한다.

하지만 일이 그 사람에게 만족감을 주지 않는 한, 결코 성공할 수 없다는 것도 진리이다.

수입이 좋은 일을 그만두고 자기가 좋아하는 일을 새로이 시작하는 자유를 남편에게 주는 것은 아내로서 단단한 각오를 필요로 한다. 세상에 빛나는 수많은 성공의 한쪽에는 흥망의 모험에 찬성한 끝에 물질적인 이익을 희생하면서까지 남편의 소망을 이루기 위해 헌신적으로 돕는 아내의 힘이 있었던 것이다.

오늘날의 구세군은 그 위대한 창시자인 윌리엄 부드를 위한 기념인 동시에 그의 아내 캐서린 부드를 위한 산 기념비이기도 하다.

윌리엄 부드는 런던의 빈민굴에 사는 빈민들과 부랑자들에게 하나

님의 길을 설교하는 일을 자신의 천직으로 여기고 있었다. 그러나 그 때는 그의 아내도 역시 굶주림과 추위, 남들의 욕설까지도 견디어 내야만 했다.

설상가상으로 윌리엄 부드는 자신의 건강마저 해치고 말았다.

그의 아내도 어렸을 때부터 병에 잘 걸리는 허약한 몸이었다. 그녀는 척추 카리에스를 앓아 항상 기브스를 해야 했으며, 폐까지 앓기 시작했다. 더구나 만년에는 암의 고통도 추가되었다. 임종에 즈음했을 때,

"저에게 고통이 없는 날이란 하루도 없었어요."

그녀는 이렇게 고백할 정도였다.

하지만 이 약하디약한 병자는 가정 살림뿐만 아니라 여덟 명의 자식들을 돌보았고, 남편의 빈민 구제 사업도 도왔다. 낮에는 집안 일을 하고 밤엔 빈민굴을 찾아 먹을 것이 없는 사람, 앓는 사람, 곤경에 처해 있는 사람 등을 조사하러 다니곤 했다. 또 사생아를 가진 어머니를 위해 수프 급여소, 또는 탁아소를 만들어 주기도 하고, 도둑질을 한 사람과 부랑자, 또는 매춘부의 면담 상대가 되기도 하였다.

캐서린 부드가 기회만 있으면 이런 불행한 환경에서 멀리 떠나고 싶다고 생각하지 않았을까? 물론 떠날 기회가 전혀 없었던 것도 아니었다.

장로 회의에서는 부드의 성실성을 칭찬하며 이젠 빈민굴에서의 일을 그만두고 윤택한 도시로 이사할 수 있는 방도를 강구해 준 적도 있었다. 그들은 부드의 아내를 이해하지 못하고 있었던 것이다. 그 자리에서 캐서린 부드는 느닷없이 일어나서 외쳤다.

"싫습니다, 절대로 싫습니다."

그녀의 두려움을 모르는 의연한 정신 덕분에 구세군은 오늘날까지 발전하여 온 것이다!

남편을 위해서 그토록 헌신적이었음에도 불구하고 그의 성공을 보지 못한 채 그녀가 이승을 등지고 만 것은 매우 유감스런 일이다.

또한 윌리엄 부드가 죽은 후, 그의 장례식에는 6만 5천 명이 그 영구를 전송하며 조의를 표했다. 그 장례식 행렬에는 런던 시장과 유럽 각국의 궁정(宮庭)과 미국 대통령은 화환을 보내 왔다. 영구차 뒤에는 5천 명의 구세군이 이 위대한 지도자를 찬양하는 성가를 부르며 시가를 행진했다.

그녀 —— 남편의 위대한 모험을 돕느라 자신의 건강을 돌보지 않은 이 자그마한 몸집의 여성은, 처음부터 이와 같이 되리라는 것을 내다보고 있었는지도 모른다.

사실 성공은 당신이 하고 싶은 일을 발견해서 그것을 해내는 것이다. 때때로 자기 한 몸의 안전을 돌보지 않는 것이 진정 성공으로 다다를 수 있는 유일한 길이다.

"나는 남의 웃음거리가 될 일을 하기에 두려움을 모르는 청년을 원한다."

로버트 루이스 스티븐슨의 말이다.

또 영국의 유명한 작가 셰익스피어 역시 이런 말을 남겼다.

"의아심은 배반자이다. 모험을 두려워하는 마음은 우리가 손에 넣을지도 모르는 무한한 부를 잃게 한다."

신은 대담하고 억센 정신의 소유자를 사랑하고 있기 마련이다.

우리가 이제 남편을 크게 성공시키려고 할진대, 모름지기 모험하기를 두려워하지 않도록 남편에게 용기를 북돋우어 줄 일이다. 또한 당신 자신도 그 곳에서 생길지도 모르는 위험을 서슴없이 나누어 가질 일이다.

남편의 성공을 위해서 삼가야 할 사항
① 잔소리가 많아서는 안 된다.
② 회사 일에 너무 간섭하거나 남편과 동료 사이를 참견해서는 안 된다.
③ 남편에게 자기 능력 이하의 일을 시키려고 재촉해서는 안 된다.
④ 흥하느냐 망하느냐를 가리는 모험을 두려워해서는 안 된다.

제6부
남편을 행복하게 하는 방법

악을 범한 사람들을
선도함에는 그 사람들의
결점을 말할
필요는 없다.
그것을 말하지 아니해도,
그 사람들 마음 속에
깊은 인상을 남기고
있기 때문이다

제 1 장
그녀는 마음씨 고운 여인이었다

작가 E. J. 하디의 글에 이런 글귀가 있다.

뉴질랜드의 어느 묘지 한 구석에 낡은 묘비가 서 있는데, 그 묘비에는 '그녀는 마음씨 고운 여인이었다'라고 새겨져 있다.

다른 사람들은 어떻게 여길지 모르지만, 나는 그보다 더 적절한 비문은 없을 거라고 생각한다.

그 말을 죽은 아내의 비문으로 선택한 남편의 마음에는 여러 가지 추억이 아로새겨졌으리라. 남편이 돌아오면 언제나 따뜻한 미소를 띠며 맞아 주던 얼굴, 식탁 위의 따뜻한 식사, 남편의 하찮은 농담에도 즐겁게 웃어 주던 아내, 그리고 사랑과 만족감이 가득 넘치던 가정.

'마음씨 고운 아내'라는 것과 남편을 성공시킨다는 것, 그 둘 사이에는 어떤 밀접한 관계가 있는 것같이 생각된다. 어떤 전문가에 의하면 남편을 행복하게 해 주는 아내를 둔 사람은 성공의 기회도 많다는 것이다.

그러나 남편을 사랑하면서도 즐겁게 하는 방법을 전혀 모르는 아내들이 많다는 것은 뜻밖의 현상이다. 그러한 아내들은 나름대로 최선을 다하지만 사실 그들의 행동은 남편을 궁지에 빠뜨린다.

남편이 외출할 때 이것저것 캐묻는다든지, 침묵을 필요로 할 때 수다스럽게 군다든지, 가족들을 못 살게 하는 것이 그런 행동에 속한다.

남편을 행복하게 하는 것은 어려운 일은 아니지만 적어도 파티를 계획할 때와 같은 정도의 고심과 노력을 필요로 한다. 또한 여성들이 화장을 하는 만큼의 시간과 정성도 필요하다.

현명한 비서는 고용주를 기쁘게 할 수 있는 방법을 알고 있다. 그녀들은 고용주의 방식을 연구하였고, 좋아하는 것과 싫어하는 것을 알고 있으며, 또 어떻게 하면 고용주의 사업이 발전되는가도 터득하고 있다.

만약 고용주의 성미에 맞지 않는다면 그녀가 좋아하는 손톱의 빨간 매니큐어도 서슴지 않고 지워 버려야 한다. 고용주가 조금이라도 즐겁게 일을 할 수 있도록 자기의 취미쯤은 희생되더라도 상관하지 않는 것이 바로 현명한 비서의 태도이다.

아내들도 이와 같은 '비서의 근무 요령'에서 교훈을 찾아낼 수 있을 것이다. 비서가 고용주를 위해서 희생하는 만큼 아내도 남편을 위해 성심껏 도와줄 수 있어야 한다. 특히 행복한 결혼 생활은 서로가 얼마만큼 상대방의 처지를 이해하느냐에 달려 있다.

언젠가 엘리노어 루스벨트 부인과 인터뷰를 했을 때의 일이다. 그때 그녀는 이렇게 말했다. 남편은 지방 유세를 할 때마다 자녀 가운데 한 아이씩 데리고 가는 것을 좋아한다고 말했다. 그것이 루스벨트 씨를 즐겁게 했고, 분주한 일정에서 나타나는 긴장을 풀어 준다고 했다. 그러나 아이들이 너무 오랫동안 양친과 함께 여행할 수가 없기 때문에 대개 주일마다 번갈아 데리고 간다고 했다.

"여행 중에는 여러 가지 즐거운 일이 일어난답니다. 그리고 스트레스를 모두 풀어준답니다."

또 아이젠하워 부인은,

"조그마한 일이라도 남편이 즐거워한다면 그것이 가장 중요한 일이라고 생각해요."

라고 말했다. 조그마한 일이라도 그것이 쌓이면 나중에는 큰 것이 되는 법이다.

"좋은 풍습은 조그마한 희생을 견디어 내는 데서 얻어진다."

라고 말한 체스터필드 경도 같은 의미를 내포하고 있는 게 아닐까?

어쨌든 행복한 결혼 생활을 하는 비결은 바로 여기에 있다. 자기가 좋아하는 일이라도 기꺼이 희생할 줄 아는 것, 그러면 그 희생과는 비교도 안 될 만큼의 보람으로 그 동안의 노고에 보상을 받게 될 것이다.

뉴욕의 81번지에 사는 올가 카파브랑카 부인도 이 말을 굳게 믿고 있다. 그녀는 쿠바의 외교가이며 체스 경기의 세계 선수권 보유자인 카파브랑카 씨의 미망인이었다. 카파브랑카 씨는 완고한 성격의 소유자였다.

그러나 이 부부는 로맨틱한 무드와 애정으로 생활을 원만하게 꾸려 나갔다. 올가 카파브랑카는 남편을 매우 행복하게 해 주었으므로 남편은 자신의 의견을 일부 포기하면서까지 아내에게 보답했다. 그녀는 어떻게 그런 기적을 이룰 수 있었을까?

그것은 작은 희생을 참아냄으로써 얻어졌다. 카파브랑카 씨가 우울해하면 아내는 조용한 분위기를 만들었다. 그리고 그녀는 파티를 좋아했지만, 남편은 집에 있기를 좋아했기 때문에, 꼭 참석하고 싶은 파티도 종종 거절하곤 했다.

또 그녀가 입고 있는 드레스를 남편이 싫어하는 눈치이면 금세 남편이 좋아하는 것으로 갈아입었다.

그녀는 간단한 읽을 거리를 즐겼지만 남편은 철학이나 역사를 즐겨 읽는 지식인이었으므로, 남편의 생각을 따라가고 남성의 말 상대가 되기 위해서, 남편의 책을 주의 깊게 읽게 되었다. 한편 카파브랑카 씨는 이와 같은 아내에게 어떻게 감사의 뜻을 전달했을까?

그는 평소 남에게 선물을 하는 것은 어리석고 센티멘탈한 행동이라고 생각했지만, 어느 해 바렌타인 축제일에 어린 소녀처럼 얼굴을 붉히며 훌륭한 초콜릿 상자를 아내에게 선사했다.

모든 일에 합리적인 남편이 보낸 이 뜻밖의 선물을 받은 아내는 한없이 기뻐했다. 아내의 그런 모습이 또한 카파브랑카 씨를 기쁘게 했다.

그 후 아내에게 선물을 보내는 것이 그에게는 매우 큰 즐거움이 되었다. 사실 카파브랑카 부인은 남편을 위하여 항상 세심한 주의를 기울여 왔다.

남편을 행복하게 해 주는 카파브랑카 부인처럼, 또는 "남편이 철저하게 잘 해 주었기 때문에 저의 인생은 행복의 연속이었답니다"라고 친구에게 말하던 저 유명한 디즈렐리 부인과 같이 상대방에게 세심한 배려를 하므로 상대방뿐만 아니라 물론 자신도 행복해질 수 있었던 것이다.

  남편을 행복하게 하기 위해서는 우선 남편이 언제나 마음 편히 쉴 수 있게 하고, 남편이 원하는 일을 언제든지 할 수 있게 그의 마음이 동요하지 않는 분위기를 마련해 주어야 한다.
  남편을 행복하게 만들어 줌으로써, 당신은 남편의 성공에 지대한 역할을 하게 된다. 그리하여 4, 50년이 지난 후,
  "그녀는 마음씨 고운 여인이었다."
라고 남편으로 하여금 말하게 할 수 있다면 그 얼마나 훌륭하고 멋진 일인가?

제 2 장
남편과 동일한 취미를 가져라

　생활이나 사상이나 그 무엇인가 서로 공통된 점을 갖는다는 것은 두 사람을 한층 더 친밀하게 만든다. 사랑하는 사람과 취미를 같이 한다는 것은 두 사람이 행복해지기 위한 한 가지 방법이다.
　이것은 그 방면의 전문가들도 한결같이 지적한 바 있다. 우선 C. C. 우드하우스 씨가 행복한 2백50쌍의 부부를 대상으로 연구한 결과 그들의 결혼이 원만한 원인은 서로 뜻이 맞기 때문이었다. 그러면 여기에서 '뜻이 맞는다'는 것은 무슨 말인가? 공통의 취미, 공통된 사고 방식, 이것이 인간과 인간을 밀접하게 연결해 주는 매개임에 틀림없다. 이제 그 실례를 들어 보자.
　아서 마레와 그의 아내인 캐슬린은 댄스 교사로, 많은 제자를 두었다. 그들의 결혼 생활은 28년간 계속되었는데, 그 기간 동안 두 사람은 계속 파트너로 같이 일했다.
　나는 캐슬린에게 이렇게 물어 본 적이 있다.

"두 분께서는 늘 가까이 일하면서 틀에 박힌 생활이 되지 않게 하기 위해서 어떤 방법을 쓰시는지요? 두 분의 일과 남편과 아내로서의 사적인 생활을 구별하기란 매우 어려울 텐데요."

"천만에요. 그런 것쯤은 제가 조금 신경만 쓰면 되죠. 예를 들면, 저는 남편의 마음에 드는 옷차림이나 화장을 하지 않고는 되도록 그이 앞에 나가지 않으려고 해요. 하지만 그것보다 더 중요한 것은 우리 두 사람이 같은 취미를 가졌다는 거예요. 우리는 수영과 정구를 좋아해서 시간이 날 때마다 같이 즐긴답니다. 그렇게 서로가 즐거움을 나눔으로써 더욱더 친밀해지고 생활에 변화와 흥미를 줍니다."

마레 부인은 이렇게 말했다. 일만 계속하고 휴식을 취하지 않는 것은 결혼 생활을 불만스럽게 만드는 원인이 되기도 한다. 남편과 즐거움을 나눌 줄 아는 아내는 남편의 반려자가 되는 가장 중요한 조건을 터득했다고 하겠다.

《응용 심리》라는 잡지에서 하리 C. 스타인메츠는 이런 글을 썼다.

'행복한 결혼 생활을 하기 위해서는 취미나 기질이 서로 닮아가야 한다는 것보다도, 상대방의 취미를 따라갈 수 있는 것이 가장 중요하다.'

고대 이집트의 클레오파트라는 특별히 응용 심리학의 강의를 들은 것도 아닌데 사람을 다루는 방법, 특히 남자를 다루는 솜씨가 대단히 교묘했다. 플루타르크가 전하는 바에 의하면, 그녀는 두드러진 미녀도 아니었지만, 자기와 이해 관계가 있는 사람과 즐거움을 같이하면서 그의 마음을 사로잡는 요령을 훌륭하게 터득하고 있었다.

그녀는 자기 영토와 속국의 여러 나라 말을 스스로 깨우쳐 많은 영토에서 사신이 왔을 때에도 클레오파트라만은 통역이 필요하지 않왔다. 그녀는 사신들에게 직접 그 나라 말로 물어 그들을 매우 감격시켰다.

이집트를 정복한 로마의 장군 안토니우스는 낚시질을 매우 좋아했다. 클레오파트라는 평소의 사치를 버리고 그와 더불어 낚시질을 하러 다니곤 했다.

언젠가는 몇 시간이 지나도록 안토니우스가 한 마리도 낚지 못한 적이 있었다. 이 때 클레오파트라는 장난 삼아 노예를 시켜서 물 속으로 헤엄쳐 들어가게 했다. 노예는 금으로 된 커다란 고기를 안토니우스의 낚시에다 매어 놓았다. 그것을 낚아 올렸을 때 안토니우스의 기분이 어떠했을까?

그녀는 또 안토니우스의 흥을 돋우기 위해 때때로 평민으로 변장하고 알렉산드리아의 마을 요정에서 큰 잔치를 벌인 적도 있었다. 안토니우스가 기뻐하는 일은 클레오파트라 자신도 역시 기쁜 일이었던 것이다.

남편과 즐겁게 생활하기 위해서 무명옷을 입고, 물에 젖거나 몸이 더럽혀지거나, 추위에 떨면서 낚시에 미끼를 끼우는 행동을 할 아내가 몇 명이나 될까?

이른바 골프 미망인이라는 얘기가 있다. 그녀들은 주말마다 골프장에 나가 있는 남편을 못마땅하게 여기며 늘 불만에 차 있다. 그녀들은 불평을 늘어놓기 전에. 나의 친구이며 동료인 플로렌스 셰인메이커가 했던 일을 배우면 좋을 것이다.

고인이 된 레온 셰인 메이커는 유명한 토목 기사로서 뉴욕의 거리나 다리를 만든 사람이다. 그는 또 종종 스포츠로 여가를 보냈다. 그는 펜싱 올림픽 대표 선수 중 한 사람이며, 골프 선수권 보유자이기도 했다.

 그런데 그의 아내 플로렌스는 어떠했는가? 결혼 초 그녀는 골프나 펜싱에 대해 전혀 모르고 있었다. 하지만 결혼 후에 그것을 배우기 시작하여 마침내는 골프 선수권 대회에 출전하기까지 했다. 뿐만 아니라 세 번이나 국제 펜싱 여자 선수권을 획득했고, 올림픽 대표 선수단으로 선발되기까지 했다.

 만약 그녀가 남편과 보조를 맞추기 위하여 노력하지 않았다면 남편이 자기 생활의 일부를 포기하든가, 아니면 남편이 자기만의 취미 생활에 열중하는 동안 아내는 쓸쓸히 혼자만의 시간을 보내야 했을 것이다.

 신비 소설이나 모험 소설의 작가로 유명한 에드가 와일드는 더없이 성실했지만 유독 경마에 열중했다. 와일드 부인은 경마에 특별한 관심도 없었지만 남편이 매일매일의 격무에서 조금이나마 휴식을 취해야 한다고 생각했다. 그래서 남편과 함께 경마를 즐기면서 기분 전환을 하곤 했다.

 남편과 함께 취미를 즐기는 아내는 외톨이 신세가 되는 법이 없다. 당신의 남편은 당신을 혼자 내버려 두고 자기만의 생활을 하고 있지나 않은지. 만약 그렇다면 당신의 남편이 이기주의자이거나 혹은 당신 스스로 가정을 행복하게 만들려는 노력이 부족하기 때문이다.

 뉴욕 시라큐스 로랜드로 508번지에 사는 프란시스 쇼트 부인의 경우를 살펴보자. 그녀는 일찍 결혼을 했지만, 남편이 예전처럼 친구들과 어울려 다녔기 때문에 늘 우울한 생활을 했다.

 그녀는 남편이 집에 있어 주기를 바랐지만 그렇다고 잔소리를 하거나 친정으로 간다든가, 울면서 화풀이를 한다든가, 남편을 소홀히 대하지 않고 꾹 참고 지냈다. 그뿐만이 아니라 그녀는 남편의 취미에 대해서 연구했고, 또 어떻게 하면 남편과 함께 취미를 즐길 수 있는지 방법을 생각하기 시작했다.

쇼트 씨는 체스 경기를 좋아했다. 그리고 그 방면에 상당한 명수이기도 했다. 쇼트 부인은 남편에게 체스를 배워 얼마 후에는 제법 상대가 되었다.

쇼트 씨는 사람들과 사귀기를 무척 좋아했고, 또 파티를 즐기기도 했으므로, 쇼트 부인은 되도록 몸단장을 단정히 하고 집 안도 깨끗이 했다.

그리하여 남편이 밖으로 나가는 대신 친구들을 데려오도록 권하고 성의를 다하여 대접했다. 그 방법은 매우 효과를 거두었다. 그들 부부가 결혼한 지 40년이나 지났지만 그 때 이후로는 남편이 한 번도 친구들과 어울리는 데서 즐거움을 찾지 않았다.

"이젠 도리어 남편을 밖으로 끌어내기가 어려워서 큰 일이에요."

쇼트 부인은 나를 보면서 다시 말을 이었다.

"지금 생각해 보면 아내로서 남편에게 할 수 있는 최대의 봉사는 남편을 행복하게 해 주는 것이라고 생각해요. 지금까지 제 소원은 될 수 있는 한 마음씨 곱고 상냥한 주부가 되는 것이었답니다."

쇼트 부인과 같은 여성이야말로 남편의 좋은 반려가 되기 위한 방법을 잘 터득한 사람이라고 할 수 있다.

제 3 장
남편에게 취미를 권하는 동시에 때로는 홀로 있게 해 주어라

　남편과 취미를 같이한다는 것은 남편을 행복하게 해 주는 하나의 방법이지만, 그와 동시에 남편만의 특별한 취미를 갖게 하는 것도 중요한 일이다.
　앙드레 모루아는 《결혼의 기술》이라는 책에 이렇게 서술했다.
　'서로의 취미를 존중하지 않는 한 행복한 결혼 생활을 기대할 수는 없다. 다시 말하면 두 사람이 같은 의견과 희망을 갖기란 매우 어려운 일이며, 일부러 그렇게 할 수도 없고, 그런 결과는 바랄 수도 없는 일이다.'
　간단하게 할 수 있는 우표 수집이나 그 밖에 무엇이든 오직 마음의 위로가 될 만한 취미를 남편에게 권해 보라.
　남편의 취미가 당신에게 하잘것없는 것으로 보일지라도 결코 냉담한 표정을 보인다거나 시비를 해서는 안 된다. 그저 그가 하는 대로 내버려두면 된다.

월 로저스의 전기를 쓴 호머 크로는 그에 대한 영화의 시나리오를 쓰기 위해서 캘리포니아 주 산타모니카에 있는 로저스의 농장에 장기간 머물곤 했다.

크로 씨가 그 농장에 머물던 어느 날의 일이었다. 월 로저스가 별안간에 단검 한 자루가 있어야겠다고 말하였다. 그것도 남미의 토인들이 쓰는 그 무시무시하고 커다란 단검을.

로저스 부인은 남편에게 그 물건이 꼭 필요한 것인지 몰랐으므로 남편을 타일러서 되도록이면 생각을 바꾸도록 하였다.

그러나 로저스 부인은 한참만에 자신의 생각을 바꿨다. 그래서 시가지로 나가 직접 단검을 사 가지고 왔다. 월이 크리스마스 아침을 맞이한 어린 소년처럼 기뻐한 것은 두말할 나위도 없었다.

그 농장 귀퉁이에는 숲이 우거져 있었는데, 월은 그 곳을 무척 좋아했다. 월은 가끔 그 곳을 청소하며 몇 시간씩이나 혼자 지내곤 했다. 그리고 곤란한 일이 생겼을 때마다 단검을 가지고 그 수풀 속으로 가서, 속이 풀릴 때까지 미친 듯이 그것을 휘두르곤 했다. 땀을 흘리며 돌아설 즈음이면 모든 문제는 거의 해결되어 있었다.

월은 지금까지 자신이 받은 선물 중에서 그 단검만큼 마음에 드는 것은 없다고 입버릇처럼 말했다.

월 로저스가 그 단검을 이용해서 시도한 것처럼 이런 기분 전환법을 누가 착안할 수 있었을까? 기분을 바꿔 새로운 의욕으로 일을 할 수 있게 해 주는 것이야말로 대단한 것이다.

그러나 이러한 혜택은 자기 본직 이외의 다른 취미를 가짐으로써 덕을 보는 남성들에게만 한한 것은 아니다. 아내도 그 효과를 볼 수 있다.

오클라호마 츠루사 시 어드미널 가 2831번지에 사는 내 사촌 자매 제임스 하리스 부인의 경우를 보자. 그녀는 어느 석유 회사의 유전 검사 계원과 결혼했다.

남편 제임스는 가구 수선이 취미여서 틈이 나는 대로 망가진 가구를 고치곤 했다. 남편의 솜씨가 좋은 것은 아내로서도 매우 흐뭇한 일이요, 또한 제임스 역시 취미도 살리고 집 안도 깨끗하게 정리할 수 있어 매우 유쾌했다.

제임스에게는 또 하나의 취미가 있었는데, 그것은 매우 우스꽝스러운 일이었다. 그것은 맥이라는 스코치테리어 종의 검은 개에게 재롱을 가르치는 일이었다.

맥은 곡예를 매우 잘 했으며, 구경꾼을 좋아하는 녀석이었다. 맥이 가장 잘 하는 것은 피아노를 치는 것이었다.

생각건대 남편에게 취미 생활을 권하려는 아내는, 그것에 너무 마음을 쓰지 않는 것이 좋다.

다만 직업 심리학의 전문가들은 다음의 위험 신호엔 조심하라고 알려 주고 있다. 즉, 자기의 본직보다도 취미에 더 열중하기 시작하면 경계하라는 것이다. 그것은 자신이 하는 일이 잘 안 되어간다는 증거이다. 그러한 사람들은 이미 흥미가 없어진 본직에의 피난처로 취미를 이용하고 있다.

만일 이런 현상이 일어났다면 남편과 함께 원인을 분석해서 잘못된 점을 발견해야 한다.

취미의 참된 가치는 생활 속도를 바꾸며, 긴장을 풀어 주는 데 있다. 취미란 자신의 본직을 망각하는 것이 아니라, 본직에 대한 흥미를 새로이 해 주는 데에 의미가 있다.

그런 의미에서 취미는 창조적이라 할 수가 있다. 그 가장 좋은 실례는 제2차 세계대전 중, 일본의 포로 수용소에 있었던 에릭 G·클라스 부처의 체험이다.

중국 상해의 주식 거래소 회원이었던 클라스 씨와 그의 아내인 루스는 1941년에 억류되어 1874명의 영국인 및 미국인 억류자들과 함께 30개월간 포로 생활을 했다. 그것은 고난과 굶주림과 고통의 시간이었다. 〈크리스천 사이언스 모니터〉지의 인터뷰에서 클라크 씨는 그 때의 상황을 이렇게 진술했다.

"이 체험으로 우리는 깨달을 수 있었어요. 사람이란 사실 집이나 재산, 또는 직업을 빼앗기더라도 취미를 가지고 있는 한 그 정신마저 빼앗기지는 않는다는 것을 말이에요. 여기서 말하는 취미란 물론 창조적인 취미입니다. 예를 들면 음악이나 문학 작품을 감상하는 능력은 아무도 파괴할 수 없는 것이지요."

클라스 부인은 중국 경옥과 직물에 관해서 조예가 퍽 깊었으므로, 동료들을 모아 놓고 그에 관한 강의를 했다. 강의를 듣는 사람들은 귀중한 미술품에 관한 그녀의 지식에 감탄했고, 그 이야기에 귀를 기울임으로써 현재의 비참한 처지를 잊을 수 있었다.

한편, 클라크 씨의 취미는 성악이었다. 그는 전쟁이 일어나기 전에 이미 성가단을 만든 일이 있었다. 그러므로 그는 포로 수용소 안에도 합창대를 만들고 싶어졌다.

수용소 안으로 가지고 들어와도 좋다고 허용된 가재 도구들 속에 다행히 악보를 숨길 수 있었다. 합창단을 조직하여 클라스 씨의 지도 아래 〈크리스마스 캐롤〉부터 설리반 작곡의 〈경가극(輕歌劇)〉 등 모든 노래를 부를 수 있게 되었다.

이 같은 경험을 한 클라스 씨였기에 그는 취미의 가치에 관하여 충고를 할 수 있었다.

"나는 남녀 누구나 취미를 갖도록 권합니다. 그것은 강제적이든 자발적이든 아무것도 할 일이 없어졌을 경우에 매우 쓸모가 있습니다."

클라스 씨의 이러한 충고에 따라서 여러분들도 취미를 갖도록 남편에게 권하면 어떨까?

남편에게 취미를 권하면 또 하나의 큰 이익이 생긴다. 그것은 남편에게 가장 소중한 자기 시간을 준다.

이것은 모든 사람에게 필요한 일이며, 남편 또한 인간임을 고려해야 하기 때문이다.

결혼을 앞둔 한 남자가 나에게 고백한 일이 있다. 자기의 좋은 벗이 되어 주고, 또 자기가 원할 때는 언제든지 혼자 있게 내버려 둘 수 있는 여성이 있다면 당장이라도 그녀와 결혼하겠다고.

가정 주부는 남편보다는 혼자 있는 시간이 많으므로 남성의 독특한 심리, 즉 남자도 홀로 있고 싶을 때가 있음을 이해하지 못한다.

남자는 홀로 있어도 결코 고독하지 않다. 그는 단지 여성의 요구나 구속에서 해방되고 싶어하고, 마음대로 사색하고 싶은 경우도 있으며, 적어도 누구에게 구속받고 있지 않다고 허세를 부리고 싶어하는 법이다.

남편이 자기 시간을 가지는 것을 아내는 기뻐해야 한다.

나는 체험으로써 그것을 깨달았다.

내 남편은 20년간이나 일요일 오후마다 옛 친구인 호머 크로와 시간을 보내는 습관이 있었다. 남편은 결혼을 한 후에도 그 일을 계속 하였다. 나도 나중에는 남편 없이 일요일 오후를 보내는 방법을 연구하였다.

남편과 호머는 그 동안 숲 속을 거닐기도 하고, 식당에 가서 엉뚱한 음식을 먹기도 했다. 긴장을 풀고 제멋대로 생활을 즐기며 일요일 오후를 보내곤 했다. 그렇게 휴식을 취한 후, 다시 상쾌한 안색으로 자기의 일에 착수하기도 했다.

남편에 대해서 간혹 고삐를 늦추어 준다는 것은 중요한 일이다. 그 점을 잊지 말기를 바란다.

남편에게 취미를 권하고 그를 좀더 자유롭고 행복하게 해 줄 수 있다면 그것이야말로 남편을 행복하게 하는 최선의 방법이다.

제 4 장
가정 외의 일에도 관심을 가져라

　남편의 좋은 반려자가 되는 세 번째 방법은 아내도 가정 이외의 일에 관심을 갖는 것이다. 남편이 취미로 완전히 생기를 되찾고 새로운 마음으로 일에 임할 수 있듯이, 아내도 가정 밖의 일에 관심을 가지고 있을 경우에는 자기 일을 더욱 즐겁게 할 수 있기 때문이다.
　모든 가정 주부는 어쩔 수 없이 오랜 시간을 홀로 지내야만 한다. 그 시간에 남들과 접촉할 수 있는 기회, 즉 여가를 이용하여 자신의 일을 갖는다는 것은 더없이 즐거운 일이다.
　예를 들면 자신의 취미나 소질을 살린다거나, 매주 몇 시간씩 사회 활동을 하는 것은 여성에게 사물을 새롭게 보도록 만들고 개성을 키워 주는 구실을 한다.
　텍사스 성 안토니오 시 테라 알타 23번지에 사는 월터 G. 크바이너 부인의 경우를 살펴보자.
　그녀는 자녀들이 모두 성장하여 학교에 다니기 시작하자 곧 성 루가 교회의 주일 학교 선생이 되었다. 그 경험으로 인해 그녀는 어린 애들을 지도하는 능력이 있음을 깨닫고 이번에는 그 교회의 유치원 어린이들을 가르치기 시작했다.

크바이너 부인은 그 동안의 사정을 이렇게 말했다.

"이 일이 놀라운 효과를 주었습니다. 전 지금까지 자질구레한 일에도 신경이 곤두서곤 했어요. 하지만 지금은 모든 일을 보다 더 크게 생각하게 되었습니다.

저는 매일 아침마다 예전보다 1시간 일찍 일어납니다. 그러고는 집안 일을 해치우고 저도 학교에 갑니다. 제가 하는 일은 아이들의 보모 노릇이지요.

수요일 밤엔 남편이나 친구들과 어울려서 볼링 게임을 하며 즐깁니다. 목요일 저녁에는 교회 토론회에 출석하는데, 이것은 나의 정신 생활을 매우 풍부하게 해 줍니다.

그리고 나머지 사흘 동안은 학교에서 아이들은 가르칩니다.

이처럼 주부가 가정 이외의 일에 취미를 가질 경우 저녁 식사 때의 분위기는 더욱 단란하게 변하기 마련입니다. 한집안 식구가 전부 모일 수 있는 것은 하루 중 저녁 식사 때뿐인데, 그 때마다 화제가 그치지 않고 이어진다면 우리 모두를 즐겁게 해 주고도 남음이 있어요.

어느 정신 병원의 환자에 관한 기사를 읽은 적이 있어요. 그 환자가 어렸을 때, 그의 부모들은 식탁 앞에서 돈 이야기나 살림살이, 또는 그 밖의 가정 문제로 항상 말다툼을 했다는 거예요.

그런데 우리는 식탁 앞에서 유쾌한 화제 이외에는 절대 꺼내지 않기로 규칙을 세웠답니다. 저녁 식사 시간은 그 날 하루에 일어났던 일을 서로 주고받으며 즐거워하는 단란한 시간이지요. 제 취미는 바로 그런 시간에 식구들이 즐거워할 화제를 제공해 주기에 충분하답니다.

어쨌든 그로 인해 저는 차츰 사물의 가치에 대해서 바른 판단을 내릴 수 있게 되었어요. 지금까지 저를 초조하게 하던 부질없는 일거리는 모두 무시하고, 우리 가정을 위해서 평화롭고 사랑에 넘치며, 생활하기에 편한 보금자리를 만드는 일에 보다 더 많은 노력을 기울이려고 애쓰는 중이랍니다."

적당한 일이 크바이너 부인에게 이처럼 좋은 결과를 가져다 준 것이다. 그러고 보면 여러분이나 나 자신에게도 그것은 똑같이 유용하게 도움을 줄 수가 있지 않은가?

그러면 도대체 어떤 일, 어떤 취미가 당신에게 도움을 줄까? 그것은 우선 당신의 재능이나 취미에 따라 달라진다.

무엇보다도 우선적으로 할 것은 당신 스스로를 잘 분석해야 한다. 평소에 좋아하던 일, 또는 특별히 하고 싶다는 의욕적인 생각을 품은 적은 없었던가.

만약 당신이 해 보고 싶은 일을 찾지 못할 경우에는 같은 뜻을 가진 사람끼리 모임을 만들면 된다.

개인적인 이야기를 예로 들어 볼까 한다.

나는 셰익스피어 클럽의 회원이 되어 커다란 기쁨을 느끼며, 꽉 짜여져 숨돌릴 틈조차 없는 하루 일과의 스트레스를 바로 그 곳에서 풀었다. 그 모임은 평소 내가 좋아하는 문제를 토론하곤 했다.

그 모임에 가입한 나는 4백 년 전의 옛날로 돌아가서 사물을 생각해 봄으로써 오늘날 내 주위의 현실 문제에 있어서도 새로운 판단 능력을 가질 수 있게 되었다. 또한 남편과 이야기를 주고받을 때에도 일상적인 대화 이외에 다른 신선한 화제로 이야기를 이어갈 수 있었다.

나의 남편은 링컨의 전기에 각별한 흥미를 느끼고 있었다. 나는 앞에서도 말했듯이 셰익스피어에 특별한 관심을 지니고 있었으므로 서로 대화를 나눔으로써 이제껏 몰랐던 것을 배울 수도 있었다.

우리는 자주 토론하며 크게 논쟁을 벌이기도 했으나, 반면에 매우 유쾌한 일도 있었다. 우리는 같은 취미를 가졌으므로, 서로 식견을 넓혀 갔다.

사무엘 클링과 에스터 클링 부부는 그들의 저서인 《결혼 안내》에서 이렇게 말한다.

"결혼 생활은 부부를 매우 친밀하게 만드는 한편, 때로는 무슨 일이든지 같이한다는 것이 오히려 서로를 언짢게 하는 수도 있답니다. 부부가 각기 다른 취미를 가졌다는 것은 결혼 생활을 언제나 신선하고 활기 있게 해 주는 데 효과가 있습니다."

이것은 내가 이 장(章)에서 말하고자 한 것을 간결하게 요약한 말이다.

여러분의 결혼 생활이 만약 원만하지 않다면 가정 이외의 일에 취미를 가져 보라. 그리고 당신은 남편의 좋은 반려자가 되기 위한 마음의 준비를 하고 있는지 스스로 반성해 볼 일이다.

남편을 행복하게 하는 방법
① 부드럽고 고운 마음씨의 소유자가 되어라.

② 남편과 취미를 같이하여라.
③ 남편에게 취미를 권하고 때로는 홀로 남겨 두어라.
④ 당신도 가정 이외의 일에 관심을 가져라.

제 7 부
가정을 즐겁게 하는 방법

항상 바르게 하라.
특히 아이들에게
대해서 바르게 하라.
아이들과 약속한 것은
반드시 지켜라.
그렇지 않다면
그대는 아이들에게
허위를 가르치는 것이 된다

제 1 장
나는 가정 주부

"전 가정 주부예요."

여자의 이 말은 어딘지 열등감을 느끼게 되고, 또한 변명을 늘어놓는 경우에 많이 쓰인다고 생각한다.

이렇게 변명 비슷한 말로 자신을 낮추는 것을 당신은 들어본 적이 있는지? 그 말을 듣고 화를 낸 일은 없는지? 나는 이해할 수가 없다. 가정을 잘 이끌어 나가고 자녀들을 키우는 일만큼 존경스럽고, 개인적으로나 사회적으로 중요하고 의미 깊은 일이 또 어디에 있겠는가?

"전 가정 주부예요."

이 말은 매우 훌륭하다. 그것은 마치 국제 회의 석상에서, "본인이 미합중국의 대통령이올시다"라는 말과 같은 무게가 아닐까.

온갖 시련과 정력을 기울여서 가정과 가족을 이끌고 있는 주부는 당연히 칭찬받을 만하다.

"전 가정 주부예요."

이 말 한마디를 하기 위해 얼마나 많은 일을 해야 하는지 한번 헤아려 보자. 세탁부·요리사·재봉사·부모·하녀·잡부·임시 운전사·서기 겸 회계원·구매계·선전계·여주인·인사계·경영 고문·불평 처리계·중역 겸 관리인 등 조금만 헤아려도 주부의 역할은 이렇듯 많다.

그러나 이것만으로는 충분치 않다. 남편의 마음을 아내 자신에게 두기 위해서는 남의 눈에 뜨일 만큼 산뜻한 옷차림을 해야 한다.

아무리 조그만 사무실일지라도 사장이 손수 사무실을 청소하거나, 장부를 정리하거나, 자신의 편지를 손수 타이프 치지는 않는다.

하지만 가정 주부는 그런 일을 직접 할 뿐만 아니라, 그것보다 더한 일도 해야 하므로, 간혹 실수하더라도 너그럽게 넘겨야 한다.

나는 주부를 위한 포상(主婦賞) 제도가 제정되어야 한다고 생각한다. 해마다 가장 성적이 좋은 가정 주부에게 상을 주는 것이다. 나는 직업 여성보다도 가정 주부가 훨씬 많은 실제적 능력과 재능을 발휘하고 있다고 생각한다.

그러면 현실적으로 남편의 성공을 위해 주부인 당신의 노고가 얼마만큼 기여되고 있는가? 유명한 《여자》라는 책의 저자인 마리니아 판함과 페르디난트 핸드버그 박사는 이렇게 말하였다.

"남편 수입의 30~60퍼센트는 아내의 수완에 따라 헛되게 쓰여지느냐, 아니면 유효하게 쓰여지느냐가 결정된다. 그것은 연구 결과로 뚜렷이 나타난다."

잡지 《라이프》는 1947년 7월 16일에 '여자의 딜레마'라는 테마로 특집을 꾸민 적이 있다. 그에 의하면 만일 가정 주부 대신 고용인을 고용한다면 해마다 약 1만 달러의 돈을 지불해야 되리라는 견적서를 제기했다.

 미국의 명사 중에는 아내가 가정 주부로서 탁월하게 능력을 발휘한 덕분에 출세의 실마리를 잡을 수 있는 사람들이 많이 있었다. 예를 들면 아이젠하워 대통령도 그에 포함된다.《투데이스 우먼》지는〈내가 만일 신부가 된다면〉이라는 제목으로 마미 아이젠하워의 기고문을 실은 적이 있었다.

 "아내가 된다는 것은 여자에게 주어진 천직입니다. 자질구레한 집안 일, 아무리 해도 끝날 줄 모르는 그 일들은 때로는 재미도 없는 너절한 일로 생각되어 싫증이 나기도 한답니다. 특히 남편이 색다른 뉴스라도 가지고 들어와서 '여보, 오늘은 집에 뭐 별다른 일이라도 없었소?'라고 물을 때 당신은 고작 '글쎄요, 가스 값을 지불했군요'라는 말밖에 대답할 수 없을 경우 더더욱 그렇게 느끼게 되겠죠. 그럴 때엔 밖에 나가서 일을 하고 돈을 벌어 오는 것이 굉장히 좋아 보이게 마련이지요.

 그러나 만약 그 유혹에 지고 만다면 앞으로 20년 후, 당신을 기다리는 것은 무엇일까요? 취직을 한 것 이외에는 무엇 하나 이룬 것이 없든가, 완전히 흐트러진 가정에서 쓰린 마음을 달랠 수밖에 없겠지요.

 만일 또다시 결혼을 하더라도 나는 아마 지금까지 해 온 그대로를 되풀이할 거예요. 나는 망설일 것 없이 남편의 적은 수입으로 가정을 원만히 다스리고 남편이 어떤 야심을 가졌더라도 그것을 반드시 이룰 수 있게 전력을 다 기울일 작정입니다. 그렇게 하는 것이 나의 천직이요, 기쁨이었어요. 또, 그렇게 해서 우리 가정을 무사히 지켜

간다는 것이 기쁜 일이고, 사는 보람이었고, 바쁘지만 즐겁고 행복스러운 생활 방법이었답니다."

"저는 가정 주부예요"라는 말이, 아이젠하워 부인으로서는 자랑스러웠다. 그녀는 이런 생활 방식으로 남편을 세계 최대의 집인 백악관으로 보냈다. 물론 지난 세대의 이야기이긴 하지만.

제 2 장
즐거운 우리 집

어떤 분위기에서 남편은 최고의 휴식을 즐길 수 있을까? 또, 어떤 분위기의 가정이어야만 아침마다 새로운 마음가짐으로 일에 전력할 수 있을까? 이 질문이 남편을 성공시키는 데 있어서 큰 비중을 차지한다.

크리포드 R. 아랍스 박사는 〈레드스 홈 저널〉의 결혼 상담란에 이렇게 발표했다.

"당신의 남편이나 자녀들이 가정을 따뜻한 보금자리로 느끼도록 하는 것은 오로지 아내인 당신 손에 달려 있습니다. 결정적인 역할을 하는 사람은 바로 당신인 것입니다. 당신이 조성하는 가정의 질서와 분위기, 특히 당신이 행하는 행동 하나하나가 가정의 행복을 좌우합니다."

남편이 성공을 거두려면 가정에서도 최소한 몇 가지의 기본적인 조건이 갖추어져야 한다.

휴식

　진심으로 일을 즐기는 사람일지라도 그 생활이 계속되면 긴장과 스트레스가 축적되기 마련이고, 이러한 정신적 긴장이 풀리고, 정신과 육체와 감정을 새로 충전해야지만 다음날 또다시 새로운 기분으로 출근할 수가 있다.

　대부분의 여성들은 좋은 가정 주부가 되려 하지만, 때로는 지나친 간섭으로 남편이 가정에서 전혀 휴식을 취하지 못하는 경우도 있다. 내가 어렸을 때, 우리 이웃에는 이와 똑같은 성격의 주부가 있었다.

　그 집 아이들은 친구들을 집에 초대할 수가 없었다. 깨끗이 닦아 놓은 마루를 장난꾸러기들이 더럽힐까 봐 금지된 것이었다. 또 남편은 집에서 담배를 피우지 못하였다. 커튼에 담배 냄새가 밴다고 아내가 핀잔을 주었기 때문이다. 그 주부는 일종의 신경질적인 증세를 보였지만, 세상에는 이런 사람들이 의외로 많다.

　미국 카톨릭 대학의 정신병학 교수인 로버트 P. 오든월트 박사는 제20회 카톨릭 국제 회의에 참가하여 이렇게 말했다. 미국 가정 주부의 "깨끗한 것을 좋아하는 극단적인 습관은 우리에게 강요되는 것 중에서도 가장 지독한 것"이라고.

　조지 케리의 《크레이크의 아내》라는 희곡은 수년 전에 퓰리처 상을 받았다. 이 희곡이 널리 읽혀진 원인은 작품 속의 여주인공과 같은 삶을 사는 여인들이 세상에 많이 있다는 이유였다. 주인공은 쿠션이 조금만 비뚤어져 있어도 참을 수 없어 했다. 집 안을 어지럽힐까 봐 친구들의 방문도 싫어했다. 그러고는 평범하고 태평스러운 남편을, 자신이 만든 이 차가운 질서를 교란시키는 방해꾼으로 취급하였다.

신문이나 담배 꽁초 등을 아무 데나 버리는 남편이 많다. 모처럼 깨끗이 정돈된 집 안을 어지럽히므로 아내들은 남편을 향해 투덜거리기가 일쑤이다. 남편과 아내의 역할이 바뀐다면 남편들 역시 마찬가지일 것이다.

그러나 그렇게 해서는 안 된다.

아내들은 잔소리를 하기 전에 남편이 휴식하고, 마음놓고 편히 지낼 수 있도록 꾸며야 한다. 그리고 청소는 온 가족이 함께 함으로써 주부의 고통과 부담 및 불평을 해소시켜 주어야 한다.

마음 편히 지내도록

집 안을 가꾸는 일은 대부분 주부에게 맡겨져 있다. 마음 편하게 지낼 수 있어야 한다는 것, 남편이 바라는 것이 바로 그것임을 주부는 기억해 둘 필요가 있다.

화사한 테이블이나 의자, 지나칠 만큼 멋을 부린 건축, 또는 조그만 가구 등으로 여기저기 치장하는 것이 매력적으로 보일지 모르지만 남자에게는 반드시 그렇지도 않다.

피곤에 지쳐서 귀가한 남편이 편히 쉴 곳이 없다면 그것은 오히려 스트레스를 증가시키는 일이다. 그렇다면 집 안 가꾸기는 어떻게 해야 될까?

내 단골 의사인 루이스 G. 파크 박사는 최근에 자기 집의 일부였던 진찰실을 새로 꾸몄다.

내가 박사를 찾아갔을 때는 마침 대기실에서 서너 명의 환자가 기다리고 있었다. 가죽을 씌운 튼튼한 테이블, 널찍한 소파, 커다란 유리 램프, 주름을 잡지 않은 창의 커튼——환자들은 매우 부러워하는 눈치였다.

이처럼 자연스러운 분위기를 자아내는 데 유능한 사람은 스탠더드 석유 회사의 지질학 주임인 월터링크라는 독신자이다. 그는 직업상 지구의 아무리 외진 곳이라도 찾아가야 하지만, 지금은 뉴욕의 새튼 가 60번지에 있는 초현대적인 아파트에서 살고 있다.

그의 방은 밝고 널찍하고, 마음 편하게 지낼 수 있고, 게다가 개성이 풍부한 방이다.

이렇게 멋진 사나이가 지금껏 독신으로 지낸다는 것은 놀라운 일이 아니다. 그가 손수 꾸민 살림살이인만큼 마음 편하게 지낼 수 있고, 그만의 개성이 살아 숨쉬는 방이므로.

나는 언젠가 파리에서 동양풍의 귀여운 재떨이를 사 가지고 온 일이 있다. 그런데 나의 남편은 유리로 된 10센트짜리 재떨이를 사다가 곳곳에 갖다 놓았다.

그러고 나서 손님이 왔을 때, 우린 언제나 남편이 사온 10센트짜리 싸구려를 쓴다. 손님들도 그것을 매우 좋아했다. 내가 산 프랑스제 조그마한 미술품 따위는 전혀 써보는 사람이 없을 지경이다.

당신이 애써 고생하며 가꾸어 놓은 집 안의 질서를 남편이 짓밟는 듯한 기색이 보이면 그것은 당신의 정돈 솜씨가 잘못되어 있기 때문이다.

읽던 신문을 방바닥에 굴린다면, 탁자가 너무 작든지, 여러 가지 지저분하게 늘어놓음으로써 그럴 수밖에 없기 때문이다.

담뱃재를 여기저기다 마구 떨어뜨려서 당신을 화나게 하거든 재떨이를 곳곳에 갖다 놓아라.

남편이 집 안에서 휴식을 취할 수 있게 하는 것은 그의 마음을 항상 집에 붙들어 매두는 가장 좋은 방법이다.

정돈과 청결

대체로 남성은 지저분한 대저택에서 생활하는 것보다, 차라리 산뜻한 천막을 좋아한다.

지켜지지 않는 식사 시간, 점심때까지도 내팽개쳐져 있는 접시들, 지저분한 목욕탕, 정돈하지 않은 침대, 바로 이러한 것이 남편을 도박이나 술집 등으로 휘몰아 버리는 결과를 초래한다.

남성은 자기가 집 안에서 저지른 일은 생각지도 않고 아내들의 알뜰치 못하고 지저분한 것은 참을 줄 모르는 모양이다.

젊은 시절 나의 남편은 한 여인에게 구혼하려고 그녀의 아파트를 찾아갔다고 한다. 그런데 그녀의 방은 마치 러시아 군대가 통과한 것처럼 엉망으로 흩어져 있었기 때문에 구혼을 포기하고 돌아왔다.

지금까지는 언제나 어수선하고 지저분하게 지내는 경우를 말하였다. 그러나 관대한 남편은 간혹 난잡한 분위기라도 그리 신경을 쓰지는 않을 것이다. 그런 남편이라면 아내가 바쁜 날엔 먹다 남은 밥이라도 기꺼이 먹어 줄 것이다.

특별한 일이 있을 때에 —— 그런 일이 자주 있어서는 안 되지만 기꺼이 도와주고 아내를 위해 사소한 일은 남편 스스로 하려고 할 것이다.

밝고 안정된 분위기

그 가정의 분위기는 주부에게 책임이 있다. 남편의 성공 여부도 가정 환경으로 좌우된다.

1951년《포춘》지는 샐러리맨의 생활을 조사한 적이 있다. 그 때 어느 중역 중의 한 사람은 다음과 같이 말했다고 인용되었다.

"우리는 일에 관한 환경은 적당히 조절할 수 있지만, 그가 자신의 집으로 들어서는 동시에 그 조절 방법은 고스란히 잊어버리게 된다."

아내는 남편의 일을 위해 자신의 모든 것을 희생하길 원하지 않지만 동시에 남편에게는 그가 맡은 일을 잘 해 주기를 원한다. 이 두 가지 희망은 남편이 집에 돌아왔을 적에 행복하고 평화스러운 분위기를 만들어 줌으로써 동시에 달성된다.

로스앤젤레스 가정 문제 연구소 소장인 파울 포르네 박사는 이렇게 말했다.

"남편의 입장에서 생각할 때 가정이란 직장의 일에 관계된 골칫거리에서 잠시 몸을 피하는 피난처의 역할을 하는 곳이어야 한다."

"회사 근무는 결코 한가한 유람이 아니다. 여러 가지 의미로 그것은 전투의 연속이라고 할 수 있다. 그러므로 저녁 퇴근 시간부터는 평화·조화·안식이나 애정 같은 것들이 그리워진다.

공장이나 사무실에서는 상사가 자신의 단점과 잘못을 찾아내려고 애쓰지만, 집에 돌아가면 자기의 좋은 점만을 보아 주는 천사가 있다는 생각을 누구나 하게 마련이다.

그녀는 자신의 할 일을 남편에게 강요하거나, 새로운 일거리를 만들어 남편에게 짐을 짊어지게 하지는 않는다. 오직 남편의 정력을 회복시켜 주고 기분을 안정시켜 주어, 다음 날 아침에 새로운 기분으로 출발할 수 있게 돌봐 준다.

그와 같은 분위기를 잘 만들어 주는 아내는 현명한 사람이다."

가정은 아내와 남편의 공동 소유라는 마음가짐

남편이 집에 있을 때 아내는 남편을 어떻게 다룰까. 아름다운 여왕이 지배하는 왕국에 잘못 들어온 무뚝뚝한 사나이로 다룰 것이 아니라, 남편으로 하여금 마치 국왕처럼 행동하도록 해도 아내로서는 결코 손해될 것이 없다.

새로운 가구를 사들이거나 장식물을 바꾸고자 할 때 자신의 주장을 내세우지 않고 무조건 남편의 의견에 따른다는 것은 참을 수 없을지도 모른다.

그러나 대부분의 경우 남편의 생각과 당신의 생각이 일치하기 마련이다. 남편에게 집안 일에 대한 발언권을 주는 경우 그는 더욱더 가정을 귀중하게 여긴다.

그러므로 남편에게 부엌일을 맡겨 보는 것도 좋다. 그 곁에서 당신은 냄비나 접시를 씻어 준다.

가정에 대한 남편의 관심은 결코 당신보다 적지 않다.

"여보, 당신이 안 계시니까 도무지 집안 일을 혼자서는 할 수가 없네요."

남편은 이러한 말을 당신에게 듣고 싶어할 것이다.

내가 아는 한 여인의 예를 들어 보자.

그녀는 적은 비용으로도 주위를 잘 가꿀 줄 아는 뛰어난 솜씨를 가지고 있다. 그녀의 집은 보드라운 색조와 섬세한 장식품, 교묘한 배합 등으로 아름답게 장식되어 있다. 그런데 그녀의 남편은 엉뚱한 사나이였다. 덩치가 큰 털보인 데다가 한시도 입에서 파이프를 떼지 않는, 도대체 그녀의 더없는 여성적인 분위기와는 조화되지 않는 사나이였다.

그는 아내를 사랑하긴 했지만, 자기 집에 있으면 어쩐지 불안해져서 마침내 친구나 동료들을 불러내 낚시질을 가곤 했다. 그러다가 마침내 제멋대로 할 수 있는 숲 속의 오두막집에서 잠을 자곤 했다.

아내는 남편에게 투덜거렸고, 집 안을 아름답게 꾸미려는 태도를 더 이상 갖지 않았다.

이 이야기처럼 그지없이 귀한 이를 위하여 사랑과 안정과 마음 편하게 지낼 수 있는 분위기를 만든다는 가정 본래의 목적을 잃는 일이 없도록 하라.

남편을 위해서 행복한 가정을 만들기 위한 다음 원칙을 잘 기억해 두도록 하자.
① 가정을 휴식의 보금자리로 만들어라.
② 가정에서 마음 편히 지낼 수 있게 만들어라.
③ 가정을 청결하고 정돈되게 만들어라.
④ 가정을 평화롭고 명랑하게 하여라.
⑤ 가정은 아내와 남편의 공동 소유라고 생각하게 하여라.

제 3 장
나는 시간을 낭비하지 않아요

미국에서 가장 바쁜 여성이 하루 24시간을 어떻게 보내는지 당신은 생각해 본 적이 있는가?

루스벨트 대통령 부인을 게으름뱅이라고 부를 사람은 아마 없을 것이다. 나이가 그의 절반밖에 안 되는 젊은 여성들조차 짜증스럽게 생각하는 —— 강연·집필, 국제 친선을 위한 일들로 그녀의 일정은 꽉 차 있다.

내가 뉴욕에서 루스벨트 부인을 인터뷰했을 때에도 그녀는 마침 민주당이 주최하는 집회에 참석하기 위해서 다른 도시로 떠나려던 참이었다.

나는 그렇게 많은 일을 해내는 비결이 무엇이냐고 물었다. 부인의 대답은 간단하고도 함축적이었다.

"전 결코 시간을 낭비하지 않아요."

그녀는 신문에의 기고는 회의와 회의의 틈을 이용해서 쓰며, 밤늦게까지 일해도 아침에는 일찍 일어난다고 했다.

우리에게는 누구든지 루스벨트 부인과 같이 하루 24시간이 주어져 있다. 그런데 우리의 경우는 과연 어떤가?

우리는 언제나 시간이 없어서 좋은 책도 못 읽고, 교양 강좌를 들을 수 없고, 모임에도 출석할 수 없고, 아이들과 시간을 가질 수도 없다고 말한다.

파울 포프네 박사는 《결혼 생활을 구축하는 길》이라는 저서에서 이렇게 말했다.

"주부들은 너무 바쁘다는 것이 일반적인 생각인데, 이것은 재고되어야 할 문제이다. 어떤 주부이든 한 주 동안 시간을 어떻게 보냈는가를 기록해 본다면 그 결과는 그녀들을 놀라게 할 것이다."

당신도 한번 시도해 보라. 깨어 있는 동안 무엇을 했는지 일주일 동안 기록해 보는 것이다. 정직히 기록했다면 다음과 같은 항목이 많다는 사실에 놀랄 것이다.

10~10시 45분, 이빌 부인과 전화로 잡담을 나누다.

1시~2시, 이웃 부인과 잡담.

3시~4시 30분, 점심 식사 후 하리 부인과 가게에 들러서 그냥 놀다 오다.

매일매일 일과 중 어디에 낭비가 있는지 이 기록표는 명확히 가르쳐 준다.

그 결과 비로소 당신은 낭비 요소를 제거한 시간표를 작성할 수가 있을 것이다.

뉴욕의 사회 문제 연구소에는 직업 여성과 직장에서의 인간 관계라는 강좌가 있다. 그것은 교육자이며 직업 여성으로서도 훌륭한 경력을 가진 아리스 R. 코크 여사가 담당하고 있다. 여성들에게 직장에 있어서의 올바른 지혜를 가르치는 이 강좌는 맨 처음에 학생들로 하여금 자기 시간을 분석해서 일주일 동안의 시간표를 작성시키는 일로부터 시작된다.

그에 관해서 코크 여사는 언젠가 내게 이렇게 말했다.

"그 시간표를 보고 학생들은 우선 놀랍니다. 무의미한 전화를 건다거나, 한 번이면 할 수 있는 일을 두 번에 걸쳐 하는 등 얼마나 많은 시간을 낭비해 왔었는지를 알게 되죠. 나도 나의 시간을 분석해서 표를 만들어 보았는데, 그 결과 지금처럼 탐정 소설을 너무 읽어선 안 되겠다고 생각했어요. 누구나가 다 그런 것은 아니지만, 나의 경우를 보면 계획한 일을 그 날 끝내지 못하고 그 시간에 탐정 소설을 읽었다는 것이 명백하게 나타났거든요."

그 밖에도 하루 중 낭비하는 시간은 얼마나 많은지 모를 일이다. 전화를 걸어 놓고 상대편에서 전화를 받을 때까지 마냥 기다리는 시간, 버스를 기다리는 시간, 지하철을 타고 있는 동안, 미용실에 앉아 있는 시간 등등.

그런 시간을 유용하게 쓸 수 있는 방법은 없을까?

실제로 그것을 실천해 온 사람도 있다. 미국 대법원 수석 판사였던 고(故) 하란 F. 스토운 씨가 대학원 학생들에게 이렇게 말한 적이 있다.

"세상의 중요한 일 가운데, 낭비되었을지도 모르는 단 15분을 이용함으로써 완성된 것이 참으로 많다."

《인포메이션 플리스》의 발행인으로 알려진 존 키런은 차 안에서 독서하는 사람으로서 유명하다. 지하철 안에서 키츠의 시집이나 새에 관한 논문을 읽는 그의 모습은 결코 진귀한 것이 아니다.

　루스벨트는 대통령이던 시절에 항상 책을 펼친 상태로 책상 위에 놓아 두곤 했다.

　그의 아들에 의하면 옷을 갈아입는 사이에도 시를 외울 수 있도록 침실에 시집을 놓아 두었다는 것이다.

　그런데 미합중국 대통령만큼이나 바쁠 리 없는 많은 사람들이 바빠서 책 읽을 시간이 없다고 말한다. 나는 대부분의 책을 어린애들을 재운 뒤 2시간 동안 쓸 수 있었다. 이 책을 쓰는 데 필요한 많은 참고서는 미용실에서 머리를 만지는 사이 읽었다. 당신은 낭비하는 시간을 활용해야 한다.

　외국어를 배우고 싶은가? 좋은 책을 읽고 싶은가? 음악을 듣고 싶은가? 아니면 각종 취미 생활은 어떤가?

　그러나 시간이 없어서 할 수 없다는 말은 통하지 않는다. 매우 바쁜 일정 중에서도 잠깐 틈을 내어 그 시간을 활용하는 활동적인 사람들을 교훈으로 삼아야 한다.

　《타스라면 싸진다》는 책을 대부분의 사람들은 읽었을 것이다. 이 책은 프랑크 길브레스의 집안에 관한 이야기로 베스트 셀러였다.

　지금은 이미 고인이 된 프랑크 길브레스는 기사이며 이른바 '동물 연구'의 대가였다. 그와 부인인 릴리안 길브레스는 사무소나 공장의 시간이나 노력의 절약법을 가사에도 응용해서 성과를 올렸다.

　길브레스 댁에는 열두 명의 아이가 있었는데, 그 아이들은 모두가 시간은 하늘에서 주신 선물이므로 효과적으로 보내야 한다는 사고방식으로 키웠다.

　그 집안에서는 시간의 낭비는 금물이었다. 이것은 애들이 아침마다 이를 닦거나 학교에 가기 위한 준비를 할 동안에도 커다란 글씨를 쓴 게시판 덕이었다.

펜실베이니아 주 필라델피아 시의 로카스트 가 1660번지에 사는 살바도르 S. 그저르는 노련한 기술 고문이었다. 그의 아내이며 협력자이기도 한 치너 그저르는 능률의 원리를 가사에도 응용해서 성공하였다.

그녀는 가사를 처리하고 세 아이를 돌보며, 남편의 비서·회계 담당자·인사계·연구 조수 등등의 역할도 맡고 있다. 다음은 그녀가 내게 보낸 편지의 한 구절이다.

아름다운 꽃을 보기 위해서는 우선 잡초를 뽑아 버려야 한다는 것이 우리의 신조입니다. 그것을 다른 말로 표현하면, 자기의 취미 생활에 되도록 많은 시간을 투자하고 싶다면 짧은 시간 내에 가장 필요한 일을 처리해야 하지요.

세 명이나 되는 한창 때의 애들과 제법 넓은 집과 마당을 가꿀 뿐만 아니라, 지방 단체의 일을 돕는 등 남편의 비서 역할을 하고 종교적·사회적인 의무를 다함으로써 하루의 시간을 유용하게 사용한답니다. 게다가 나는 남편이 무심코 지나쳤던 흥미 있는 논문을 찾아내는 일, 남편이 꼭 해야 할 일을 생각해 내며 남편을 위해서 판매 증진책을 고안해 주는 등 조금이라도 남편의 눈이 되고 귀가 되려고 애쓴답니다.

판매에 관한 광고 아이디어는 자잘한 집안 일을 할 때 문득 떠오르는 수가 있지요. 우리는 애들과 운동을 하며 집안 식구 모두가 즐기기로 되어 있답니다. 우리들의 시간 할당표는 융통성이 있으며, 결코 고정된 것이 아니에요. 따라서 어떤 때는 모든 계획을 중지하고 어떤 특정한 일을 할 때도 있답니다.
 이렇게 남편과 더불어 일을 하고 함께 향상하려고 노력한다는 것은 생활을 풍부하게 하고 변화가 많은 행복한 생활로 만들어 준답니다. 이러한 일은 모두 우리가 목표를 갖고 끝까지 그것을 향해 협력함으로써 가능한 일이랍니다.

 그저르 씨 가정은 마음가짐으로 성공할 수 있었다. 그들은 루스벨트 부인처럼 시간을 낭비하지 않았던 것이다.
 이미 여러분도 깨달았겠지만 일을 척척 해치워 버리는 사람은 아무리 바쁘더라도 게으름뱅이보다는 언제나 시간의 여유를 갖기 마련이다.
 그런 사람은 활동적인 남편과 세 아이를 돌보는 주부, 자기 자신의 일을 하고 나서 일요일에는 교회의 합창단에서 노래를 부르는 등 적극적으로 생활하는 여성들 사이에 더 많다.
 이와 같은 가정 주부는 가사를 원만히 처리하는 방법을 알고 있다. 또한 누구나 가지고 있는 귀중한 재산인 시간을 효과적으로 쓸 줄 알기에 다방면의 일을 할 수가 있다. 시간의 낭비는 돈의 낭비 이상으로 무서운 낭비이다. 돈은 다시 벌 수가 있지만 시간은 영원히 돌아오지 않는다.
 다음의 규칙은 여러분이 시간이라는 귀중품을 값지게 사용하는 데 적지 않은 도움이 될 것이다.

우선 매일 시간을 어떻게 보내고 있는지 정확히 분석하라

적어도 일주일 동안 계속하라. 그리고 당신의 시간이 어떻게 쓰여지고 있는가를 연구해 보라.

일주일마다 매일의 시간표를 작성하라

매일의 일에 합리적으로 할당된 시간표는 신경 과민이나 피로 또는 혼란을 제거해 준다. 이 방법은 회사 중역들에게 대단히 효과적인 도움이 되고 있으므로 누구에게나 도움이 될 것이다.

이 예정표는 변경할 수도 있겠지만 일단 작성해 두면 여러분의 생활에 크게 도움이 될 것이다.

수고를 더는 방법을 연구하라

예를 들면 식료품은 매일 조금씩 사는 것보다 한꺼번에 많이 사는 것이 시간을 절약할 수가 있다.

일주일 동안의 식단을 미리 만들어 두는 것도 효과적인 방법이다. 날마다 그 날 하루의 식사 메뉴를 궁리해야 하는 것에 비해 이 방법은 가족의 영양에 대해서도 충분히 고려할 수 있어서 매우 효과적이다.

하루에 낭비되는 시간을 유익한 일에 쓰도록 하라

낭비되는 시간을 그 동안 시간이 없어 못 했던 일을 실행하는 데 사용하도록 한다. 한번 그렇게 해 보면 그것이 얼마나 유익한 일인가 알게 될 것이다.

동시에 두 가지 일을 하라

앞에서 예로 든 그저르 부인은 갓난애의 우유병을 데우면서 남편의 판매 증진책을 생각했다. 즉, 동시에 두 가지 일을 했다.

글을 쓴다든가 계획하는 일은 밥이 뜸드는 동안, 또는 고기가 구어지는 동안에도 할 수 있다.

어린애를 공원에서 놀게 하면서 뜨개질을 함으로써 한꺼번에 두 가지 일을 할 수도 있다.

힘을 쓰는 대신 문명의 이기를 이용하라

매일매일의 신문 광고·통신 판매·팜플렛 들이 시간을 절약하는 데는 적격이다.

전화나 우편으로 간단히 주문할 수 있는 물품을 자신이 직접 사느라고 시간을 소비한다면 이것은 실로 무서운 낭비이다.

물건을 효과적으로 사는 방법을 배워라

물건의 가치를 판단하는 것, 특별 판매품을 이용하는 것, 한꺼번에 모아서 사는 것 등 이렇게 물건을 사는 솜씨가 좋다는 것은 특별한 기술이다.

그렇게 되기까지엔 연구와 노력이 필요하다. 쇼핑을 잘 하기 위한 노력은 당신의 돈뿐만이 아니라 시간도 절약시켜 준다는 점에서 그 노력을 보상받고도 남는다.

필요 없이 자주 일을 중지하지 마라

열심히 일하는 동안에는 전화나 초인종이 울려도 모른 체해야 한다. 당신이 그렇게 한다면 당신의 친구들도 일정한 시간에만 당신을 방문할 것이다. 그리하여 당신의 능률적인 생활에 도리어 경의를 표하게 될 것이다.

아널드 버넷은 《하루 24시간의 생활법》이라는 저서에서 이렇게 말했다.

시간이 정해져 있다는 것은 참으로 기적이다. 그대들이 매일 아침 눈을 뜨면 그대들의 지갑 속은 마치 마술이라도 부린 것처럼 24시간으로 가득 차 있다. 이 24시간은 그대들의 것이다. 그리고 그대들 재산 중에서도 가장 귀중한 재산인 것이다. 우리들 가운데서 그 누가 하루를 24시간으로 생활하는 것일까? 여기서 내가 생활한다는 것은 그저 생존한다는 의미가 아니요, 그럭저럭 지낸다는 의미도 아니다. 일생을 통해서 좀더 내게 시간이 있었다면 보다 잘 되었을 텐데, 하고 변명하지 않는 사람은 극히 드물다. 우리는 24시간을 가지고 있고 지금까지도 그렇게 지내온 것이다.

제 4 장
수고를 덜어 주어라

여성미와 예법에 관하여 전문가로 꼽히며《당신이 원하는 여성》《멋있게 생활하는 법》등의 저자이기도 한 마가렛 윌슨이 있다.
 그녀는 많은 일을 할 뿐만 아니라, 살림도 잘 꾸려 나가고 있다. 게다가 사람을 만날 때에는 아름답게 보이려 노력하며 애교도 있고 친절하다.
 마가렛은 최근에 일요일 저녁 식사에 우리 부부를 초대하였다. 손님은 여덟 명이었는데, 그 중에는 유명한 정치가도 몇몇 있었다. 매우 훌륭한 파티였다.
 마가렛은 요란스럽지 않으면서도 맛좋은 저녁 식사를 대접해 주었다. 메뉴는 병아리 튀김, 배와 콩 등을 듬뿍 담은 샐러드, 갓 만든 로울빵, 버섯과 팥으로 만든 스튜 요리, 손수 만든 캔디, 과일을 얹은 맛있는 아이스크림.
 가정부도 없는데 어떻게 혼자 이런 훌륭한 식사를 마련했느냐고 그녀에게 물어 보았다.

"아무것도 아니에요, 우선 손님이 오시기 전에 병아리를 튀겨 놓고 손님들이 칵테일을 마시는 동안 살짝 데워 두었지요. 야채 샐러드는 통조림 귤로 만들어 스튜의 냄비에 넣었지요. 거기다 치즈를 걸러 넣고 스튜를 내기 전에 불에 볶아서 섞어 넣었답니다. 디저트는 미리 만들어 둔 냉동 과일이에요. 그것을 아이스크림 위에 얹어 놓은 것이죠. 그저 그뿐인걸요."

하지만 손님에게 식사를 대접하기 위해서 요리에 몇 시간이나 소비하고, 멋있는 그릇을 쓰고, 미리 예정된 계획에 따라서 극진한 서비스를 해야 한다고 생각하는 주부들이 퍽 많다. 그래서 손님이 도착할 무렵이면 주부는 이미 녹초가 되고 만다.

1949년 유럽에서 내가 경험한 일이다.

우리 부부는 그 곳에서 대학 교수의 집에 초대를 받았다. 그 집에 도착한 우리들은 우선 부인이 보이지 않아 매우 놀랐다. 남편되는 이의 설명을 들으니 부인은 식사 준비를 하는 하녀들을 감독하고 있다는 이야기였다.

한참만에야 부인이 나왔지만 잠깐 앉아서 인사를 차리고는 부엌일에만 마음이 쓰여지는지 곧 들어가 버리고 말았다.

식사는 훌륭하여 손색이 없었지만 식사에 그렇게 신경을 써서 헐레벌떡하는 모습을 처음 목격하였다.

그 부인은 한 가지 요리가 끝날 때마다 다음 요리를 감독하느라고 부엌으로 들어가곤 했다. 맛이야 대단히 좋았지만 어쩐지 편안히 앉아서 음식 맛을 즐길 수 없는 분위기였다. 식사가 끝났을 때에는 저절로 한숨이 나올 지경이었다.

차라리 거리의 식당으로 가서 그 부인도 한자리에 끼어 유쾌하게 먹었더라면 훨씬 좋았을 것이다.
　그 부인은 마가렛처럼 '손쉽게 한다'는 것은 생각해 본 일도 없을 것이다. 사실 그것을 알고 있었다면 아마 그렇게 하지는 않았을 것이다.
　사실 여러 발명과 고안이 미국 가정 주부들의 수고를 덜어준 것은 사실이다. 냉동 식량·통조림, 가지각색의 가정용 기구 등.
　그러나 이처럼 수고를 덜어주는 문명의 이기(利器)를 아내들은 사용하지 않는가. 물론 맛이 다르다고 말하는 사람도 있지만, 통조림과 어머니들이 직접 만든 음식 중 어느 쪽이 맛이 좋은가를 따지려고는 하지 않겠다.
　하지만 어떤 남편이든 하루 종일 피곤해하는 아내보다도 저녁이 되어도 싱싱한 눈으로 생기 있는 모습을 보여 주는 아내를 좋아하지 않을까?
　여러 조사 결과는 비능률이야말로 가정 주부의 최대의 결함이라는 사실이 밝혀졌다.
　길브레스가 시작한 동작 절약의 연구는 가사에 있어서도 많은 도움을 주었다.
　우선 당신이 날마다 하는 일의 방식을 검토한 뒤 보다 더 능률적인 방법이 없는지 생각해 보라.
　'급한 길은 돌아서 가라'는 격언도 있지만 지름길이 더 좋은 길일 수도 있다.
　아침 식사를 준비하는 경우를 예로 들어 보자.
　맨 먼저 냉장고에서 계란을 꺼내고, 다음에 버터와 크림을 꺼내는 대신 당신이 필요로 하는 재료를 한꺼번에 꺼내는 편이 수고를 훨씬 절약해 준다.

집 안 곳곳에 청소 도구를 마련해 두면 시간을 절약하는 데 많은 도움이 된다. 걸레가 타일의 표면을 날마다 씻어내기 편리하게 되어 있으면 목욕탕을 깨끗이 하는 것이 한층 손쉬울 것이다.

평소에는 더러운 대로 내버려 두었다가 주일마다 한 번씩 대청소를 하는 것보다 그렇게 하는 것이 얼마나 손쉬운지 모를 일이다. 언제 어디서든지 손쉽게 청소하는 방법을 택하라. 그렇게 하면 1주일 후에 있을 대청소를 생각하고, 마음이 무겁거나 기가 죽어 있을 필요는 없다.

이층집일 경우에는 위층이나 아래층에 모든 청소 도구를 한 벌씩 두루 갖추어 두는 것이 좋다.

우리 아이가 어렸을 때 나는 특별히 아기용 목욕탕을 설비할 여유가 없었으므로 욕실의 세면대에서 목욕을 시켰다.

목욕을 시키는 동안 나는 키가 커서 오래 허리를 굽혀야만 했다. 그러다보니 허리가 아파서 그 후로는 부엌의 싱크대 위에서 목욕을 시키기로 했다. 그 방법은 매우 좋았다. 편히 서 있을 수가 있었고, 아기는 싱크대 위에서 옷을 벗길 수가 있었다.

바쁜 주부라면 저녁 밥상을 치우는 김에 미리 다음 날 아침 식사를 준비해 두는 것도 좋을 것이다. 그러면 다음 날 아침에 수고를 훨씬 덜 수 있다. 그렇게 함으로써 초조한 기분으로 허겁지겁 아침밥을 먹는 대신 침착한 기분으로 아침밥을 들 수 있다.

대부분의 여성은 시장을 보는 데 많은 시간이 걸리게 마련인데,

다음 사항은 쇼핑의 수고를 덜 수 있는 방법이다.

다음과 같은 물품은 큰 것을 사면 편리하다

휴지·냅킨·종이·타월·비누·핸드 로션·치약·청정제 등, 이런 것들은 전화나 우편으로 주문할 수도 있다. 또한 대량으로 주문하면 값싸게 살 수 있으므로 시간과 돈도 절약된다.

쇼핑을 할 때엔 미리 계획을 세워라

혹시 오버코트가 필요한 경우에는 양복점으로 가기 전에 먼저 당신이 원하는 색깔이나 옷감·스타일·값을 미리 생각해 두라.

시간을 절약할 수 있을 뿐만 아니라, 망설이며 고르는 사이에 뻔히 알면서도 손해 보는 물건을 사게 될 염려도 없어질 것이다.

소비자를 위해서 물품 조사를 해 주는 기관이 있는데, 그 기관에 가입해 두면 편리하다

내가 가입한 기관은 1년에 6달러 정도 경비가 드는데, 1년을 통틀어 보면 퍽 많은 시간을 절약해 주고 있다.

그런 기관은 당신에게 달마다 안내서를 보내 주고 해마다 한 번씩은 카탈로그를 보내 준다.

자동차에서 치약에 이르기까지 판매하는 모든 상품에 대해서 가르쳐 주고, 또 상품의 가치에 대해서도 과학적 검사 결과를 알려 준다. 가장 값비싼 상품이 가장 좋다고만은 할 수 없다.

지난 해의 일이다. 검사 결과 49센트짜리 핸드 로션이 시중 판매품 가운데서 가장 질이 좋다고 판명되었는데, 내가 써 온 1달러짜리

고급품은 그에 비해서 훨씬 질이 떨어진다는 사실을 알게 되어 몹시 언짢았던 일이 있다.

메모를 하라

실무에 종사한 경험이 있는 나는 언제나 메모를 했다. 초인적인 기억력을 가지고 있지 않는 한 메모를 해 두는 것이 얼마나 시간적으로 절약이 되는지 모른다. 파티의 계획이나 쇼핑 예정, 식료품 주문이나 연두의 계획 등 무엇이든지 종이에 적어 두는 습관이 필요하다. 그래서 우리 집은 어느 곳이나 메모 용지와 필기 도구가 있다.

당신은 지금까지의 가사를 어떠한 방식으로 해 왔는지 주의 깊게 검토하면 능률을 올리는 방법이 곧 발견되리라. 그런 후 이제까지 낭비해 온 시간을 발견하면서 그것을 자신의 수양이나 남편을 돕기 위해서 이용하면 그리 어렵지 않게 이룰 수 있을 것이다.

다음의 항목은 당신이 하기 싫은 일을 흥미 있게 하도록 도움을 줄 것이다.

일하는 방식을 분석하라

하고자 하는 일에 소요되는 시간을 스스로 기록하고 시간과 노력의 낭비 요소를 조사한다. 특히 당신이 싫어하는 일을 체크해 두라. 그 일이 즐겁지 않다고 생각되는 이유는 아마 일하는 방식 때문일 것이다.

일하는 방식에 개선의 여지가 없는지 연구하라

우선 친구에게 개선 방법을 물어보라. 남편에게 묻는 것도 좋은 방법이다. 남편은 아마도 그 방면에 대해서는 명수일 것이다. 신문이나 잡지사의 가정 문제 상담실에 의논해 보는 것도 좋다.

지식이 부족하거든 그 지식을 배워라
 알렉산더 그래함 빌은 언젠가 친구인 죠셉 헨리에게,
 "여보게, 나는 전기에 대한 지식이 부족해서 일하는 데 여간 불편하지가 않다네."
라고 불만을 토로한 적이 있었다.
 이 때 헨리는 조금도 동정하는 빛 없이 퉁명스럽게 한마디했다.
 "그럼 배우면 되지 않나. 이 친구야!"
 당신도 이와 마찬가지로,
 "글쎄, 그게 잘 안 되지 뭐예요."
라고 핑계를 대지 말라. 실행할 가치가 있는 일인 경우에는 그것이 거짓말이라고밖에 생각할 수 없다.
 평범한 여성의 경우 누구나 가사의 기본을 터득하지 못하란 법은 없다. 다만 한 가지 주의해 둘 것은 당신이 진심으로 좋아하는 일은 중지하지 말라는 것이다.
 꽃을 보기 위해서는 잡초를 뽑아 버려야 한다. 그러나 너무 열중하다가 꽃마저 뽑아 버려서는 안 된다. 별로 흥미를 못 느끼는 일은 굳이 수고하지 않아도 되지만, 그것은 당신이 가장 좋아하는 일을 그만큼 더 많이 할 수 있기 위해서라는 점을 잊어서는 안 된다.
 바느질을 하거나, 맛좋은 요리를 하거나, 가구를 윤이 나게 닦는 것을 좋아하는 사람도 있겠지만, 어떤 일을 좋아하든 아무 상관 없으니 그 일을 즐겨 하도록 하라.

마음에 드는 일에 열중하는 기쁨을 버릴 필요는 없다. 능률 증진법을 가사에 응용하는 목적은 그렇게 해서 얻어진 시간과 노력의 여유를 당신이 좋아하는 유익한 활동으로 쓰는 데 있다.

가정을 즐겁게 하는 방법
① 가정 주부임을 자랑스럽게 여겨라.
② 언제나 마음을 푹 쉴 수 있게 즐겁고 깨끗한 가정을 만들어라. 그리고 가정은 당신과 남편의 공동 소유라는 점을 잊지 말아라.
③ 시간을 효과적으로 쓰라.
④ 집안 일이 밀리지 않도록 해서 수고를 덜어라.

제8부
남편을 돋보이게 하는 방법

생은 불멸이다.
그것은 시간과
공간밖에 없다.
그리고 그렇기 때문에
죽음은 이 세계에 있어서의
그 형식을 바꾸는 데
지나지 않는다

제8장

제 1 장
남편에 대한 평을 좋게 하는 세 가지 방법

    T. P. 버넘은 자신을 거짓말쟁이라고 자칭하며 세상을 풍자하여 출세했다.
    언젠가 그는 머리와 꼬리가 반대로 붙어 있는 말을 보여 주겠다며 한 사람당 25센트의 입장료를 받고 수많은 사람들을 모은 적이 있다. 그런 해괴한 말은 어떻게 생겼을까? 그러나 사실은 아무것도 아니었다. 꼬리에 여물을 매단 말이 뒷걸음질로 마구간에 들어서는 모습을 보여 주었을 뿐이었다.
    또 언젠가는 벚꽃색 고양이를 보여 주겠다고 시골 사람들에게 말했다. 그러나 검은 고양이에 불과했다. 그러나 버넘은 벚꽃색 가운데에는 그런 빛깔도 있을 수 있다는 것이었다.
    이미 고인이 된 플로렌스 지그필드도 탁월한 수완가였다. 그는 동물의 변종이 아니라 미녀로써 흥행했다. 웬만한 처녀라면 그의 독특한 화장술이나 의상으로 눈부실 만큼 어여쁜 여자로 바꾸어 놓을 수가 있었던 것이다.

흥행의 첫날 저녁은 그가 거느린 단원들에게 골고루 —— 합창단의 소년들에게까지 화환을 보내곤 했다. 이 행동의 목적은 무엇보다 그녀들로 하여금 미인이라고 스스로 믿어 버리게 한다는 데 있었다. 그러므로 공연은 성공을 거두게 되는 것이다.

이것으로써 흔해 빠진 고양이나 말을 구경거리로 돈을 벌거나 얼굴이 조금 예쁘장한 아가씨를 비너스로 꾸밀 수가 있다.

그렇다면 좀 영리한 아내라면 남편에 대한 남들의 평을 좋게 하기 위해서 흥행사들이 쓰는 수법을 응용할 수도 있지 않을까? 회사의 일에 관해서 남편에게 도움을 줄 기회는 좀처럼 없지만, 남편이 사회적으로 인정받을 수 있게 힘을 쓸 수 있을 것이다.

대부분의 사람들은 전혀 안면이 없는 사람보다는 잘 아는 친구와 함께 일하기를 좋아하므로, 사교가 일에 있어서도 매우 중요한 역할을 할 수도 있다. 단추나 구두끈을 팔러 다니는 사람이건, 보험 외판원이건, 혹은 비행기의 조종사나 소매상이건 간에, 인간적인 매력을 지닌 사람이 일에 있어서도 유리한 지위를 차지한다는 것은 모두 사실이다.

아내들은 친구를 사귀어서 남편에 대해 평을 좋게 함으로써 남편을 도울 수가 있다.

그 방법은 세 가지가 있다.

남편을 사교적 성격으로 만들어라

몇 해 전의 일이다.

어느 날 밤 나는 카우보이 연기를 보여 주는 쇼에 출연하던 카우

보이 가수 진 오트리의 공연장을 방문한 적이 있었다.

　우리는 쇼의 막간을 이용해서 진과 그의 아름다운 부인과 같이 식사를 하러 나가려고 했지만 사인을 해 달라고 모여든 젊은이들 때문에 갈 수가 없었다.

　그들은 모두 진을 찾고 있었다. 시간이 얼마 남지 않았음에도 불구하고 진은 그 젊은이들에게 상냥한 인사의 말을 건네며 사인을 하기 시작했다.

　나는 그 부인이 훼방꾼들을 못마땅히 여기며 퍽 조바심이 나 있으리라 생각하며 힐끗 그녀를 돌아보았다. 이 때 그녀는 나의 시선을 느끼고는 미소를 지으며 내게 속삭였다.

　"진은 누구에게나 '노' 소리를 못 한답니다. 좀 이상한 분이지요."

　그 부인이 무심코 한 이 말은 잡지나 신문에 실려 있는 굵직한 기사보다도 훨씬 더 진의 성격을 잘 표현했다. 타고난 친절한 성품과 부드러운 사람됨을 표현한 짤막한 말이었다.

　내가 아는 어느 부인을 예로 들어 보자. 그녀의 남편은 매우 남다른 면을 가지고 있는 사람이지만, 아내의 애교로 그럭저럭 추태를 보이지 않으며 살아가고 있었다.

　남편의 성격은 대단히 오만하고, 잘 따지고, 게다가 완고한 사람이었다.

　그러나 아내의 입을 통해서 그의 불행했던 소년 시절을 듣고 나의 혐오감은 동정으로 바뀌어졌다. 그는 어려서 고아가 되어, 여러 친척 집에 맡겨져서 자란 가여운 신세였다. 누구에게도 환영받지 못했고 아무도 귀여워해 주지 않는 가운데서 자랐다. 어딜 가거나 업신여김을 당했고 억눌려 지내야만 했던 것이다.

이 이야기를 듣고는 나도 그의 태도를 이해하게 되었다.

그의 아내는 남편이 다른 사람들의 사랑을 받을 수 있게까지는 못했지만 적어도 동정의 눈초리로 바라보게 하는 데엔 성공한 것이다.

사람이란 성공하면 할수록 인간미가 풍부하고 남에게 호감을 주는 사람으로 보이게 해 줄 수 있는 아내가 필요해진다.

"자기 부인이 저 사람을 그렇게 두둔하는 것을 보면 저 사람도 원래는 나쁜 놈이 아닐 거야."

이러한 평가가 미숙한 중역을 위기에서 구해낸 예는 우리 주변에는 얼마든지 있다.

아내는 남편의 재능을 두드러지게 할 수 있다

밍크 코트 같은 옷차림으로 자신을 남의 눈에 띄게 하는 것이 남편을 돋보이게 하는 방법이라고 생각하는 아내들이 있다. 그러나 영리한 사람이라면 결코 그렇게 행동하지는 않을 것이다.

언젠가 젊은 부인이 나를 찾아왔다. 남편의 친구에게 호감을 갖게 하기 위해서 재치 있게 말하는 법을 배우고 싶다고 찾아온 것이었다. 나는 한참 동안 그녀를 설득한 끝에 겨우 돌려 보냈다.

아내 스스로 그런 이야기를 지껄이기보다도 남편에게 이야기를 하는 편이 목적을 달성하기 위해서는 훨씬 이로울 것이다.

아무 재주도 없어 보이는 아내가 애를 써가며 우스갯소리를 하려고 노력하는 광경 —— 아내만이 주위 사람들의 눈을 끌려고 억지를 부리는 아내, 그러나 남편은 구석에서 관심 없는 듯이 멍청히 앉아 있는 광경처럼 기막히고 어이없는 일은 없을 것이다.

자연스럽게 남편을 돋보이게 하는 가장 간단한 방법은 없을까?

만약 남편이 남들을 즐겁게 할 수 있는 재주를 가지고 있을 경우에는 그것을 중심으로 남을 대접하는 기회를 갖도록 계획해 보는 것도 좋다. 직장에서는 평소의 그와 같은 소양이나 솜씨를 보일 기회가 좀처럼 없지만, 파티는 그러한 것을 피력할 좋은 기회임을 몇 가지 실례를 통해 알아보자.

예능인의 전기 작가로 유명한 카메론 시프는 매우 기지(機智)가 풍부한 사람이었다. 아내인 캐롤인이 손님을 대접할 때엔 대체로 안마당에서 식사를 같이하곤 했는데, 그럴 때에 카메론은 즉흥적인 농담을 하곤 했다.

뉴욕의 브루클린에 사는 조셉 프리즈 박사는 소아과 의사로 성공한 사람이며, 동시에 아마추어 기술사(技術師)로서도 유명하다. 그 집에 초대를 받은 손님들은 으레 즉흥 기술의 관람으로 대접을 받곤 했다. 조셉이 주역이며 부인인 마릴린이 조수, 때로는 두 사람 사이에서 어린이가 그들을 돕기도 했다.

이들의 경우 행운은 어디에 있었을까?

남들의 주목을 남편에게 집중시키고 자신은 무대 뒤에 틀어박혀 지내면서도 만족해하는 아내를 가졌다는 점이 바로 그것이다.

이런 아내는, 자신은 뒤로 물러앉아서 남편만을 내세우는 여성이다. 아내가 남편 아래에 서는 것을 감수하는, 이와 같은 태도는 자기의 좋은 점만을 보이려고 애쓰는 경우보다도 훨씬 가정을 원만하게 하는 데 보탬이 될 것이다.

아내는 남편의 장점을 유도할 수 있다.

자기 사업에 자신감을 가진 사람은 자칫 세상 일에 무관심하기 쉽다. 그런 사람들은 세상살이에 관한 이런저런 이야기를 알지도 못할 뿐더러 그런 이야기를 끄집어내어 말할 때 무엇을 어떻게 말해야 하는지조차 모른다.

이러한 남편에게는 세상살이에 길든 아내가 여간 고마운 것이 아니다. 그와 같은 아내는 조금도 남편의 부담이 되지 않도록 자연스럽게 남편을 대화에 참가시킬 줄 안다.

"지금 말씀 듣자니 지난 주일에 우리 짐과 손님 사이에 있었던 일이 생각나네요. 여보, 손님은 당신에게 뭐라고 하셨지요?"

이와 같은 말에 유도되어 짐은 쉽사리 대화에 참여할 수가 있다.

자신이 관심을 가지고 있는 이야기를 할 때면 그 아무리 내성적인 사람일지라도 자연히 신바람이 난다.

어느 주부의 경험담이 있다. 이것은 내성적이던 남편의 성품을 바꿀 수 있었던 실제 이야기이다.

"우리 월터는 언제나 마음씨가 곱고 남에게 호감을 주는 사람이었지만, 그 사실을 알고 있는 사람은 매우 친한 친구 몇 사람뿐이었답니다. 왜냐 하면 그이는 너무나 내성적이고 소심해서 모르는 사람 앞에서는 도저히 자기의 속마음을 털어놓지 못하기 때문이었어요.

그러나 어디를 가도 대체로 한두 명은 사진에 취미를 가진 사람이 있기 마련입니다. 월터도 사진에는 대단한 취미를 가졌으므로 전 그 사람을 소개해 줄 생각이었지요.

그 결과 서로 공통된 취미에 관해서 이야기를 하는 바람에 월터도 어느덧 무아지경에서 자연히 성격의 좋은 면을 나타내게 되었답니다. 뿐만 아니라 점점 사진 이외의 문제에 관해서도 얘기하게 되었지요.

 저도 그이가 이야기의 실마리를 잡을 수 있게 앞으로 만날 미지의 사람에 관해서 약간의 예비 지식을 주곤 했었지요. '여보 스미스 씨 부처는 폴란드에서 갓 이사 온 분들이에요. 직업은 재목상이래요'라고. 저의 노력 덕분에 '월터의 사회관'은 완전히 변했답니다.

 이제는 파티에 나가서 모르는 사람들을 만나는 것도 즐거운 일이 되었지요. 그이의 친구들은 이와 같은 변화를 기적이라고 합니다.

 저는 또 저대로 남들이 '댁의 바깥 양반은 참 좋으신 분이야'라고 추어주는 말을 건네 올 때, 그것이 자랑스럽고 행복스럽게 여겨져서 어쩔 줄 모른답니다."

 내가 아는 보험 회사의 외판원과 월터를 비교해 보자.

 그 외판원은 총(銃)의 역사에 관한 연구가 취미였기 때문에 그 문제에 관해서는 지식이 풍부했다.

 그러나 그의 아내는 언제나 그들 사이의 대화를 밤낮 평범한 이야기 이상으로 끌고 가려고 하지 않았으므로 그가 이와 같은 방면에 특수한 지식을 가지고 있다는 사실을 아는 사람은 거의 없다.

 그 아내가 남편에 대한 세평을 좋게 하는 다음의 세 가지 방법을 알고 있었던들 그는 얼마나 행복해질 수 있었을지 모른다.
 ① 사교적이게 하여라.
 ② 남편의 재능을 남에게 알려라.
 ③ 남편의 장점을 이끌어 내도록 하여라.

제 2 장
남편의 장점을 추어올려 주어라

　남편에 대해서 남들이 가지고 있는 인상은 아내인 당신이 남편을 대하는 태도에서 비롯되는 경우가 있다.
　그리 오래 된 이야기는 아니지만 나는 전기 냉각 장치에 관해서 좀 알아보려고 어느 조그만 상점에 전화를 걸었다. 그 상점 주인의 부인이 전화를 받았는데, 그녀는 내가 알고 싶어하는 일을 가르쳐 준 다음 덧붙여서 이렇게 말하였다.
　"물론 우리 주인은 냉각 설비에 관해서는 전문가예요. 저는 그저 짐작을 대강 말씀드릴 뿐이지만, 우리 주인은 자세히 알고 있으니까요."
　문제의 그 상점 주인이 우리 집에 왔을 때, 내 마음은 좀전에 들은 그 아내의 말로 인해 이미 그를 신용하고 있었다. 그는 다만 앞의 이야기를 이어서 상담의 매듭만 지으면 되었다.
　상냥한 아내는 어떠한 선전 담당자보다도 우수하다는 사실을 이 이야기는 잘 설명하고 있다.

"우리가 존스 씨는 훌륭한 사람이라든가, 스미스 박사가 훌륭한 의사라고 생각하는 이유는 그분들의 아내가 우리에게 그렇게 말한 덕이 큽니다."

도로시 딕스의 말이다.

사람이란, 남들이 당신의 성격은 이러이러하다고 말하면 실제로 그렇게 행동하려는 경향이 있다.

시험삼아 어린아이를 데려다 "너는 참 미련하구나" 하고 말해 보라. 그애는 지금까지보다 한층 더 변변치 못한 아이가 되어 버릴 것이다. "넌 참 기특하구나" 하고 칭찬해 주면 그 애는 더욱더 침착하고 얌전해진다.

어른들도 마찬가지여서 마치 성공한 사람처럼 대하면 어느 사이에 그는 만사에 성공할 수 있는 능력을 보인다.

전문가의 아내는 남편의 재능에 관해서 그때 그때마다 적절한 인상을 만들어 주는 솜씨가 매우 능숙하다.

"우리 남편 빌은 지금 그 유명한 존스 상점의 소송 사건에 한창 골몰하고 있지 뭐예요."

이러한 간단한 말들은 남편에 대한 인상을 만들어 낸다. 즉, 그들의 남편에게는 휴식할 틈도 없을 만큼 수많은 환자나 소송 의뢰인이 밀려들고 있다는 인상을 준다.

겸손한 사람은 스스로 자신을 추어올리기를 좋아하지 않지만 그것이 아내인 경우에는 다르다. 지나치게 상스럽지 않는 한 남편에 대한 광고는 해도 무방하다.

언젠가 나는 어느 파티 석상에서 평소에 내가 좋아하던 배우 안소니 켄슬 쿠퍼 부부를 만난 일이 있다. 나는 그 이전에도 연극이나 영화 또는 텔레비전으로 몇 번이나 그들 부부를 보긴 했지만 그의 부인은 내 기분을 알아보고 여러 가지 젊은 날의 에피소드를 들려주었다.

런던의 올드 빅토리아 홀에 있었던 시절의 경험담, 또는 여러 명 배우들과 함께 셰익스피어극의 출연 배우로서의 수업 이야기 등등 다른 곳에서는 들을 수 없는 얘기들이었다.

나는 켄슬 쿠퍼 부인 덕분에 내가 평소에 존경하는 사람에 관해 진지한 이야기를 들을 수 있었다는 점에서 몹시 기뻤다. 그의 예술을 찬탄하며 나는 집으로 돌아왔다.

발레리나인 모세린 라이킨은 발레루스의 스타이며 알리시아 말코바, 또는 알렉산드라 다니로바와 같은 위대한 예술가의 상대역을 맡았던 로망 야신스키와 결혼했다.

한 해 전, 이 부부는 발레단을 조직해 각지를 순회하며 공연한 적이 있었다.

나는 어려서부터 잘 아는 모세린에게 공연 여행이 무척 힘들지 않느냐고 물어 보았다.

"천만예요. 아주 멋있었어요."

그녀는 다시 말을 이었다.

"아시다시피 야아샤(남편의 애칭)는 언제나 회사를 경영하고 싶어 했답니다. 그러니까 이번 일로 그이의 꿈이 실현된 것이지요. 그이는 몸소 춤을 출 뿐 아니라 경영과 관리에 대해서도 훌륭히 해냈지요. 그리고 여전히 일인 이역을 계속해 가고 있어요."

명배우쯤 되면 경영의 재능을 갖추지 못했거나 갖추더라도 매니저에게 일임하는 경우를 흔히 본다. 그러므로 아내에게 경영 수완에 대해서 칭찬을 받는다는 것은 야신스키 씨의 명예에 더욱더 빛을 발하게 하는 결과가 된다.

자기의 배우자가 얼마나 위대한 사람인지 교묘하게 세상에 알리는 아내가 얼마나 중요한지는 사업의 경영자가 되면 더 한층 잘 알게 된다.

시카고 청년 상업 회의소의 모임이 있었을 때, 시카고 변호사회의 회장 케슈만 비셀 씨는 참석한 장래의 중역들에게 이렇게 충고한 적이 있다. 그것은 남편의 출세를 돕기 위한 아내의 활동을 가볍게 보아선 안 된다고 강조한 것이었다.

"부인을 꼭 붙들고 계십시오. 지나친 염려만 없으시다면 부인은 여러분을 알리는 더없이 좋은 세일즈맨입니다. 여러분은 도저히 흉내낼 수도 없을 만큼 부인은 솜씨 좋게 여러분을 칭찬해 드릴 줄 압니다."

정녕 아내로서는 가능한 일이다. 더구나 아내는 남편의 장점에 남들의 눈길을 돌리게 할 수 있을 뿐만 아니라 그 결점을 보충할 수도 있다.

인간인 이상 누구에게나 결점은 있다.

베토벤은 청각 장애자였고, 바이런은 지체 장애자였으며, 나폴레옹은 사람들 앞에 나서서 이야기하는 것을 두려워했다. '아킬레스의 발뒤꿈치'라고 일컬어지는 불사신이던 아킬레스조차도 약점을 지니고 있었다.

그러면 여기에서 남의 이름이나 얼굴을 외운다는 것에 대해 생각해 보자.

세상을 살아가는 사람이라면 그것이 얼마나 중요한가 알고 있다. 그러나 동시에 대부분의 사람들은 그것이 대단히 어렵다고 말한다.

아내는 남편의 기억력이 나쁘다고 남들 앞에서 핑계댈 것이 아니라, 남의 이름을 외우는 습관을 들여 남편이 어떤 이의 이름을 생각해 내지 못하고 당황해할 때 곁에서 도와주면 얼마나 좋을 것인가.

나의 남편도 좀처럼 남의 이름을 외울 줄 몰랐다. 그래서 우리는 의논 끝에 좋은 아이디어를 얻었다.

파티나 많은 사람들을 만나야 할 경우 미리 그 가운데 서너 사람의 이름을 기억해 내어 남편에게 먼저 외워 두게 했다. 그 다음에는 남편의 귀에 익도록 대화 도중 몇 번이고 그 사람의 이름을 되풀이해서 말하였다.

예를 들면, "여보, 당신 로빈슨 부인을 기억하시겠죠. 그분이 저에게 레이크 루이스 부인 이야기를 해 주었답니다. 요즈음 로빈슨 부인 댁에 가 본 일이 있으세요?" 지극히 단순한 것이지만 이것이 남의 이름을 기억해 내려는 수고와 그럴 때마다 어리둥절해서 어찌할 바를 모르는 곤경에서 남편을 구해 주었다.

그러나 이렇게 되기 위해서는 물론 아내 자신이 남의 이름을 듣고 기억하도록 노력해야 되겠지만, 남편보다도 훨씬 시간의 여유가 있으므로 가능한 일이다. 노력만 하면 어떠한 아내든지 남편을 위해서 귀중한 역할을 할 수 있다.

생각만 있다면 아내는 훈련이나 교육을 받아야만 얻을 수 있는 교양도 남편에게 줄 수 있다.

위대한 인물이 된 사람들은 젊은 날에 교양 있는 아내의 협조로 성공에의 길을 개척한 예는 얼마든지 있다.

현대의 대다수 사람들은, 전문적인 일에 관해서 배우느라고 시간을 빼앗기므로 그 밖의 일에 대해서는 신경을 쓸 기회도 틈도 없는 것이 보통이다.

그런 사람이 문학이나 음악 같은 종류의 화제를 자유로이 지껄이는 친구들 사이에 끼여들어도 전혀 손색이 없는 아내를 가졌다면 그는 얼마나 복 많은 사람인가.

겸손은 결코 지나친 법이 없다. 사람은 겸손할수록 좋다.

그러나 남편이 언제나 자신을 천하게 낮춰 보이기만 한다면 문제는 달라진다. 남들은 그것을 곧이듣고 마침내는 그가 정말로 너절한 사람처럼 생각해 버릴 위험성이 있다.

이와 같은 경우에는 도대체 어떻게 하면 좋을까?

다음의 충고를 잘 실행한다면 이러한 위험은 피할 수가 있다.

남편이 타인에게 주는 인상은 남편의 참된 가치를 정확하게 나타내는 저울은 아니지만 그래도 남들이 남편에 대해서 가지는 이미지란 바로 그러한 인상에 의해서 결정되는 수가 많다.

그렇다면 인상을 좋은 방향으로 이끌어 주는 것이 남편을 돕는 아내의 의무가 아닐까?

남편을 돋보이게 하는 방법
① 남편을 사교적으로 만들어라.
② 남편의 재능을 남의 눈에 띄게 하여라.
③ 남편의 홍보 담당자가 되도록 —— 남편의 결점을 보완하고, 그 장점을 추어올리도록 하여라.

제 9 부
남편의 건강과 재산을 지키는 방법

공손은 사랑을 일으킨다.
선을 동반한 공손은,
세상에서 가장
사람의 마음을
이끄는 것이다.
그러나 그것은
자기가 찾지 않으면 안 된다

제 1 장
남편의 수입 한도 내에서 생활하는 방법

　금전에 관해서 아무런 관심도 가지지 않는 사람은 소설이나 연극에서 많이 볼 수 있다.
　'혼자서 할 수 있는 일은 없다'라는 연극에서는 소득세를 지불하려 들지 않는 노신사가 우리를 한껏 웃게 만든다.
　남편이 자신의 수입에 알맞게 살림을 하라고 말하자 입을 내밀며 억지를 부림으로써 데이비드 코퍼필드에 등장하는 아내 도라는 유쾌하고도 사랑스러운 인물로 비친다.
　또 다른 디킨스의 작품 속에서 미코버 씨는 낭비벽이 심한 사람으로서 문학 사상 가장 통쾌한 인물 중 한 명이었다.
　아닌게 아니라 문학에 있어서 애교와 무책임이 일맥 상통하는 경우가 많다.
　그러나 금전에 관해 아무렇게나 되는 대로 사는 사람처럼 어쩔 수 없는 존재는 없다.

자기 수입을 초과하는 생활을 하는 사람은 가장 위험한 존재이다. 또한 게으름뱅이며 낭비벽이 심한 아내도 결코 좋은 내조자가 될 수 없다. 그런 여성은 남편의 목에 매어진 굴레와도 같다.

오늘날 우리가 쓰는 돈은 10년 전——아니 5년 전에 비해 훨씬 가치가 떨어졌다. 더구나 오늘날처럼 돈이 만능인 세상은 없을 것이다. 돈이면 모든 것이 가능해진다. 물가는 오르고 생활비는 늘어가고, 자녀의 교육은 차츰 복잡하고 비용이 많이 든다.

돈만 있으면 온갖 고민이 없어지리라는 생각은 오늘날 누구나가 품고 있는 그릇된 견해이다. 그것은 전문가들도 지적한 적이 있다. 워너메이커 백화점의 경제 고문이었던 엘시 스타플튼은 이렇게 말했다.

"수입이 늘면 그만큼 지출도 늘기 마련이다."

캐나다의 몬트리올 은행은 수입이 증가했을 때를 대비해서 현재의 수입을 요령 있게 쓰라고 고객들에게 권하고 있다.

내가 이 책을 쓸 준비를 하는 동안 미국의 유명한 심리학자가 쓴 가족 관계에 관한 훌륭한 책을 입수했다. 그러나 유감스럽게도 그 책에는 특별한 결점이 있었다. 이 저자는 가정에 관해서 전혀 아는 바가 없었다.

"가정을 꾸려나가는 것은 단순한 일이다. 돈이 있을 때는 그것을 쓰고, 없을 때는 절약하면 되는 것이다."

그 저자는 이렇게 쓰고 있었다. 그러나 이것은 너무 단순한 생각이 아닐까? 가정을 꾸려나가는 것은 결코 그렇게 단순한 것만은 아니다.

이 저자의 말은 도리어 앞에서 말한 소설 속의 낭비벽이 심한 사람을 연상케 하지 않는가. 무계획적으로 돈을 지출하는 것은 잘 알지도 못하는 사람들에게 당신의 수입을 무분별하게 써 버린다는 뜻이 된다.

이와는 반대로 계획적으로 돈을 지출하라는 것은 예정된 생활을 당신과 가족을 위해 쓰도록 보장해 준다. 예산은 사람들을 구속하는 도구도 아니요, 써 버린 돈을 의미 없이 그저 한두 푼 기록해 두는 것도 아니다. 그것은 당신의 돈을 보다 유용하게 쓸 수 있게 하는 설계도이다.

올바른 예산은 자녀의 교육이나 노후 보장과 같은 당신의 목표를 어떻게 하면 달성할 수 있는지 그 방법을 가르쳐 줄 것이다.

당신이 남편의 성공을 돕는 중요한 방법의 하나는 남편의 수입을 될 수 있는 대로 요긴하게 쓰는 방법을 터득하는 데 있다.

남편이 돈을 벌어 오긴 하지만, 효과적으로 쓰지 못할 경우, 당신은 남편의 지갑을 조절하는 역할을 해야 한다. 또한 남편이 조심스러운 사람이라면 금전에 관해서는 남편과 같이 현명하게 행동함으로써 신뢰를 받도록 힘써야 한다.

그렇다면 가계의 운영에 능숙해지기 위해서는 어떻게 하여야만 할까?

집에서 가까운 은행에 한번 들러 보라. 아마 가계 상담 서비스를 하고 있을 것이다. 그 곳에서는 당신의 수입과 지출에 대한 예산을 세우려면 어떻게 해야 하는가를 가르쳐 줄 것이다. 물론 이 서비스는 무료이다.

일리노이 주의 시카고 북 비시간 191번지에 있는 어느 가정 학회의 소비자 교육에서는 예산을 세우는 방법까지 자세히 수록한 가계

수첩을 발행하고 있다. 그 수첩은 10센트인데, 그것을 적절하게 이용하면 많은 이익을 얻을 것이다.

잡지 《우먼스 데이》도 주부들에게 많은 도움을 준다. 이 잡지는 낡은 옷을 수선하는 방법, 또는 값싸고 영양가 있는 요리를 만드는 법, 손수 가구를 만드는 법까지도 가르쳐 준다.

그렇지만 어떤 책에서 모델로 선정한 예산을 우연하게 보고 그것에만 의지한다면 아무런 쓸모도 없다. 그것이 바로 당신만을 위해서 세워진 예산이어야 한다. 당신의 금전 문제는 당신의 얼굴처럼 당신만의 독특한 것이다.

다음에서 말하는 몇 가지 노력은 당신의 가정이 매달 예산을 세울 경우에 참고가 될 것이다.

모든 지출을 기록해 두라. 수입이 쓰여진 출처가 납득될 때까지 계속하라

어떠한 사태를 막론하고 어디가 잘못되었는지를 모르는 한 그것을 개선할 수는 없다. 어디서, 어떻게, 무엇을 절제해야 할 것인가를 알지 못하면 절약하려고 해도 할 수가 없다.

그러므로 우리들은 일정한 기간 —— 아마 석 달 정도가 적당하겠다 —— 에 걸쳐서 모든 지출을 기록해 두도록 권한다.

아널드 베네트와 존 D. 록펠러는 무엇이든 기록해 둔 것으로 유명하다. 그러나 나도 결코 그들에게 뒤지지 않는다.

나는 계산서에 대해서는 수표를 끊어서 지불해 왔는데, 지금도 한 달마다 지출액을 노트에 정리하고 있다. 이 다달의 지출액은 한 해마다 마감해서 정리한다.

그 결과는 어떨까?

예컨대 그 해 음식값·연료값·오락비로 얼마를 소비했는지 —— 나는 정확히 대답할 수 있다.

그래서 나는 이 노트 덕분에 우리 가정의 생계비가 어떻게 증가해 가고 있는지를 정확히 알 수도 있다. 돈이 무엇에 쓰여지는지 알 수 만 있다면 항상 기록할 필요도 없지만, 나는 이 노트를 항상 곁에 둔다.

예를 들면 옷을 사되 너무 지출이 많다고 생각들 때마다 나는 이 노트를 잠깐 훑어보기만 해도 곧 그것을 알아볼 수 있다.

내가 아는 어느 부부는 이 기록으로 달마다 70달러 정도가 술값으로 쓰여지고 있다는 사실을 발견하고는 새삼스럽게 놀란 적이 있다.

그러나 그 부부는 결코 술꾼이 아니었다. 그의 집을 방문하는 친구들을 접대했을 뿐인데 그것이 거듭되니 이렇게 큰 금액이 된 것이다. 두 사람은 이제 더 이상 바텐더 역할을 집어치우기로 결심했다. 그래서 거기에서 남은 70달러를 보다 유용한 데 쓰기로 한 것이다.

가정의 사정에 알맞은 예산을 세워라

우선 식비·공공비·보험료 등 한 해 동안의 고정 지출에 관한 일람표를 만들어라. 그 다음에는 의료비·의약비·교육비·교통비·인건비 등 필요한 경비를 추산하도록 하라.

주지하다시피 이 예산을 세우는 것이야말로 수완이 필요하다. 그리고 열의와 가족의 협력 외에 때로는 엄한 자제력이 필요하다.

우리는 온갖 요구를 다 충족시킬 수는 없지만, 가장 중요한 것을 챙기고 중요하지 않은 것은 포기해 버릴 수 있다.

당신은 값비싼 옷보다도 살기 좋은 가정을 원하는가? 세탁소에 맡기지 않고 손수 세탁하는 대신 그 비용으로 텔레비전 세트를 사기 원하는가?

이러한 것은 당신과 당신 가족만이 결정할 수 있는 예산임이 분명하다. 그렇다면 앞에서 말한 예산표로는 도저히 이룰 수 없는 일인 것이다.

적어도 연 수입의 10퍼센트는 가족을 위해서 확보해 놓아라

최소한 수입의 10퍼센트는 저축이나 투자를 위해서, 혹은 집이나 자동차를 몫돈으로 내고 살 경우에 대비해서 확보해 두어라. 어떤 특정의 목적을 위해서 돈을 적립해 두는 것도 좋다.

만약 남편의 수입에서 다달이 10퍼센트를 적립하면 몇 년 뒤에는 당신의 가계는 놀랄 만큼 부유해질 것이다. 이것은 그 방면 전문가들의 한결같은 견해이다.

내가 아는 어느 여성의 경우를 예로 들어 보자.

그녀의 배우자는 뉴 잉글랜드 태생의 아주 완고하고도 지독한 수전노였다. 그는 다달이 봉급의 10퍼센트를 저축하지 못하느니 차라리 도심의 인파 속에서 벌거벗는 편이 마음 편하다고 생각하는 사람이었다.

그 부인의 말을 들어 보니, 불경기인 때에는 급료가 너무 많이 내려가는 바람에 몹시도 고달픈 체험을 했다고 한다.

그녀는 단 몇 푼의 돈을 절약하기 위해서 극도로 긴축된 생활을 해야 했다. 남편은 남편대로 교통비를 절약하느라고 날마다 걸어서 출근했다. 하지만 그와 같은 힘겨운 살림 속에서도 다달이 10퍼센트는 반드시 저축하였다.

"곤경에 처했을 때는 그 돈을 저축해야만 한다는 것이 얼마나 원망스럽게 여겨졌는지 모릅니다."

그 부인은 다시 이렇게 말하였다.

"하지만 지금은 이 저축 계획을 실행할 수 있었다는 것을 무척 고맙게 여기지요. 그 덕택에 이제는 집도 지었고, 이 나이가 되도록 생활의 곤란을 느끼지 않고 있으니까요."

뜻하지 않은 지출에 대비하라

많은 전문가들은 젊은 부부들에게 권한다.

적어도 석 달치 수입은 뜻밖의 상황에 대비해서 예금해 두도록 말이다.

그러나 너무 많이 저축하려 한다거나 생활에 지장을 초래할 만큼 지나치게 억지로 저축하는 것은 바람직한 일이 아니라고 한다. 생각날 때마다 가끔 5달러씩 저축하는 것보다는 매주 정기적으로 3달러씩 저축하는 편이 훨씬 더 건실하다.

예산 편성은 가정 모두의 책임하에 두어라

전문가에 의하면, 예산이라는 것은 가족 전원의 협력으로 반복해서 여러 번 고쳐 짜라고 한다. 금전에 대한 태도는 그 사람의 경험이나 기질, 또는 교육 정도에 따라서 각각 다르므로, 때때로 가족 전원이 모여서 예산에 대해 의논함으로써 금전에 대한 사고 방식의 차이에서 오는 감정을 서로 풀 수가 있다.

보험에 관해서 잘 연구해 두어라

아마리온 스티븐슨 에바리 여사는 생명 보험 협회의 부녀부장이다. 그녀는 생명 보험업계에 대단한 권위를 지니고 있다. 내가 에바리 여사를 인터뷰했을 때, 여사는 어떠한 아내이든 우선 다음과 같은 질문을 자기 자신에게 던져 보라고 했다.

"생명 보험이 당신의 가정을 위해서 왜 필요한지 아십니까? 일시불과 할부 불입이 서로 다른 점, 또 그 득실에 대해서 아십니까? 보험금이 지불되는 방법은 여러 가지로서, 그것을 자유롭게 선택할 수 있다는 사실을 아십니까? 오늘날의 생명 보험은 피보험자가 일찍 죽었을 경우에 그 가족의 장래를 보장해 준다는 것과, 피보험자가 사망하지 않을 경우에는 그 여생을 안심하고 보내기 위한 자금을 준비해 둔다는 이 두 가지 목적을 위해서 이용된다는 것을 아십니까?"

이러한 질문은 당신의 가족을 위해서 매우 중요한 것이다. 남편뿐만 아니라 아내인 당신도 알고 있어야 한다. 당신이 만약 이 세상에 혼자 남겨졌을 경우엔 이러한 지식이 여러 가지 고난이나 불안에서 구해 줄 것이다.

'생명 보험 —— 이것만은 알아둘 것'이라는 팜플렛은 당신 가족의 보험 문제에 대해서 대단히 쓸모가 있으리라.

주드슨 란데스와 마린란데스도 《행복한 결혼》이라는 저서 속에서 수입을 어떻게 쓸 것인지는 부부가 서로 의논해야 하는 중요한 문제라고 서술한 적이 있다.

돈이 모든 것을 다 해결하지는 못하지만 돈을 요령 있게 쓸 줄 안다는 것은 우리가 평화롭고 행복한 가정을 영위하기 위해서는 매우 도움이 된다.

"우리 남편은 언제쯤이나 저분처럼 두툼한 월급 봉투를 가져오게 될까?"
라고 막연히 기대하며 함부로 시간을 낭비하여 제풀에 늙어 버리는 어리석은 짓은 하지 말라.

남편으로 하여금 보다 많은 돈을 벌어 오게 하고 싶으면 그가 현재 벌어들이는 돈을 요령 있게 쓰는 법을 먼저 터득하는 것이 바람직하다.

그럼 어떻게 하면 될까? 다음의 규칙을 잘 지키도록 한다.

① 돈이 어디에 쓰여지는지 납득될 때까지 모든 지출을 기록하여라.
② 한 해 예산을 세워라.
③ 전체 수입의 10퍼센트를 저축하여라.
④ 뜻하지 않은 지출에 대비하여라.
⑤ 예산을 짠다는 것을 가족 전원의 책임으로 다루어라.
⑥ 보험에 관해서 잘 알아보아라.

제 2 장
남편의 목숨은 당신 손에

 남편의 흔적마저 감쪽같이 없애 버리는 방법을 알고 싶지는 않은가? 여러 도구는 필요하지 않다. 왜냐 하면 남편에게 소화가 잘 되지 않는 음식을 오랫동안 먹이면 되기 때문이다. 그 뒤에 팔짱 끼고,
 "난 이제 멋진 미망인이 될 거야."
라며 공상의 날개를 펴기만 하면 된다.
 전문가에 의하면, 50대 가까운 나이에 죽은 남성은 여성에 비해 70~80퍼센트나 많다고 한다. 그들은 그 모든 이유를 여성들 탓으로 돌리고 있다.
 메트로폴리탄 생명 보험 회사의 루이스 I. 더블린 박사의 의견을 들어 보자. 《라이프 타임 리빙》에 발표된 〈그대 남편을 죽이지 말라〉라는 논문 속에서 더블린 박사는 이렇게 말했다.
 "일류 생명 보험 회사의 통계학자로서 40년간 근무한 경험에 비추어 나는 하나의 결론을 얻었다. 일찍 죽은 사람들의 대부분은 그들

의 아내가 보다 더 세심하게 보살폈더라면 그렇게 빨리 생명을 잃게 되지는 않았을지도 모른다."

더블린 박사는 비만과 사망률 연구에 있어 미국 제일의 권위자로서 그의 발언에는 충분한 근거가 있다고 인정된다.

하너트 폴라크 박사는 뉴욕의 마운트 시나이 병원에 근무하는 의사인데, 그는 《투데이스 우먼》에 발표한 〈남편은 왜 일찍 죽는가?〉라는 논문에서,

"남편의 건강을 유지하게 하려는 아내는 틀림없이 그 생명을 연장케 할 수가 있다. 그러므로 남편의 수명을 연장케 하는 힘은 바로 아내의 손에 달려 있다."

그러므로 지나치게 살찐 사람보다는 먹는 둥 굶는 둥하며 근근히 살아가는 중국의 노동자가 훨씬 더 오래 살 가능성이 있다.

클리블랜드에서 개최된 의학 대회에서, 《살 빼는법》이라는 책의 저자 노만 졸리프 박사는 비만을 '공중 위생에 관한 최대의 문제'라고 일컬었다.

세인트루이스에서 개최된 미국 과학 촉진 대회에서 클레이튼 대학의 어느 의학 교수는, '전쟁의 경우를 제외하면 총이나 칼로 살해되는 숫자보다도 훨씬 많은 사람들이 나이프와 포크로 ─ 즉, 식사 탓으로 ─ 살해되고 있습니다'라고 보고했다.

아내들은 남편이 지나치게 살찌는 데 대해 확실히 책임이 있다.

남편은 아내가 만들어 주는 음식을 먹는다. 요리가 좋으면 좋을수록 허리통은 굵어지고 살은 찌게 마련이다.

이 세상 사람들은 너무 많이 먹어서 탈이다. 그들은 몸을 잘 움직이지 않으므로 많은 영양이 필요하지도 않다. 그러니까 남편의 건강

을 원한다면 처음부터 좋은 식사 습관을 들이도록 해야 한다. 조금만 먹고도 왕성하게 일할 수 있는 식사가 필요하다. 하루 세 끼 식사는 대체로 자기 체력에 알맞은 분량을 먹고, 육류와 야채를 골고루 먹되, 무엇보다도 기름기 있는 음식을 먹지 않는 것이 중요하다.

남편이 집에서 식사를 할 때는 급히 서두르거나, 조바심이 나지 않도록 조심하는 것도 중요하다. 세수도 하는 둥 미는 둥 서둘러 밥을 먹고 집에서 뛰어나가는 사람들이 많다.

볼티모어의 정신병 연구 주임 의사인 로버트 V. 셀링거 박사는 이렇게 경고했다.

"아침 밥을 부랴부랴 집어삼키고, 허둥지둥 뛰어나가 일을 시작하고, 간이 식당에서 5분 만에 점심을 먹어치우거나, 식사하면서 회의를 하는 생활, 이런 생활은 우리들 현대인에게는 너무나 부담이 된다."

모름지기 남편이 천천히 영양분 많은 아침 식사를 먹을 수 있게 하기 위하여 필요하다면 지금보다 더욱 일찍 일어날 일이다. 이것을 실천한 나의 친구는 대단히 효과적이었다고 말한다.

그녀는 클라크 브리슨 부인으로 남편은 부동산업의 피이스 앤드엘리만 회사의 부사장 겸 경리부장이다. 브리슨 씨는 서류를 가득 들고 귀가하곤 했다. 때로는 너무나 피곤해서 그날 밤 안으로 일을 끝내지 못하는 수도 있었다.

그런 때면 브리슨 부인은 남편에게 일찍 자고 다음 날 평소보다 한 시간 일찍 일어나도록 권했다.

두 사람 모두 이 방식이 마음에 들어서 이제는 집에 가지고 와서 해야 할 일이 있거나 없거나 날마다 그렇게 실행하고 있다.

브리슨 부인은 이렇게 말하였다.

"그 한 시간은 우리에게 매우 유익한 선물입니다. 우리들은 우선 조금도 서두를 필요 없이 천천히 맛있게 아침 밥을 먹습니다. 일이 있으면 기분이 상쾌한 그 시간에 남편은 일을 끝내 버립니다.

그 시간에는 전화도 걸려오지 않고, 현관의 벨도 울리지 않아서 방해하는 것은 하나도 없습니다. 때로는 책을 읽기도 하고, 휴식을 취하기도 하고, 집 안의 잔일을 하기도 하고, 그림을 그리기도 합니다. 그의 취미는 수채화 그리기랍니다. 또 둘이서 아침에 공원을 산책하는 경우도 있습니다.

매일 아침마다 이렇게 차분하고도 중요한 시간 덕택에 우리들은 어떤 문제가 일어나더라도 여유 있게 처리할 수 있게 되었답니다.

물론 늦잠을 자는 사람에게는 어림도 없는 일이어서 우리는 저녁에 일찍 자기로 했습니다."

항상 무엇엔가 쫓기는 듯한 기분으로 일을 한다면 당신도 브리슨 부부처럼 아침에 한 시간 일찍 일어나 그 효과를 시험해 보라. 남편이 건강하게 장수하기를 원한다면 아내들은 아래의 사항을 성실히 실행해야 한다.

남편의 체중에 유의하라

체중 비교표에 남편의 체중을 대조해 보고 그보다 10퍼센트 이상 체중이 초과하지 않도록 주의하라. 만일 초과하면 식사 조절을 의사에게 의논한다. 될 수 있는 대로 식욕을 돋구는 식사법에 유의하여 의사의 처방대로 따른다.

일 년에 한 번은 종합 건강 진단을 받아라

　예방은 가장 좋은 치료법이다. 심장병·암·결핵·당뇨병 등은 일찍 발견되기만 하면 얼마든지 치료될 수 있다.
　미국 당뇨병 협회의 통계에 의하면 미국에는 당뇨병 환자가 백만 명이나 있다고 한다. 그 밖에도 당뇨병에 걸려 있는데, 전혀 자각하지 못하는 환자들이 적어도 오십만 명은 된다고 한다.
　많은 사람들이 자신의 건강보다는 자신의 자동차에 더 주의를 기울이는 현상은 참으로 슬픈 일이다.

과로하지 않도록 보살펴라

　야심이 큰 아내는 비록 남편을 출세시킬지는 모르지만 자칫하면 남편의 건강을 해쳐 일찍 죽게 만들지도 모른다. 그러므로 남편의 짐이 너무 무거워 보이면 차라리 승진의 기회도 포기하라고 권할 정도의 용기가 필요하다.
　뉴욕의 바이블 협동 교회의 목사인 노이 비일 박사는 인디애나폴리스에서 강연했다.
　"현대의 미국인은 유사 이래로 가장 신경질적인 국민이 되었습니다. 미국인은 평소에 너무 긴장해 있으므로 설교를 듣고 평정을 유지하도록 기대할 수가 없습니다."
　자신의 목적을 달성하기 위해 지나치게 집착하다가 결국에는 불행해지거나 일찍 죽는 것보다는, 수입이 좀 적더라도 무리하지 않는 편이 훨씬 나을 것이다.
　남성의 노력은 오직 여성의 태도에 따라서 결정된다.

충분히 휴식할 수 있도록 배려하라

피로를 푸는 가장 좋은 비결은 피곤에 지쳐 버리기 전에 휴식을 취하는 것이다.

남편이 집에 돌아와서 점심을 들게 되면 다시 일하러 나가기 전 15분 정도 휴식을 취하도록 하라. 또 저녁 식사 전에 잠깐이라도 눈을 붙이도록 권하라. 그것이 바로 장수하는 비결이다.

미국에서는 병사들이 한 시간 행군한 뒤에는 반드시 10분간 휴식하도록 규정해 놓았다. 작가인 서머셋 몸은 일흔 살이 훨씬 지났을 때까지도 젊은이 못지않은 정력으로 힘차게 활동하였다. 그는 점심 식사 후의 한두 시간은 반드시 침대에 누워서 쉬었다.

줄리안 데트머는 여든 살 가까운 나이에도 불구하고 뉴욕의 탈리 타운에 있는, 세계에서 가장 훌륭한 양로원에서 일하고 있다. 데트머 씨는 날마다 낮잠을 즐기는데, 그것이 바로 신체의 컨디션을 원만히 조절해 주고 있는 것이다.

가정 생활을 즐겁게 하라

늘 불평 불만과 잔소리가 심한 아내는 남편의 출세에 커다란 장애물이 아닐 수 없다. 그러한 아내는 남편을 불행하게 만드는 방해물인 동시에 남편의 건강까지도 위협하는 존재이다.

항상 근심 걱정에 사로잡혀 있고, 불만에 쌓여 있는 사람은 잦은 사고를 낸다고 알려져 있다. 왜냐 하면 너무 긴장해 있으므로 반사 작용이 제대로 일지 못하기 때문이다.

그런 사람은 흔히 교통 사고를 내거나 작업장에서 사고를 당하기도 쉽다. 또한 폭음·포식을 일삼기도 한다.

코넬 대학의 하리 고울드 박사는 이렇게 말했다.

"불행한 때, 또는 우울할 때 사람은 흔히 무엇인가를 자꾸만 먹고 싶어한다."

무릇 인생에 성공하려면 건강한 신체가 필수 조건이다. 따라서 아내는 남편의 건강에 책임을 져야 한다.

남편의 건강과 재산을 지키는 방법
① 수입의 한도 내에서 생활하여라.
② 당신 자신의 몸처럼 남편의 건강도 지켜라.
③ 남편의 체중에 주의하여라.
④ 정기적으로 종합 검진을 받도록 하여라.
⑤ 남편이 과로하지 않도록 보살펴라.
⑥ 남편이 충분히 휴식할 수 있는 분위기를 만들어라.
⑦ 가정 생활을 즐겁게 유지하여라.

제 10 부
아내로서의 가장 큰 공헌

의무는 현실 세계의
실제를 느끼는 것을
우리들에게 강요하는 성질을
갖고 있다.
그리고 그와 동시에
거기서부터 우리들을
떼어 놓은 것이다.

보다 깊은 애정을

"누구에게도 사랑받지 못한다고 생각하는 것이 소년 범죄의 주요 원인이다."

뉴욕 시립 소년원의 서기이며 사회 사업가인 에젤 H. 와이즈 씨가 매사추세츠 주의 사회사업가 대회에서 강연한 말이다.

나도 오클라호마 주 엘리노이의 감화원에 있는 소년들에게 인간 관계에 관한 강습회를 했을 때, 그 말이 진리라는 것을 알게 되었다. 애정에 굶주렸다는 것이 이 불행한 소년들의 공통된 문제점인 것 같았다.

어느 소년은 아무리 편지를 해도 어머니가 답장을 하지 않기에 한 번은 이렇게 써 보냈다고 했다.

"저는 지금 새로운 강습을 받고 있는데, 그 결과 저도 이제는 착한 애가 되었어요."

그러자 비로소 어머니의 답장이 왔다.

"아무리 그래봐야 넌 글러먹었다. 네겐 형무소가 가장 알맞은 곳이야."

열아홉 살이 되는 토미라는 소년은 14년 이상이나 고아원과 감화원을 전전하며 살아왔다. 그는 이렇게 말했다.

"우리에게 필요한 것은 우리를 귀여워해 주는 사람입니다. 지금까지 우리를 귀여워해 준 사람은 하나도 없었어요. 나는 열여섯 살이 되기까지 한 번도 크리스마스 선물을 받은 일이 없었거든요."

배가 몹시 고픈 아이는 불결한 밥찌꺼기에도 헐레벌떡 덤벼들 듯이, 애정에 굶주린 애들이 그 공백을 메우기 위해 범죄로까지 치달린다는 것은 결코 이해할 수 없는 일이 아니다.

심리학자 고든 W. 올포트는 이렇게 말했다.

"보통 일반 사람들은 아무리 사랑하거나 사랑받더라도 결코 충분하다고는 생각지 않는다."

사랑은 날마다 기적을 낳는다. 그러므로 당신이 남편에게 기울이는 애정은 남편의 성공에 가장 중요한 역할을 한다. 만약 당신이 진심으로 남편을 사랑한다면 남편을 위해 할 수 있는 온갖 정성을 다하라. 당신이 남편에게 기울이는 애정은 자녀들의 행복에도 영향을 미친다.

가정 문제 연구 소장인 파울포프네 박사는 전국 사친회(PTA) 총회 석상에서 이렇게 말했다.

"PTA가 만약 전국의 어린이들을 한 해에 한 번씩 한 자리에 모이게 하는 대신에 남편과 아내가 보다 깊이 서로를 사랑하게 만드는 방법을 토의한다면, 그것이 바로 자녀의 행복을 위해서는 훨씬 큰 도움이 될 것입니다."

그렇다면 과연 어떻게 하면 부부 사이에 큰 애정을 가질 수가 있을까?

날마다 애정을 표현하라

인생의 가장 귀중한 선물이 바로 자신에게 주어져 있었다고 뒤늦게 깨닫는 경우처럼 비극적인 것은 없다.

언젠가 내 남편에게 옛 친구의 미망인에게서 편지가 왔었다. 그 편지에는 이런 말이 적혀 있었다.

"짐은 제가 얼마나 그를 사랑하고 또 제게 없어서는 안 될 존재인지 끝내 모른 채 가 버리고 말았답니다."

지나가 버린 세월은 영원히 돌아오지 않는다.

루이스 M. 테르만 박사와 몇몇 연구자들은 1천5백 명의 기혼 남성을 대상으로 부부 생활이 불행해지는 최대의 원인을 조사했다. 아내의 심한 잔소리와 애정 표현이 서투르다는 것을 지적했다.

세상의 많은 아내들은 무슨 중대한 일이 일어났을 때엔 훌륭히 잘 처리해 내지만 평소 자기 남편에게 애정을 표현하는 데 있어서는 몹시도 무뚝뚝하다.

남편이 실직을 했다든가, 병들었거나, 감옥에 들어갔을 경우엔 억세게 생활 전선에 뛰어드는 아내들조차도, 윤택한 생활 속에서는 남편에게 애정어린 말 한마디도 건네려 하지 않는다.

그러나 아내들 중에는 자기는 원래 남에게 귀여움을 받거나 달콤한 속삭임을 받게 되어 있다고 스스로 믿는 여성들도 많다.

남편이 소홀히 대하거나 칭찬해 주지 않는다고 불평을 늘어놓는 여성은 틀림없이 남편을 칭찬하거나 사랑할 수 없다.

그런 사람들은 남을 비평하거나 흠 잡기만을 능사로 삼는 사람으로서 윌리엄 베닝거 박사의 말처럼 '자기 자신만을 지나치게 사랑하고 있으므로 남을 사랑할 수 없는' 일종의 정신병 환자로 보아야 할 것이다.

그러나 애정의 표현이 풍부한 여성은 남편에게 대단히 친절한 대우를 받는다.

부부 관계의 권위자인 도로시 딕스는 이렇게 비평한 적이 있다.

'흔히 아내들은 불평이 많다.'

남편이 그녀들을 본체만체한다거나, 칭찬에 인색하고, 어떤 옷을 입어도 전혀 신경을 써 주지 않고 눈에 띄게 애정의 표현을 해 주지 않는다고 불평한다.

그러나 애정을 원하는 것은 절대 여성만의 특허권이 아니다. 남성도 역시 그것을 원하고 있다. 그 중에는 남성의 이 같은 약점을 이용해서 자기가 갖고 싶어하는 것을 손에 넣을 때까지 조심스럽게 애정을 표현하는 여성도 있다.

메릴랜드 고등 법원에서는 이와 같은 사건을 재판한 적이 있다. 이 때의 주요 관건은 아내가 요구한 만큼의 돈을 가지고 들어오기 전에는 남편과 말을 하지 않기로 한 아내의 태도가 과연 법률적으로 허용되는지의 문제에 있었다.

그러나 결과적으로 재판관은 아내에게 패소를 선고하였다. 아내의 애정에는 값을 붙일 수 없다고 판결한 것이었다.

부부간에 애정의 표현이 결여된 경우를 맛없는 식사에 비유한 사람도 있다.

사람은 빵만으로 살 수 없다. 때로는 설탕을 듬뿍 바른 조그만 과자도 먹고 싶은 때가 있다.

유머를 익혀라

야심이 큰 아내는 가끔 결벽증에 걸리는 수가 있다. 그러한 아내는 언제나 아들은 산뜻해야만 하고, 식사는 잘 조리하고, 집 안은 어느 하나 흠잡을 데 없게 정리되어 있지 않으면 안절부절못한다. 이와 같은 병은 자질구레한 일에 너무 신경을 쓰는 탓으로, 도리어 큰 것을 놓쳐 버리는 결과를 초래한다.

무엇이든지 마음 편히 낙관적으로 받아들이고, 너절한 일로 마음을 흐트러뜨리지 않도록 하는 것이 오히려 부부 사이에 애정을 두텁게 만든다.

다음의 조지 잔 나던의 과장된 말에는 건전한 진리가 포함되어 있다.

"살림살이를 부지런하게 꾸려 간다는 것은 애정과는 서로 양립하지 않는 수가 많다는 것은 나의 경험에서 나온 확신이다. 너무나도 정연하게 정돈된 가정을 보고 있노라면, 나는 그 집 부부의 애정도 그 집안의 기계적이고 가지런한 차가움처럼 차가워져 있는 것은 아닐까 하고 우선 느끼게 된다. 애정과 거기서 오는 행복이란, 적어도 어느 정도는 부주의한 난잡함을 동반하기 마련이다. 깊은 열정으로 남편을 사랑하는 아내는 한 점 흠잡을 데 없는 주부였다는 여성은 유감스럽게도 하나도 없었다."

이것은 나던 씨의 독설임을 곧 알 수 있지만, 그의 말은 신중히 생각해 볼 가치가 있다. 특히 나무를 보고 숲을 볼 줄 모르는 경향이 있는 여성들에게는 크게 참고가 될 것이다.

마음을 관대하게 가져라

진심으로 사랑하는 사람들 사이에는 계산적인 결혼은 결코 있을 수 없다. 즉, 애정은 아낌없이 주는 것이다.

아무리 어려운 일도 척척 해내는 아내일지라도, 가령 남편의 옛 친구를 질투하는 경우도 있다.

"여보, 오늘 우연히 옛날 애인을 만났소."
라고 남편이 조심성 있게 한마디했을 때,

"어머, 그래요? 혹시 지금도 머리를 두 갈래로 땋아 늘이고 더듬거리는 말로 지껄이지 않았어요?"

이렇게 핀잔을 준다면 그야말로 보기에 민망할 것이다.

남편이 그녀에 대해 계속 무슨 말을 하려 한다면 그녀의 장점을 칭찬해 주라. 만약 생각나지 않는다면 좀 엉터리 같은 소리도 좋다.

나의 아버지는 우리 어머니와 결혼하기 전에 어느 어여쁜 소녀와 약혼한 일이 있었다. 그 소녀가 퍽 어여쁘고, 인기가 좋았다고 어머니가 말할 때마다 아버지가 얼마나 겸연쩍게 웃으며 굳이 못 들은 체하려고 애썼는지, 나는 그 아름다운 광경을 지금도 생생하게 기억하고 있다.

아버지는 어머니가 훨씬 어여쁘다고 생각하고, 어머니도 그렇다는 것을 알고 있었지만, 아버지는 자신의 안목을 어머니가 칭찬해 주는 것이 몹시 기뻤던 것이다.

조그만 일에도 감사를 표하라

결혼한 뒤에도 극장을 데리고 갔다든지, 꽃다발을 보낸 일이라든지, 아침마다 집 안 청소를 해 준 데 대해서 남성은 아내가 감사하다고 말하는 것을 듣고 싶어한다.

혹시 당신은 남편이 해 주는 것은 모두 당연한 일이라고 생각할지 모른다. 만일 그렇게 생각한다면 좋은 음식을 먹여 준다거나 아내를 기쁘게 해 주려고 노력해 보아야 무슨 소용이 있겠는가. 그런 어리석은 짓은 그만두자고 남편이 마음먹게 되어도 그것은 전혀 이상한 일이 아니다.

남편들이 아내들을 위해서 얼마나 자질구레한 서비스까지 해 주는지 좀처럼 생각해 보지 않는 아내들도 있다.

나는 옛날에 남편을 몹시 미덥지 못한 사람으로 생각했던 적이 있었다.

예를 들면 물 한 컵 가져오는데도 소란스럽게 굴고, 자기를 내세우려 했으므로 도무지 변변치 못해 보이기만 했다.

그러나 어느 해 여름 남편이 유럽 여행을 가 있는 동안, 나는 남편이 얼마나 많은 잡일을 —— 한마디 불평도 없이 —— 묵묵히 나를 위해서 해 주고 있었던가를 비로소 깨닫고 무척 놀랐다.

애정을 가진 아내라면 남편이 밖에서 하는 일과 관련해서 아내가 자기에게 어떻게 해 주기를 바란다는 것을 이해할 수 있고, 따라서 자기의 요구도 그에 맞추어 나가게 할 것이다.

나는 결혼 초기에 매우 고생한 끝에 그러한 진리를 터득했다.

남편과 나는 결혼 후의 첫 일주일 동안을 오클라호마에서 보냈었는데, 남편은 거기서 1주일 동안 강연을 하기로 되어 있었다.

축하의 말에 둘러싸이거나, 로맨틱한 기분에 젖거나, 촛불·바이올린 소리 등등 나는 적어도 그와 같은 고풍스런 신혼을 꿈꾸고 있었지만 그런 분위기는 전혀 없었다.

신랑이 역원들을 만나고, 강연 원고를 쓰고, 발기인들과 만나서 의논하는 동안에 나는 호텔의 텅 빈 방 안에서 쓸쓸히 빛나고 있는 신부 의상을 바라보며 홀로 앉아 있어야만 했다.

남편은 대단히 바빴으므로 우리가 만나기 위해서는 미리 약속을 해 놓아야 할 정도였다.

그러고 보니 신혼 시절부터 이런 꼴을 당한 데 대해서 몹시 언짢아질 수밖에 없었다. 그러나 오늘날 돌이켜보면,

"친정에 가서 좀더 어른이 되어 가지고 와요. 그렇게 떼쓰지 않을 때까지 엄마 품에 더 있다가 오란 말이야."

나는 남편이 이렇게 말하며 친정으로 쫓아 보내지 않은 것만 해도 매우 다행한 일이라고 생각한다 —— 결혼이란 어린아이들의 소꿉장난이 아니다.

내 책상 위에는 빅토리아 시의 킹조지 30번지에 사는 와빅 C. 앙가스 씨의 편지 한 통이 놓여 있었다.

"나는 나와 결혼한 여인 덕분에 다른 남성들보다 훨씬 행복하다고 생각합니다. 내가 아내에게 바치는 최대의 찬사는, 32년 전으로 되돌아가서, 다시 한 번 그녀와 결혼하고 싶다는 말입니다. 내가 어떤 일에 성공했다고 하더라도 그것은 모두 사랑하는 아내가 도와 준 덕택인 것입니다."

사랑 없이 성공을 하지는 못한다. 사랑 없이는 부귀도 명예도 휴

지 조각이나 같다.
 만일 남편이 당신의 애정에 만족하며 지낸다면, 생활의 향상도 기대하며 좀더 기다려 보라.

남녀가 함께 보는 페이지

어떤 개인에 대해서와
마찬가지로 민족에 대해서도
모든 완전을 향해
움직이는 힘은
존재하는 그것에 대한
지식이 아니라
존재할 수 있는
그것에 대한 사색이다

제 1 장
남편의 뜻에 동조하라

시인 오그던 나슈는 《소녀들의 아버지에게 바치는 시》라는 자신의 작품 속에서 세계의 어딘가에서 방금 태어난 귀여운 딸과 언젠가는 결혼해야 할 사내아이가 있음을 한탄한 바 있다.

딸을 가진 아버지들은 대개 나슈와 마찬가지로 한탄만 하고 있을 것이다. 그러나 한탄만 하고 있을 게 아니라 과감하게 현실과 대결해 볼 용기는 없는가?

이 세상의 모든 여성은 인구의 절반 이상을 차지하고 있는 남성들과 조화를 이루어 모든 것을 잘 해 나갈 수 있을지 염려한다.

이것은 비단 남편이나 배우자에 국한된 문제는 아니다. 남편이나 배우자가 아니더라도 여성들은 일상 생활에서 많은 남성들을 상대해야 한다.

남편과의 관계는 두말할 나위도 없고 아들·사위, 직장의 상사나 동료, 친구·구혼자·건달·의사·변호사·장사꾼·푸줏간 주인·빵

장수…….

　우리들 여성의 대다수가 상대해야만 할 남성을 손으로 꼽는다면 한이 없다. 남자와 여자는 근본적으로 다른 점이 있기 때문에 우리 여성들은 사나이라는 동물을 어떻게 조절해 나가며, 때때로 그들을 기쁘게 해 주는 방법을 연구해 보는 것도 결코 무의미한 일은 아닐 것이다.

　그렇다면 과연 남성들이 여성에게 바라는 것은 무엇일까?

　무엇보다도 먼저 생각하지 않으면 안 될 것은 위안이다. 그 따위 문제를 닳고 닳은 바람둥이 사나이로부터 귀가 따갑도록 들었다고 일축해 버릴 것이 아니라, 좀더 신중히 생각해 보아야 할 것이다.

　제2차 세계대전이 끝날 무렵, 군복을 입은 사나이들에게 이렇게 질문했다.

　"당신은 결혼 생활에서 무엇을 기대하는가?"

　이 물음에 대하여 군복을 입은 늠름한 사나이들은 한결같이 같은 대답을 하였다. 짜릿한 쾌감이나 자극보다도 평범한 위안을 필요로 한다는 것.

　이러한 대답은 향수 따위 화장품 광고의 카피를 무턱대고 믿는 미혼 여성들에게는 기대에 어긋날지도 모르겠다. 그러나 상대방에게서 위안을 필요로 한다면 미련 없이 그것을 주면 어떨까?

　여기서 일컫는 위안이란 무엇을 뜻하는 것일까?

　그것은 단지 오감을 만족시키는 기분 좋은 상대를 말하는 것일까? 다정한 어머니 같은 여성? 그렇지 않으면 마릴린 먼로 같은? 핵심은 바로 다음 여섯 가지에 있다.

마음씨 착하고 눈치가 빠를 것

언젠가 도로시 딕스는 남성이 자기 아내에게 바라는 것은 무엇보다도 먼저 착한 마음씨라고 말했다.

남자는 안달·불평·잔소리가 심한 여성과 함께 진수 성찬을 먹는 것보다는, 아무것도 없더라도 화기 애애한 분위기에 젖는 편을 더욱 좋아한다.

어느 미혼 남성은 만약에 명랑하고 마음씨 착하고 온화한 성격의 여자와 잔소리가 심하지만 흠잡을 데 없는 재원 중 결혼 상대를 고르라는 질문에 즉석에서 이렇게 대답했다.

"잔소리하는 여자는 질색이야!"

나의 남편은 오래 전에 솜씨가 신통치 않은 타이피스트와 일한 적이 있었다.

그녀는 철자법은 엉터리였고, 스피드도 느렸을 뿐만 아니라, 부정확했다.

그러나 명랑하고 천사 같은 착한 마음씨 덕분으로 퇴직할 때까지 무사히 근무를 계속할 수가 있었다.

그녀는 직장에서 절대 심술·불평, 타인을 흉보는 일이 없었다. 그래서인지 그녀가 앉아 있기만 해도 사무실 안은 환히 밝아졌다. 그녀가 가까이 있다는 것만으로도 급료를 지급할 만한 가치가 있었다.

그녀의 요리 솜씨가 타이프라이터로서의 직업보다 나았는지는 잘 모르지만, 때로 그녀가 남편과 함께 있는 것을 보았는데, 그는 무척 행복해 보였다.

왜냐 하면 그의 눈이 그녀의 얼굴을 볼 때마다 반짝반짝 빛나고 있었기 때문이다.

좋은 반려자가 되라

미국 오픈 골프 선수권 보유자였던 잭 플랙은 온갖 역경을 딛고 오하이오 디튼보트에 두 개의 골프장 시설 경영권을 손에 넣기까지의 경위를 《뉴욕 월드 텔레그램》에 이렇게 기고했다.

"골프장을 경영하면서 선수권을 노리고 골프의 기술을 연마한다는 것은 결코 쉽지 않은 고투였다. 마침내 기회를 잡을 수 있게 된 것은 내 아내인 린 번스틸과 결혼한 뒤였다."

그녀는 남편 잭이 골프 연습에만 몰두할 수 있게 풍부한 시간을 만들어 주었다.

드디어 1952년에 린과 잭 사이에서 태어난 13개월 된 아들 레이그, 이 세 사람은 선수권을 획득하기 위해 여행을 떠났다.

그러나 잭이 시합을 하는 동안 린은 얌전히 무대 뒤에서 아기의 시중만 들며 결과를 기다렸다.

잭의 말을 빌리면 "아내에게는 한 번도 코트에 쫓아오지 못하게 하였다. 그것은 우체부가 우편을 배달할 때 아내를 데리고 다니지 않는 것과 마찬가지 일"이라고 느꼈기 때문이라고 한다.

그의 부인은 잭 플랙의 취미인 동시에 사업이기도 한 스포츠의 연습이나 시합에 직접 관여하지 않았다.

그러나 그녀는 남편의 일에 관심을 가지고 응원하였다. 그러므로 그녀는 좋은 반려자였다고 말할 수 있다.

나의 남편이 맡은 강좌에서 수강자 중의 한 사람은 좋은 반려자의 조건을 배움으로써 자기 남편의 꿈을 실현시키는 데 도움을 준 이야기를 했다.

뉴욕 북부의 작은 도시에 사는 플로렌스 메이너드 부인은 얼핏 보기에도 그다지 나무랄 데 없는 아주 평범한 가정을 꾸려 왔으며 별다른 사고도 없었다. 그러나 늘 무언가 부족하다는 것을 느끼고 있었다. 그녀는 마침내 그들 부부 사이에 공통적인 취미가 없다는 것을 깨달았다.

"남편의 취미 중의 하나는 프로 하키였습니다."

"그래서 나는 우선 그 스포츠에 흥미를 갖기 위해 노력했습니다. 그러다가 나도 모르는 사이에 하키 시합의 승부에 열중해 있음을 발견했습니다. 나는 남편 못지않게 시합 구경을 가고 싶어하고, 텔레비전 실황 중계를 놓치지 않으려고 신문의 방송 프로그램란을 보게 되었지요.

그저 그 스포츠를 구경하며 즐길 뿐만 아니라 남편이 구경가면 혼자 멍하니 앉아 있던 대신 여러 가지 일을 하게 되었습니다. 그래서 하키를 시작으로 남편이 관심을 가지고 있는 다른 여러 가지 일도 알게 되었습니다.

그러므로 16년이라는 긴 세월 동안 같이 살면서도, 단지 가정을 지켜주기만 바랐던 것과 달리 지금은 참된 즐거움을 나누고 있습니다."

이야기를 끝까지 들어라

거의 모든 남성들은 여자들이 너무 말이 많다고 생각한다.

여자들은 너무 수다스럽지만 자신들은 전혀 그렇지 않다고 주장한다.

이런 점에서 볼 때 남자들을 기쁘게 해 줄 마음은 많으면서도 그 방법을 잘못 택하고 있는 여성이 의외로 많은 것 같다.

여자가 즐거운 듯이 떠드는 동안 남편들은 인내하면서 잠자코 앉아만 있는 것은 아니다. 듣는다는 것은 무엇보다도 주의를 집중하는 것이다. 안절부절못하거나 멈칫거려서는 안 된다. 그러므로 다른 어떤 것에도 신경써서는 안 된다.

상대방의 말이 비록 당신에게 호감을 주지 못한다 하더라도 시선을 집중해 보라. 그러면 반드시 배울 게 있을 것이다.

이야기를 듣는 동안에는 표정이나 자세를 느긋이 하고 때때로 고개를 끄덕여 보라. 반응을 나타내지 않는 사람만큼 말하는 사람을 우울하게 만드는 것은 없다.

무대 연출가의 고심은 한 배우가 대사를 하는 동안 다른 배우들이 거기에 귀를 기울이도록 훈련하는 일이다. 만약 남성을 기쁘게 해 주려고 생각한다면 그와 마찬가지 방법으로 자신을 훈련하는 일이 중요하다.

상대방의 이야기를 잘 듣는 사람이 되려면 정신 집중과 더불어, 내 쪽에서도 사기를 돋워 줄 필요가 있다.

남성을 사로잡는 방법은 그가 멋지게 성공한 이야기를 할 때 그 얼굴을 바라보며 감개 무량한 듯한 목소리로 칭찬해 주는 게 무엇보다 필요하다.

만약 남성을 자기 것으로 만들거나 혹은 자기의 인상을 남성의 가슴에 깊이 새기고 싶다면 과장되고 달콤한 말을 하는 방법은 쓰지 말아야 한다. 단지 그가 바라고 있는 것은 침착하게 이야기를 들어 주는 일인 것이다.

때로는 자기가 상대의 이야기를 열심히 듣고 있을 뿐 아니라 계속 듣고 싶어한다는 것을 표시해야 한다. 그리고 가끔 자극적인 이론을 끄집어내도 좋겠다. 상대의 이야기에 뒷받침해 줄 만한 경험이 자신에게도 있다면 상대가 숨을 돌리는 순간에 말을 건네 보는 것도 좋은 방법이다.

단, 간결하게 말해야 한다. 왜냐 하면 대화의 열쇠를 곧 상대에게 돌려주어야 하기 때문이다.

이렇게 되면 이야기를 듣는다는 것은, 잠자코 상대에게 혼자 지껄이게 하는 것이 아니라, 두 사람 사이를 왕복하는 의사 소통의 수단이 되는 것이다.

이야기를 듣는 것이 서툰 사람들은 이 법칙을 완전히 소유하지 못한 탓이다.

그러나 우리들은 얼마든지 남의 이야기를 잘 들어줄 수가 있다. 또 남의 이야기를 잘 듣는 사람들은 거의 예외 없이 자기가 이야기할 차례가 오면 서슴지 않고 잘 하는 편이다. 즉, 그 두 개의 기술은 상호 작용을 한다.

그러므로 남편의 이야기를 경청하는 기술이 일단 자기 것이 되면 다른 사람들과 이야기를 잘 해 나가는 데도 도움이 된다.

또 그것이 우리들의 성숙에도 유용하다. 그 이유는 그것은 사물을 배워 나가는 수단이기 때문이다.

상냥하게 응대하라

"오늘 밤 짐과 메이벨을 집에 부릅시다. 짐도 오랫동안 만나지 못했으니까."
라고 남편이 말했다고 하자.

"좋아요. 그럼, 곁들어 헬렌과 톰도 부르죠. 요전번에 우리들이 두 번씩이나 저녁을 얻어먹기만 했잖아요. 그리고 지금 헬렌의 집에는 동생이 놀러와 있다고 들었어요. 물론 그 동생도 같이 불러 파트너를 한 명 찾아 주어야겠어요. 그쪽은 내가 어떻게든 할 테니까 당신은 상점에 가서 맥주와 안주거리 좀 넉넉하게 주문하고 오세요. 난 전화를 걸고 옷을 갈아입은 후 준비를 시작할게요. 그리고 제가 옷을 갈아입는 동안 청소기로 방을 치워 주세요. 네?"

이 지경에 이르면, 그녀의 남편은 자기가 쓸데없는 말을 한 것이라고 후회하기 시작한다.

처음 예정으로는 두서너 명 친한 사람들만 불러서 조용하고 단란하게 지내려 했었는데, 그것과는 달리 요란스러운 파티가 되어 버리고 말았다.

이 이야기에서도 알 수 있듯이 여성은 모자를 살 때 이외에는 순간적인 충동에 의해서만 모든 일을 처리하는 것 같다. 그러한 점이 남자에게는 도저히 이해가 안 된다. 가령 연극 구경을 가는데, 어째서 여자들은 몇 주일 전부터 그 일을 계획해 놓아야 하는지? 또 문득 생각이 나서 여행이나 떠나자고 말을 꺼내면 여자들은 반드시 입고 갈 옷이 없다든가, 이웃집에 알려야 하니까 다음으로 연기하자는 말을 늘어놓는다. 이러한 것이 남성들에게는 도저히 이해가 가지 않는다.

내가 아는 어느 행복해 보이는 부인의 경우를 보자.

그 부인의 남편은 여행을 좋아하는 편이어서 여행 안내서가 날아오면 당장 집으로 전화를 걸어서 "자, 어서 준비해. 내일 아침 출발이야 ——버뮤다로!"라고 서두른다.

이 부인은 그 수법에는 이미 익숙해져서 말이 떨어지자마자 수영

복을 챙기고, 기르던 새는 이웃집에 맡겨 놓고, 방문 계획이나 약속은 취소한다. 그리고 다음 날 아침엔 틀림없이 배에 오를 준비가 갖추어져 있다.

"아무렇지도 않은 일이에요. 정말 몇 번 해 보면 어떤 사람이든 금방 적응할 수 있게 돼요."

내가 젊었을 때에는 시간의 여유를 두지 않고 갑작스럽게 신청하는 데이트에 응하는 여성은 결코 평판이 좋지 않았다. 그것은 아무에게도 신청을 받지 못했음을 고백하는 것과 마찬가지였다. 그렇다. 데이트 신청에 좀체로 응하지 않는 여성은 그녀를 돋보이게 하는 데 도움이 될지 모르지만 동시에 그 아가씨는 많은 즐거움을 잃게 될 것이다.

상대 남성이 먼저 다른 아가씨에게 신청했다가 거절당한 다음으로 자기에게 신청했다고 해도 그까짓 일이 뭐 대단할까?

남성이란 곧 무엇인가를 생각해 내면 곧바로 행동에 옮기고 싶어 한다. 그러한 남성의 행동에 대한 여성의 불변증이 항상 남성에게는 안타까워 보이는 것이다. 나이를 먹기 전에 남성의 기분에 적응하는 방법을 아는 여성은, 남성과 조화를 이루어 나가기 위한 비결에 한층 접근했다고 해도 과언이 아니다.

무엇이든 지나치지 않도록 하라

나의 강좌를 듣는 한 여성은 자기가 너무나 똑똑했기 때문에 청혼자를 놓쳐 버린 이야기를 친구에게 고백한 일이 있다.

그 여성은 비교적 좋은 자리를 얻어서 기획하고 명령하는 등 책임감을 가지고 일을 했다. 그것은 결국 버릇처럼 되어서 직장 일이 아넌 때에도 먼저 모든 일을 처리하게 되었다.
 그녀는 이렇게 고백했다.
 "정신을 차리고 보니 나의 데이트 상대는 우물쭈물 우산을 펴는 도중인데, 나는 벌써 손을 들어 택시를 세우고 있었습니다.
 그리고 엘리베이터의 단추도 내가 먼저 눌렀습니다. 함께 식사를 할 때에도 당신은 혈색이 좋지 않으니까 베이컨 요리가 좋다고 권합니다.
 상대 남자는 단 한 번도 나를 위하여 의자를 끌어내어 주든가, 코트를 벗겨 줄 기회가 없었습니다.
 왜냐 하면 성미가 급한 나는 상대가 그렇게 해 주려고 하기 전에 미리 내 손으로 해 버렸기 때문입니다. 나는 무엇이나 서슴지 않고 나의 의사대로 해냈을 뿐만 아니라 지나치게 행동한 것입니다."

 오늘날 직장 생활을 하는 여성들은 이상적인 남성이 나타났다고 하더라도 무엇이든지 남의 손을 빌리지 않고 자기 자신이 훌륭하게 해내려고 한다.
 남성이라는 사치스러운 동물은 그저 과자를 먹듯 모든 것을 자기 것으로 만들고 싶어하는 동시에 집에서 구운 빵과 같은 다정한 풍미를 욕심낸다.
 그들이 구하는 것은 여자다운 다정함과 자기를 받아들일 만큼의 지능과, 또한 필요한 경우에는 가정의 수입을 늘려 줄 능력을 겸비한 여성이다.
 당신이 마음에 드는 남성을 만났을 때 모든 조건을 갖춘 여성이라는 인상을 주기란 말처럼 쉽지 않다.

일에 전력을 다하며 직장에서 성실한 태도로 열심히 근무하는 것은 좋다. 그러나 근무 시간이 끝난 후 남성에게 그가 데이트하고 있는 상대는 여성이며, 상담자나 동료가 아니라는 느낌을 갖게 하지 않으면 안 된다.

오래 전 나는 풍채 좋은 신사와 친해질 기회가 있었다. 그런데 나는 그를 자주 불러내어 ─ 물론 잠시 동안이지만 ─ 둘이서 이곳저곳을 돌아다니곤 했다.

그 즈음에 나는 여성 단체에 관심을 가졌으므로, 여가를 조절하여 그 일에 열을 올렸다.

바자회를 하거나 주부 정신 수양에 관한 집회에 출석하는 한편 틈틈이 그 청년과 데이트를 하였다. 아무개는 이런 말을 했다든가, 여성 간부가 하는 일은 틀려먹었다고 그에게 설명을 해 주었다.

그러던 어느 날 드디어 그는 나에게 따끔한 맛을 보여 주었다.

"당신은 여자이면서도 무척 남자답군."

하고 말하는 것이었다.

"지금 나는 마치 여성 단체의 선전 팜플렛에 손발을 묶인 몰골이야. 여성 단체에 관해서 알고 싶어지면 여성 간부에게 편지를 내어 가르쳐 달라고 하지. 그건 그렇고, 이제 내게는 좀더 즐거운 저녁을 함께 지내 주겠다는 여성이 있어요……. 안녕!"

소문으로는, 그 청년은 살림 잘 하는, 그러나 결코 자기가 여자임을 잊지 않는 아름다운 금발 여성과 결혼하여 행복하게 살고 있다는 것이었다.

자신을 가져라

예순 살이 넘는 늙은 부인이 10대 소녀 같은 옷을 입고, 머리를 염색하고, 굽 높이가 3인치나 되는 하이힐을 신고, 짙은 화장을 하고 다닌다면 남성의 눈에는 꼴불견으로 비칠 수밖에 없다.

이 세상에서 쓸쓸한 광경 가운데 가장 서글픈 인상을 주는 것은 늙은 자신의 모습을 받아들이지 않으려는 늙은 부인의 모습이다.

그녀는 여성의 매력이란 오직 나이에 달린 것으로서, 필사적으로 노력하면 죽을 때까지 누구의 눈에도 서른아홉 살 이상으로는 보이지 않을 수 있다고 믿고 있다.

그런 여성들이 자신이 망상하고 있는 성적 매력에 의하여 남성을 유혹하려는 마음을 정지하려면 무척이나 튼튼한 위장이 필요하다.

왜 솔직해지지 못하는 것일까?

얌전한 여성들은 자신이 파티의 스타가 될 수 있다고 상상하여, 큰 소리로 웃든가, 무작정 술을 들이마심으로써 자기의 매력을 증가시킬 수 있다고 착각하는 수가 있다.

일부 여성들이 믿고 있는 이런 생각과는 반대로, 남성은 상대가 어떤 여성인가를 갈파하는 데 있어서 전혀 우둔하지가 않다.

그들은 분명히 흑백을 가릴 눈을 갖추고 있다.

화장이나 옷이나 머리 모양으로, 또 성격을 바꿈으로써 남성을 매혹시킬 수가 있다는 미신이 여러 여성들 사이에 퍼져 있는 듯하다. 그러나 성격을 바꾼다는 것은 누구에게나 가능하지는 않다. 어째서 하느님으로부터 받은 대로의 성격으로써는 안 된다는 것일까?

우리에게 필요한 것은 단지 그것을 덮은 불필요한 것을 벗겨 내어 본래의 것을 잘 연마하는 데 있다. 자신의 장점을 살려 주고, 단점을 없애면 바로 그것이야말로 자신에게 주어진 최선의 것이 될 수가 있다. 남녀 노소를 불문하고 어느 누가 그 이상의 것을 기대할 수가 있겠는가?

제 2 장
성현들이 남긴 명언

카네기 명언집 중에서

♣ 칸트

 습관은 어떠한 것이든 결코 좋지 않다. 옳은 행실의 습관이라도 좋은 것은 못 된다.

♣ 공자

 극히 단순한, 그러나 도덕적인 고매한 마음으로 끊임없이 눈에 띄지 않는 의무를 다하는 것은 그 인간을 대단히 굳세게 만든다. 그 사람은 용감하고 힘차게, 이 세상의 잡음 속에서라도, 설사 불기둥 위에서라도 행위할 수 있게 된다.

♣ 찬닝

 도덕적인 노력과 그 생활을 인식한 기쁨은, 마치 육체적인 노동과 그 휴식의 기쁨과도 같이 번갈아 온다. 육체의 노동 없이는, 휴식의 기쁨도 없다. 도덕적인 노력 없이는 생활을 인식하는 기쁨도 있을 수 없다.

♣ 쇼펜하우어

죽음은 항상 행복하다. 죽음은 우리들의 개성을 다른 모양으로 변화해 버리는 것이 아닐까? 그리고 개성이 멸망되고 만물의 끊임없는 기원과 합류하는 것이 아닐까?

♣ 플라톤

누구나 죽음이 무엇인지 모른다. 그리고 죽음은 사람에게 있어서 가장 좋은 선(善)임을 알지 못한다. 하지만 모든 사람들은 마치 죽음을 가장 큰 악이라 생각하고 죽음을 가장 두려워하고 있다.

♣ 카네기

항상 자기의 생활을 중용에 머물도록 노력하라. 즉, 죽음을 두려워하지 말고, 또 죽음을 바라지 않는 마음으로 생활하도록 노력하라.

♣ 파스칼

인간의 대부분은 자기의 만족에 지나치게 집착한 결과 만족을 잃으면 비탄에 빠지고 만다. 그러나 기쁨을 알면 동시에 그 기쁨의 원인이 사라지더라도 한탄을 하지 않는 사람만이 옳은 것이다.

♣ 아우렐리우스

시도하라. —— 그러면 아마 당신도 사랑과 선행으로써 마음의 평화를 얻고, 자기의 운명에 만족하는 사람의 생활을 영위해 나갈 수 있게 될 것이다.

'일하지 않으면 아니 된다.' 이 법칙에서 벗어나는 것은 오직 죄를 범함으로써만 가능하다. 혹은 폭력에 의해서 혹은 폭력 앞에 아부하고 굴복함으로써만 가능하다.

♣ 토로
빵을 얻기 위해서 순진함을 잃느니보다 굶어죽는 편이 낫다.

♣ 사디
왕자로부터 받은 옷은 아무리 아름다워도 자기가 입은 값싼 옷보다 못 하다. 부자가 먹는 음식이 아무리 맛있는 것이라도, 내 식탁에 있는 한 조각 빵보다 못 하다.

♣ 토로
연초보다 연말에 이르러 더 나아진 사람이 더 좋은 사람이다.

♣ P. 발레리
만약 신이 없다면, 우리는 신을 발견하지 않으면 안 된다.

♣ 에픽테토스
자기 적에게 무엇으로 갚을 것인가? 착한 인간이 되도록 노력하는 것으로 갚으라.

♣ 탈무드
선으로써 악에 보답하라.

♣ 괴테
사람들에게 대하여, 그 사람에게 알맞은 교제를 하는 것은, 다만 그들을 악화시킬 따름이다. 사람에게 대하여, 그 사람들이 실제로 그러한 이상으로 좋은 교제를 하는 것은 그 사람이 참으로 향상하도록 도움을 주는 것이다.

♣ 쟈미파다
친절로써 노여움을 이겨라. 착함으로써 악을, 은혜로써 인색을, 정의로써 허위를 이기도록 하자.

♣ 톨스토이
악에 대해서 선으로 보답할 때의 기쁨을 단 한 번이라도 경험한 사람은 그 기쁨을 얻을 수 있는 다음 기회를 결코 놓치지 않을 것이다.

♣ 바이블
전쟁은 사람들 손에 의해 범해지는 죄악이다.

♣ 바이블
진리를 깨달아라. 그러면 그 진리가 그대를 자유롭게 해 줄 것이다.

♣ 스프링필드

전쟁은 막(幕)이다. 그 막 뒤에서 여러 사람, 여러 민족이 무서운 죄를 범하고 있다. 그 죄는 전쟁이 아니면 이 세상에 나타나지 못할 만큼 큰 죄이다.

♣ 마드지니

목표가 멀면 멀수록, 더욱더 전진이 필요하다. 서두르지 마라. 그러나 쉬지 말라.

♣ 조지야 라파츠키

사람들은 번번이 조그만 기억을 가지고 있다 해서, 자기의 양심이 깨끗하다고 자랑 삼는 일이 있다.

♣ 로드

하나의 악을 없애면 열 가지 악이 그에 따라 없어질 것이다.

♣ 카네기

위대한 사상은 영혼에서부터 나온다.

♣ 곤차로프

위대한 사랑은, 깊은 지혜와 같다. 지혜의 넓이는 마음의 깊이에 비례된다. 인도의 가장 높은 정점에 도달하는 것도 위대한 마음이다. 위대한 마음은 위대한 지혜가 된다.

♣ 데카르트

나는 곳곳에서 사회 일반의 행복을 위해서라는 명목 아래 자기의 이익만을 꾀하는 부자들의 음모를 본다.

♣ 데카르트

단 하나의 직접 신뢰할 수 있는 현실은 인식의 현실이다.

♣ 가퍼트

신을 자기 자신의 영혼 속에서 찾으라. 결코 그 이외의 곳에서는 신을 발견할 수는 없을 것이다.

♣ 칸트

인간은 인생의 목적 그것에 도달할 수 없다. 인간은 다만 인생의 목적으로 인도하는 방향을 알 수 있을 따름이다.

♣ 톨스토이

중요한 것은 지식의 분량이 아니라 그 질이다. 우리는 아주 많은 것을 알고 있으면서도 정작 가장 필요한 것을 알지 못하는 일이 흔히 있다.

♣ 칸트

최고 학부에 있어서의 방법론적인 논쟁이란 언어상에서만 불확정한 의의를 덧붙일 뿐, 해결하기 곤란한 문제를 해결하는 것을 일반적으로 인정하고 있는 것에 불과하다.

♣ 세네카

모른다는 것은 손해도 아니며 수치도 아니다. 모든 것을 안다는 것은 누구에게나 불가능한 일이다.

♣ 공자

고뇌의 기쁨을 모르는 사람은 참된 앎, 즉 참된 인생을 아직 생각하지 못하고 있는 자이다.

♣ 토로

어두운 밤이 하늘의 빛을 덮어 감추는 것과 같이, 우리들을 둘러싸고 있는 빈곤이나 불행의 어둠은 인생의 모든 아름다움과 의의를 우리들의 눈에서 가려 버리고 만다.

♣ 볼트

사람의 운명이 실체에 있어서 어떠한가 하는 것보다는 사람이 자기의 운명을 어떻게 생각하고 있는가 하는 것이 더욱 중요한 문제이다.

♣ 톨스토이

정신적인 사람에게 있어선 자기 부정이 행복으로 가는 길이다. 동물적인 사람에게 있어선 정욕의 만족이 그러하듯.

♣ 뒤마

가장 위대한 지식은 자기 자신을 아는 것이다. 자기 자신을 알고 있는 자는 신을 알고 있는 자다.

♣ 공자
참된 선은 항상 단순하다. 단순이란 매혹적이며 이로운 것인데도 불구하고, 단순한 사람이 이처럼 적다는 것은 매우 놀랄 만한 사실이다.

♣ 바이블
굳세고 싶거든 자기 자신 속에 신앙을 확립하라.

♣ 칸트
자신이 신과 연결된 것을 알고 있는 자에겐 참된 용맹성이 투쟁 속에 있다.

♣ 톨스토이
인간은 육체적 존재로부터 정신적 존재 속으로 자기의 생활을 옮기는 정도에 따라 자유를 깨닫게 된다.

♣ 데카르트
신을 의식하는 것은 단순한 일이며, 또 누구에게나 될 수 있는 일이다. 그러나 신을 배우기는 불가능하다.

♣ 톨스토이
어떤 사람이 다른 사람을 비난하기 시작하거든 곧 서로 그것을 중

지시키자는 약속을 해 두라.

♣ 몽테뉴
게으름이 행복하고 부지런함이 벌이라고 생각하는 것은 기묘한 착오이다.

♣ 톨스토이
자기 자신을 위해서는 될 수 있는 한 건강하며 힘이 강할 필요가 있다. 그러나 신에 봉사하기 위해서는 그럴 필요는 없을 뿐만 아니라 때로는 그 반대이다.

♣ 페르시아 속담
사람이 사나이답다 함은, 다만 용기나 힘으로 그렇게 된다고는 생각하지 말라. 만약 그대가 노여움을 억제할 수 있고 남을 용서할 수 있다면, 그대의 용기나 힘보다도 그것이 훨씬 사나이다운 것이다.

♣ 뉴턴
자기가 한 일은 사정 없이 처단하라. 그러나 절망해서는 안 된다.

♣ 공자
하지 않으면 안 될 줄을 알면서 하지 않는 것. 그것이 바로 비겁이다.

♣ 오레리아스

누군가 나를 모욕한다면, 그 사람은 그런 성질을 타고난 것이다. 나에게도 나 자신의 성질이 있다. 그것은 자연에서 받은 성질이다. 그러나 나는 또 자신의 성질에 따라 행동하고 있는 것이다.

♣ 파스칼

위험 속에 있는 죽음보다, 위험 밖에 있는 죽음을 두려워하라.

♣ 게이츠켈

어떠한 일이 일어나도 낙심해서는 안 된다. 이미 매장되어 버린 과거의 일에 애태우지 말라. 그렇게 성인들은 말한다.

해야만 할 일을 하라.

할 일을 해야 하는 이상 강력하고 남자답게 되어라. 별과 같이 잠자지 말고 쉬는 일 없이.

♣ 공자

사람들은 진리가 나타나도, 그 나타나는 방법이 자기들의 마음에 들지 않으면, 결코 그 진리를 인정하려고 하지 않는다.

♣ 탈무드

사람들 사이에 벌어지는 싸움이란, 물이 둑을 터뜨리는 것과 흡사하다. 한 번 그 둑이 터지면 다시는 도저히 막아낼 수가 없다.

♣ 존 러스킨

악을 범한 사람들을 선도함에 있어서 그 사람들의 결점을 말할 필요는 없다. 그것은 말하지 아니해도, 그 사람들 마음 속에 깊은 인상을 남기고 있기 때문이다.

♣ 톨스토이

가령 사람들이 자기의 사명과 행복이 어디에 있다고 생각하면, 과학은 그 생명과 행복에 대한 연구인 것이며, 예술은 그 연구의 표현이 되지 않으면 안 된다.

♣ 동양의 속담

현인은 알기 위해서 배운다. 어리석은 사람은 사람에게 알려지기 위해서 배운다.

♣ 공자

도덕적 완성에도 달하기 위해선 무엇보다도 먼저 정신이 결백하기에 마음을 쓰지 않으면 안 된다. 정신의 결백은 마음이 진실하기를 구하고 의지가 신성을 향하여 나아갈 때 얻어질 수 있다. 그리고 이러한 일들은, 그 사람이 참된 지식을 가지고 있는지 없는지에 달려 있다.

♣ 칸트

말로 표현된 모든 사상은 힘이 크다. 그 영향에는 제한이 없다.

♣ 세네카
사상의 힘은, 도덕적인 진리로 인하여 위대하게 되며, 그리고 확고하게 되는 것이다.

♣ 루시마로리
그대가 가지고 있는 사상, 혹은 그대가 하고 있는 행위가 결국에 있어서는 선 또는 악을 행하는 그대의 능력이 되는 것이다. 그리고 그 후 그것은 제 스스로의 발전 또는 성장으로써 선 또는 악을 시작하게 한 사람에게로 돌아온다.

♣ 시세르
간결하게 표현된 힘 있고 굳센 사상이란, 인생을 잘 되게 하기 위하여 많은 역할을 한다.

♣ 톨스토이
정의는 도처에 있다. 하지만 특히 교육 여하가 그 중대한 조건이 된다.

♣ 탈무드
항상 바르게 하라. 특히 아이들에게 대해서 바르게 하라. 아이들과 약속한 것은 반드시 지켜라. 그렇지 않다면 그대는 아이들에게 허위를 가르치는 것이 된다.

♣ 공자

우리들은 마음 속에 죽음에 속하지 않은 그 무엇인가를 인정하고 있다.

♣ 노자

남을 아는 사람이 현명한 사람이다. 자기 자신을 아는 사람은 덕이 있는 사람이다. 타인을 이기는 사람은 힘이 강한 사람이다. 자기 자신을 이기는 사람은 마음이 굳센 사람이다. 죽는 것은 영원히 없어지는 것이 아니라는 깨달음을 얻은 사람은 영원한 생명을 얻는다.

♣ 노자

세계가 존재하기 시작한 것은 의지가 그 모체였기 때문이다. 자기의 어머니를 알고, 자기가 그 아들임을 알고 있는 자는 온갖 위험 밖에 있다. 인생의 종극에 있어서 자기의 입을 닫고 감정의 문을 닫는 자는 어떠한 불안도 경험하지 않는다.

♣ 톨스토이

생은 불멸이다. 그것은 시간과 공간 밖에 없다. 그리고 그렇기 때문에 죽음은 이 세계에 있어서의 그 형식을 바꾸는 데 지나지 않는다.

♣ 톨스토이

행복을 자기 자신 이외의 것에서 발견하려는 사람은 그릇된 것이다.

현재의 생활 또는 미래의 그 어느 것에 있어서나, 자기 자신 이외의 것에서 행복을 얻으려는 사람은 잘못이다.

♣ 위르뱅
운명 속에 우연은 없다. 인간은 어떤 운명에 마주치기 전에 자신이 그것을 만들고 있는 것이다.

♣ 자미파다
그대 자신이 죄를 범하고 악을 생각하고, 혹은 그대 자신이 죄를 피하고, 깨끗한 생각을 하는 법이다. 기적 또는 청백은 그대 자신에 의하여 좌우되는 것이다. 누구든 그대를 구원할 수는 없다.

♣ 세이프 물크
그대의 육체는 당신의 영토이며, 선과 악으로 가득 차 있다. 그대는 그 영토의 군주이며, 그대의 이지는 국무총리이다.

♣ 톨스토이
자기 자신의 노력 이외의 무엇인가에서 구원과 행복을 발견하게 되길 바라고 있을 때만큼 인간의 마음이 약해질 때는 없다.

♣ 노자
공손은 사랑을 일으킨다. 선을 동반한 공손은, 세상에서 사람의 마음을 가장 잘 이끄는 것이다. 그러나 그것은 자기가 찾지 않으면 안 된다.

♣ 공자

인생이란 끊임없는 변화이다. 육체적 힘은 약해지고 정신적인 생활이 커가는 변화이다.

♣ 소론

살아 있는 동안에 배움을 계속하라. 노년이 지혜를 가지고 오기를 기다리지 말라.

♣ 칸트

도덕이란 언제나 앞으로만 나아가는 것이다. 그리고 그것은 언제든지 새롭게 다시 출발하기 위한 시작이다.

♣ 플라톤

자기 손으로 만져보아 느낄 수 있는 것만이 실재하는 것이라 생각하는 사람들은 참으로 무지한 사람들이다.

♣ 아미엘

의무는 현실 세계의 실제를 느끼는 것을 우리들에게 강요하는 성질을 갖고 있다. 그리고 그와 동시에 거기서부터 우리들을 떼어 놓은 것이다.

♣ 말티노

어떤 개인에 대해서와 마찬가지로 민족에 대해서도 모든 완전을 향해 움직이는 힘은 존재하는 그것에 대한 지식이 아니라 존재할 수 있는 그것에 대한 사색이다.

♣ 탈무드
민족이란 이미 그 신이 소멸했을 때에만 멸망할 수 있다. 즉, 그 도덕상의 이상이 보다 나은 것으로 향하는 노력이 소멸할 때에만 멸망할 수 있다.

♣ 톨스토이
인간이 아무리 타락해도 언제나 자기가 그것을 향해 걸어가며, 또 걸어가야 할 이상을 갖는 것은 가능한 일이다.

♣ 루소
착오로 인도하는 길은 몇 천 갈래이다. 진리로 인도하는 길은 단 하나밖에 없다.

♣ 칸트
진리가 자기를 설복하지 않도록 두려워하는 것보다 더 인간에게 있어서 불행한 일은 없다.

♣ 마드지니
사람들이 종교라고 명명하고 있는 법식으로부터 교육·정치·사회·경제, 그리고 예술의 규범에 나오게 된다.

♣ 레싱

만일 그대가 신앙을 가지고 있지 않음을 깨달았을 때, 그대는 이 세상에 있어서 인간이 처할 수 있는 가장 위험한 상태에 있음을 알라.

만약 인간에게 그 사람이 그 때문에 목숨을 내던질 결심이 될 만한 마음가짐이 없다면, 그것은 참으로 불행한 일이다.

♣ 중국 금언

이름도 없고, 남들이 자기의 행위를 이해해 주는 일은 없으나, 그것을 슬퍼하지 않는 사람이 정말 덕이 높은 사람이다.

♣ 중국 금언

남들이 비방하고 욕할 때 기뻐하라. 반대로 남들이 칭찬할 때 슬퍼하라.

♣ 톨스토이

남에게 바보라고 멸시당함은, 선의 훌륭한 나타남이다.

♣ 말티노

선을 만들어 내지 않는 동안엔 누구도 선에 대한 이해를 가질 수 없다. 그리고 자주 선을 행하고 희생적으로 선을 행하지 않는 동안엔 아무도 참된 선을 사랑할 수 없다. 그리고 항상 선을 통하여 평화를 찾을 수 없다.

♣ 말티노

가령 사냥꾼이 짐승을 찾듯이 늘 선을 행할 기회를 찾는 습관은 갖지 못한다 하더라도 적어도 선을 행할 기회가 오거든 그 기회를 놓치지 않도록 조심하라.

♣ 서양 격언

자연 속에서 일어나는 가장 큰 변화는 아무도 모르게 진행되는 법이다. 끊임없이 서서히 성장해 가고 있는 것이지, 별안간 돌발적으로 일어나는 것은 아니다. 정신 생활도 이와 마찬가지이다.

♣ 세네카

참으로 위대한 것은 서서히 눈에 보이지 않는 성장 속에서 이룩되어 간다.

♣ 존 라스킨

온갖 참된 사랑 —— 살고 있는 사상이란 끊임없이 자양을 취하여 변화해 가는 상태를 가리고 있는 법이다. 그러나 그것은 구름이 변하듯이 급격한 것이 아니라 수목이 변하듯이 서서히 변화해 간다.

♣ 루시 마로리

완전이란 것은 결코 모든 시대에 다같이 있는 것은 아니다. 왜냐하면 모든 시대는 제각기 다른 완전을 가지고 있는 것이므로.

♣ 루시 마로리

자기가 진보하고 있는지 어떤지를 걱정하는 것은 덕의 성장과 완성을 위해서 해로운 것이 아니다.

♣ 루시 마로리

인생은 끊임없는 기적이다. 만물의 성장이 어떠한 것인가를 앎으로써 우리들은 자연의 비밀 속에서 가장 깊은 비밀을 알게 된다.

♣ 톨스토이

우리들은 결핍에 젖으면 젖을수록 더욱더 빼앗김에 대한 근심 걱정은 적어진다.

♣ 웨리키

연기가 벌집에서 벌을 쫓아내듯이 탐욕은 정신적인 선물과 앎의 완성을 쫓아낸다.

♣ 메네뎀

우리들이 원하는 것은 소유함의 큰 행복이다. 그러나 그 이상으로 행복한 것은 우리들이 가지고 있는 것 이외의 것을 아무것도 원하지 않는 그것이다.

♣ 세네카

자연은 소량을 요구하고 있다. 그러나 공상은 다량을 요구한다.

♣ 불타
향락은 슬픔을 낳는다. 향락에서 해방된 사람에게는 슬픔도 공포도 있을 수 없다.

♣ 공자
인간의 덕은 그 사람의 언어 속에서 엿볼 수 있다.

♣ 에머슨
설사 이웃의 결점을 보더라도 그것을 아무에게나 전하지 말라.

♣ 에머슨
남의 결점을 숨기고 그 사람의 장점을 나타내 주는 것은 사랑의 표현이다. 그리고 이웃의 신뢰를 얻는 가장 좋은 방법이다.

♣ 토로
어떤 행위가 복잡한 논의를 일으킨다면 그것은 곧 나쁜 행위라 믿어도 좋다. 양심이 내리는 결정은 바르며 또한 단순하다.

♣ 서양 속담
우리들의 행위의 결과는 결코 우리들이 도달할 수 있는 것이 아니다. 왜냐 하면 우리들의 행위의 결과는 한없는 세계에 있어서의 한없는 것으로써 우리들에게 나타나는 것이기 때문에.

♣ 성 프란시스

우리들의 행위는 우리들의 것이다. 그 결과는 신의 일이다.

♣ 톨스토이

사람들이 신의 깊은 비밀 속으로 들어가려고 노력하더라도 그것은 쓸데없는 일이다. 사람들의 할 일은 다만 신의 법칙을 지키는 것이다.

♣ 탈무드

자기 자신의 의무를 다하라. 그리고 그 결과는 당신에게 그 의무를 부과한 신에게 맡겨라.

♣ 존 러스킨

당신이 하는 일의 결과가 어떠하든지 그것은 별개의 문제이다. 다만 당신 자신의 마음이 깨끗하고 바르게 되도록 노력하라.

♣ 노자

마음이 성스러운 인간은 내면적인 것에 마음을 기울이지만 외면적인 것에 대해서는 냉정하다. 그는 외부의 것을 소홀히 하고 내면적인 것을 소중히 한다.

♣ 톨스토이

만약 그대가 자기 하는 일의 결과를 남김없이 볼 수가 있다면 그 일은 아무런 뜻도 없는 것임을 알라.

♣ 존 러스킨
어떤 한 인간이 다른 인간을 굴종시키거나, 돌봐주거나, 또는 은혜를 베푸는 것만으로써 그 인간의 존엄이 자신과 타인에게 의하여 인정되는 것은 아니다.

♣ 레싱
좋은 신앙은 가장 너그러운 기쁨이다.

♣ 에머슨
정신의 기쁨은 그 사람의 힘에 대한 증명이다.

♣ 쇼펜하우어
행복하기 위해서는 행복하게 될 수 있다고 믿지 않으면 안 된다.

♣ 톨스토이
곧 죽지 않으면 안 된다는 의식이 목전의 일 중에서 항상 신의 뜻에 맞는 일을 선택하도록 가르쳐 준다.

♣ 스피노자
자유로운 사람이란 죽음보다 인생에 대해서 더 많은 것을 생각하는 사람이다.

♣ 스피노자
사람은 정신적인 생활을 하고 있는 때에만 자유이다. 정신에 있어서 죽음은 존재하지 않는다. 그러므로 정신적 생활을 하고 있는 사람은 죽음에서 해방되어 있다.

♣ 휴
온 세상이 나를 비방하더라도 화를 내어서는 안 된다. 곧 그 비방 속에 어떤 근거가 있나 없나를 잘 생각해 보지 않으면 안 된다.

♣ 세네카
참된 힘은 내 자신 속에서만 끄집어낼 수 있다.

♣ 중국 격언
자기 자신에게 엄격하라. 그리고 친구에게 공손하라. 그러면 당신의 적은 없어질 것이다.

♣ 공자
이따금 키만 자라고 꽃은 피지 않을 때가 있다. 또 꽃만 피고 열매가 열지 않을 때도 있다. 진실이란 것을 알고 있는 사람은 진실을 사랑하고 있다 말해도 좋다. 그러나 진실을 사랑하고 있다 해도 사랑으로써 진실을 행하고 있다고는 말할 수 없다.

♣ 톨스토이
완성된 덕성에 통하는 길은 두 가지가 있다. 올바르게 하는 것과 모든 것에 대하여 악을 행하지 않는 것이다.

♣ 존 러스킨

우리들은 사회 생활에 있어서 다음과 같은 이상을 목표로 나아가야만 하지 않을까.

즉, 사회가 진보하면 할수록 그에 비하여 선한 사람을 위협함이 없으며, 예속시킴이 없는 상태를 이상으로 하여 나아감이 좋지 않을까.

♣ 도지

자기 자신을 재판함에 엄정하면 할수록 타인에게 더욱더 정당하고 공손하여지리라.

♣ 동양 격언

남의 행위를 비방하지 말라. 비방하는 것은 쓸데없이 자기 자신을 피로하게 하며, 커다란 과실을 범하게 하는 것이니까. 자기 자신을 성찰하라. 그 때 그대의 하는 일은 전혀 소용 없이 되지는 않을 것이다.

♣ 탈무드

남을 모함하고 자기의 영예를 구하지 말라.

마음이 거룩한 사람은 자기를 중상한 사람의 부끄럼까지도 감추어 주려고 한다. 뉘우쳐 고치는 자에게는 이전의 죄를 생각나게 하지 말라.

♣ 불타

남의 욕을 하지 말라. 그 때 그대는 마음 속에 사랑의 힘이 커진 것을 느끼며, 살아가는 행복이 커짐을 느끼게 될 것이다.

♣ 찬닝

나는 가끔 신에 대한 사랑이란 어떤 것인지 알 수 없다는 사람들을 본다. 그럴 때는 다음과 같이 말해 주는 것이 좋다. 나는 신에 대한 사랑 없이는 어떤 사랑도 이해할 수 없다고.

♣ 찬닝

신의 가르침을 잘 알면서도 신에 대한 사랑을 모르는 사람이란, 바깥 열쇠는 갖지 않고 안쪽 열쇠만 갖고 있는 사람과 같다.

♣ 탈무드

신의 가르침을 사랑으로써 지켜라. 신에 대한 사랑을 갖고 그 가르침을 지키는 것과, 신에 대한 두려움을 갖고 그 가르침을 지키는 것은 결코 같은 것이 아니다.

♣ 루시 마로리

사람이 그 마음 속에서 자기 자신을 어떻게 느끼고 있는가에 따라 신은 존재하며 혹은 존재하지 않는다.

♣ 탈무드

전심 전력으로 신을 사랑하라. 그리고 신이 그대의 마음을 받아들이실 때, 그대는 신의 성스러운 이름을 축복하기 위하여 전 생명을 희생시키기를 주저하지 말라.

♣ 탈무드

그대 아버지, 영원한 신을 두려워하라. 그리고 사랑으로써 신에 봉사하라. 왜냐 하면 신을 두려워하는 것은 죄를 범치 않게 가르쳐 주기 때문이다. 또한 신을 사랑함은 마음 속으로부터 진심으로 신의 계율을 수행할 것을 가르쳐 줌으로써이다.

♣ 칸트

우리들의 영혼 속에는 그 무엇인가 존재하고 있다. 그것은 다만 우리들이 그것에 대해서 정당한 주의만을 한다면 언제나 놀랄 만큼 위대한 것임을 알 수가 있다. 이 무엇인가는…… 우리들 정신 속에 들어 있는 근원적인 도덕성을 말한다

파스칼

이성은 사람들을 결합시키는 원인이다. 사랑은 사람들을 결합하도록 만든다. 이성은 그 결합을 완성시킨다.

주역의 진리를 과학적으로 밝혀 놓은 세계 최초의 책
주역 원론

1. 시간과 공간

공자가 평생을 두고 연구했던 주역의 신비가 오늘날에 와서 차츰 풀리고 있는 중이다. 이는 주역에 대한 인류의 관심이 증대된 데 기인하지만, 실은 20세기에 들어서서 인류의 지성이 발전했기 때문일 뿐이다. 인류는 이제서야 주역을 이해하기 시작했다.

주역에는 오늘날 인류의 첨단 과학인 양자 역학·위상 수학·카오스 이론·프랙탈·카타스트로피·생명 창발 등 모든 것이 들어있으며, 우주의 시작과 끝, 그리고 그 과정을 낱낱이 설명하고 있다. 이로써 신의 섭리를 엿볼 수 있을 것이다.

20세기 최대의 과학자인 아인슈타인은 그의 과학적 원리의 핵심을 주역에서 얻었고, 양자 역학의 창시자인 닐스 보어도 그 원리를 주역에서 얻었다. 먼 옛날, 신출 귀몰했던 제갈공명도 그의 위대한 병법 원리를 바로 주역을 통해 깨달을 수 있었던 것이다. 주역을 알면 귀신도 부릴 수 있다는 말이 있는데, 어찌 귀신 뿐이겠는가. 주역의 섭리에 따라 인간이 앞서면 하늘도 이를 어기지 않는 법이다.

2. 질서와 혼돈

시간이라는 존재는 인류의 최대 관심사가 아닐 수 없다. 시간의 세계는 공간의 세계처럼 망원경 등으로 내다볼 수 없는 신비의 영역인바, 이러한 세계를 다루는 것이 주역이다. 주역은 당초 시간의 비밀을 풀어 인류의 생활에 이바지하도록 만들어진 것이다.

주역을 이해하기 위해서는 발달된 과학적 지성이 절대로 필요하다. 이로써 시간의 비밀은 그 모습을 드러낼 것이다. 과학적으로 바르게 규명된 주역이 인류의 발전에 크게 이바지할 것은 더 말할 나위가 없다. 주역은 원자 문명만큼이나 인류에게 중요한 학문인 것이다. 그것은 바로 시간의 문제이기 때문이다. 앞으로 인류는 시간을 이해하고 정복해야 한다. 시간을 이해하는 데에는 주역만큼 심오한 학문이 없다.

인류는 주역을 통해 시간을 정복할 것이다. 과학자인 닐스 보어는 노벨 물리학상을 타는 자리에 8괘 무늬의 옷을 입고 등장했는데, 그는 자연의 모든 법칙이 주역에서 나온다는 것을 알았던 것이다. 만일 초문명을 가진 우주인이 등장한다 하더라도 그들의 문명 원리는 반드시 주역의 원리와 합치할 것이다.

3. 자연의 대조직

주역이 만들어진 지는 실로 7천 년이나 된다. 그 당시 인류는 글자도 없었고, 농사도 지을 몰랐으며, 집도 없이 동굴이나 숲에 살았었다. 이러한 시대에 돌연 주역이 등장했던 것이다.

주역에는 온 우주의 원리와 성인의 섭리, 초자연의 비밀이 담겨 있는데, 이 같은 신의 지혜가 인간에게 다급히 전해진 까닭은 무엇일까?

우리는 인류와 우주에 있어 우선 이 까닭을 규명하여야 할 것이다. 주역은 하늘이 내린 것인지 성인이 만들었는지, 또는 초문명의 우주인이 남겨둔 것인지 증명할 수는 없다. 하지만 우리 앞에 일찍이 출연한 주역은 엄청난 내용을 전개하고 있다. 그것은 과학의 극한을 넘어서 있으며 인간을 초월하여 신의 세계를 깨닫게 한다. 주역은 하늘이 인간에게 베푼 최대의 은혜가 아닐 수 없다.

인간은 주역의 지혜를 획득하여 영원한 세계를 보다 행복하고 안전하게 살아갈 수 있을 것이다.

4. 신의 지혜

아인슈타인은 언젠가 인류의 지혜가 좀더 발전한다면 시간의 미래를 완전히 알 수 있는 해법을 찾을 수 있을 것이라고 생각했다. 하지만 이미 수천 년 전에 그러한 해법이 존재했던 것이다. 주역이 바로 그것이다. 오늘날 인류는 주역의 지혜를 통해 시간의 미래를 예측하는 것이 가능한 시점에 이르고 있다. 만일 현대의 초고속 슈퍼 컴퓨터의 기능과, 여기에 주역까지 일끼 합쳐진다면 일기 예보처럼 사건 예보가 이루어질 수 있을 것이다. 물론 주역의 이론이 당장 시간의 미래를 세세하게 예보하는 데 이르지 않는다 해도 주역이 갖는 광대한 지혜는 인류의 복지를 크게 증진시킬 것이 틀림없다.

현대에 와서 세계의 많은 과학자들이 주역의 연구에 몰두하는 것은 실은 이러한 배경이 있는 것이다. 이는 인류의 급격한 지성 발달을 위해 크게 바람직한 일이 아닐 수 없다. 다만 애석한 일이 있다면 오늘날 우리 나라의 경우 주역의 과학적 연구가 이루어지고 있지 않다는 것이다. 이러한 상황에서 본 저서는 우리 나라의 주역 과학 발전에 원동력을 제공해 줄 것이라고 믿는다.

5. 사물의 운명

인류의 문명에는 수많은 신비가 있다. 피라미드를 필두로 해서 스핑크스·모아이·잉카제국·만리장성 등등이 그것이다. 그런데 그것들은 모두 건축물에 국한되어 있다. 인류에게 건축물 말고 다른 신비는 없단 말인가. 결코 그렇지 않다. 신비란 원래 물질보다는 정신에 존재하는 법이다. 그렇다고 할 때 인류의 모든 신비를 통틀어 언급하게 필적할 만한 것이 없다. 주역의 섭리는 성인의 지혜나 과학자의 지혜를 능가하고 있는 것이다.

신이 우주를 창조했다 하더라도 그 원리는 주역의 법칙을 넘어서지 않는다. 실로 주역은 자연의 모든 비밀을 함유하고 있는바, 이를 떠나서 더한 신비는 있을 수 없다. 인류는 5천 년간이나 주역의 깊은 비밀을 모르고 있었지만 이제서야 그것이 풀리고 있다.

이 책은 현대의 첨단 과학을 통해 주역의 신비를 파헤치고 있다.

6. 무한을 넘어서

오늘날 인류는 물질의 궁극에 도전하고 있는 중이다. 이는 우주가 어떻게 만들어져 있는지, 또한 그 안에 있는 물질의 구조가 어떻게 되어 있는가를 완전히 파헤치려는 것이다. 그렇게 되면 우주 자연의 비밀이 모두 풀리게 되는 것일까? 실은 그렇지 않다.

우리가 사는 이 세계는 물질뿐 아니라 초물질·생명·영혼·세계이전, 시공의 끝, 초법칙 등 알 수 없는 신비로 가득 차 있다.

인류는 아직 이러한 영역에 발을 들여놓지 못하고 있는 것이다. 하지만 주역은 오천 년 전부터 이미 자연과 초자연의 모든 비밀을 간직하고 있었다.

인류는 주역을 통해 극한적인 지혜를 습득할 수 있을 것이다. 우리가 사는 세계에 주역이 있다는 것은 하늘의 더할 수 없는 축복이다.

주역 김승호 ●대하소설

1권/연진인의 천명재판
세상과는 멀리 떨어진 깊은 산, 범상한 신통력과 전생을 간직한 사람들의 마을, 지존한 신선들의 은밀한 행보는 지상으로 향하고, 정마을은 상상조차 할 수 없었던 기이한 사건의 소용돌이 속으로 휘말려 드는데……. 연이은 긴박한 사건 속에 속세에서 폭력에 맞섰던 한 사나이가 정마을로 숨어든다.

2권/평허선공, 염라전에 들다
정마을 촌장의 기이한 행적으로 인한 의문은 쌓여만 가고, 건영이의 신비한 힘이 주역을 통해서 서서히 드러난다. 이 때 천계에서는 우주의 이상현상에 대한 답을 구하기 위해 특사가 파견되지만 요녀들의 방해로 죽임을 당해 뜻을 이루지 못한다. 한편 정마을을 떠난 촌장 풍곡선은 천계에서 심문을 받고…….

3권/종잡을 수 없는 천지의 운행
천계에서 서선 연행이었던 전생의 기억을 회복한 남씨는 숙영이 어머니와의 이루지 못한 슬픈 사랑에 가슴 아파한다. 우주의 이상현상의 하나로 나타난 혼마 강리는 정마을 사람들을 위협하고, 천계의 대선관 소지선은 평허선공을 피해 하계로 숨어 버린다.

4권/단정궁의 중요 회의
우주의 혼란을 바로잡을 방법을 구하기 위해 단정궁에 파견된 특사는 아리따운 총관 본유의 유혹에 넘어가 정력을 소진한 채 자멸하고 만다. 한편 지상에 나타난 혼마 강리는 땅벌파에게 무술을 가르쳐 세상을 지배하려 한다. 그러나 풍곡선의 부탁을 받아 그를 뒤쫓던 검의 명수 좌설과 일전을 치르는데…….

5권/선혈로 물든 인연의 늪
정마을 주변에서는 또 한번의 기이한 일이 발생한다. 빗자루를 든 괴노인이 나타나 닥치는 대로 사람을 죽이고 서울로 향하는 인규를 위협한다. 정마을이 지원하는 조합장측과 혼마 강리가 지원하는 땅벌파 간의 오랜 이권 다툼 끝에 드디어 협상이 이루어져 새로운 전기가 마련된다. 천계에서는 동화궁과 남선부 간에 전쟁이 일어나 아수라장이 되어 버린다.

6권/옥황부의 긴급 사태
건영이는 하루가 다르게 도를 깨우치고 혼마 강리도 극강의 힘을 얻기 위해 땅벌파를 동원해 여체를 찾아 나선다. 그들은 드디어 무척 날쌔며 힘이 장사인 미친 여자를 만난다. 그러나 혼마는 뒤쫓던 좌설과 능인의 일격을 당해 중상을 입는다. 이 결투로 능인도 목숨을 잃을 위기를 당하지만 때마침 천계에서 건영이를 만나러 내려온 염라대왕의 도움으로 살아난다.

7권/여인의 숭고한 질투
빗자루 괴인은 마침내 정마을로 쳐들어오고 이를 미리 알아챈 건영이는 마을 사람들을 산으로 대피시킨다. 건영이는 염파를 보내 괴인을 자신에게로 이끌어 전생에 역성 정우영임을 밝히며 주역에 대해 문답을 나누어 위기를 넘긴다. 한숨 돌린 건영이는 또다시 천계에서 내려온 염라대왕을 만나 우주의 이변에 대해 상세히 진단을 내려준다.

8권/기습당한 옥황상제
좌설과의 결투로 중상을 당한 혼마 강리는 거지 무덕의 덕으로 목숨을 구했을 뿐만 아니라 극강의 힘을 향해 치달렸다. 이에 강리는 조합장측에 도움을 주고 있는 정마을의 위치를 알아내 단번에 섬멸해 버리기 위해 땅벌파들을 지방으로 내려 보낸다. 한편 정마을의 남씨는 전생에 천계에서 친구였던 수지선의 방문을 받는다.

9권/다가오는 정마을의 위기
풍곡선은 평허선공의 추적을 뿌리치기 위해 옥황부의 특사가 되어 요녀들이 들끓는 단정궁으로 향한다. 평허선공은 염라전에 나타나 염라대왕과 일전을 벌이는데……. 지상의 혼마 강리는 드디어 무덕의 신통력으로 극강의 힘을 얻고 정마을을 정복하기 위해 땅벌파와 함께 춘천으로 떠난다.

10권/슬픈 운명
정마을로 침투하려던 강리 앞에 수지선이 나타나 결투를 벌인다. 극강의 힘을 발출하며 강물 위에서까지 혈투를 벌인 끝에 강리가 생을 마감하여 바람처럼 사라져 버린다. 한편 천계에서는 평허선공의 사주를 받은 동화궁의 선인들이 옥황부로 쳐들어가고, 살상은 계속되었다. 지상과 천계의 이변을 수습할 방법은 없는 것일까? 그리고 단정궁으로 떠난 풍곡선의 운명은…….

카네기 인생론
　삶에 대한 모든 물음은 우리 스스로 체득할 수밖에 없을 것이다.
　삶에 대한 어떤 설명도 우리 자신의 삶에 지침이 되기에는 어렵기 때문이다.
　이 책은 막연한 설명이 아니라 구체적인 제시를 한다.
　우리가 어디에서나 부딪히는 삶의 현장에서 함께 이야기하고자 하기 때문이다.

카네기 자서전
　노동자들은 온정에 보답하려는 깨끗한 마음을 갖고 있다. 적어도 진실로써 다른 사람을 대하고 어떤 문제가 발생했을 때 성의를 다해서 전력한다면 그들이 사용자에게 어떻게 대할 것인가 하는 염려 같은 것은 전혀 할 필요가 없다. 그러므로 덕은 외롭지 않다. 덕을 베풀면 반드시 그에 대한 결과가 있기 때문이다. 그리고 사업에 성공할 수 있는 가장 큰 원인은 완전한 계산을 통하여 금전과 자재 등의 책임을 충분히 인식시키는데 있다.

카네기 출세론
　이 세상을 살면서 주어진 삶에 충실하다는 것은 모든 이들의 소망이다.
　그리고 가능한 모든 일을 이루어 낸다는 것은 유능한 사람들의 의무이다.
　이 책은 유능한 사람들이 나아가야 할 바를 참으로 절실하게 제시해 주고 있다.
　또 유능해지고자 하는 모든 이들의 삶을 위하여 봉사하고자 하고 있다.

신념의 마력
　인간은 마음 먹기에 따라서 세상의 모습을 바꾸어 놓을 수 있다.
　인간이 지닌 많은 힘 가운데 가장 큰 힘이 마음의 힘인 것이다.
　신념은 일상생활을 통하여 우리의 이상을 그려낼 수 있는 강한 추진력이다.
　이 추진력을 바탕으로 우리는 우리의 생활을 삶을 뜻대로 이루어 갈 수 있는 것이다.

카네기 지도론
　참다운 지도는 함께 나아가는 것이다. 무엇을 제시하거나 지시하기 전에 피지도자가 무엇을 하고자 하는가, 무엇을 할 수 있는가를 알아서 그것을 이끌어주고, 또 그것이 이루어지도록 함께 노력하는 것이다.
　이 책은 무엇이 참다운 지도인가를, 즉 어떻게 함께 나아갈 것인가를 그려내 보여주고 있다.

정상에서 만납시다
　미국의 유명한 저술가이며 자기개발 성공학의 권위자인 지그지글라가 진정한 성공에 다다를 수 있는 가장 빠른 방법을 제시하고 있다.
　29년에 걸친 판매 경험과 인간개발 경험을 살려 각계 각층에서 활약하고 있는 최고 전문가들의 성공철학을 파악, 여섯 단계로 그 비결을 밝혔다.

카네기 대화술
　올바른 언어의 선택은 의사소통을 보다 원활하게 한다. 훌륭한 대화는 인간행위의 가장 승화된 형태라고 할 것이다.
　이 책은 청중을 향하여 효과적으로 이야기하는 방법이 제시되어 있으며, 화술 훈련에 임하면서 경험한 실례를 중심으로 쓰여졌다.
　현재를 출발점으로 당신은 효과적인 화술방법을 통해 자신의 무한한 능력을 깨닫게 될 것이다.

머피의 마음만 먹으면 당신도 부자가 된다
　당신이 만약 풍족하지 않다면 행복하고 만족한 생활을 결코 영위할 수 없을 것이다. 여기에 풍족한 삶을 누리기 위한 과학적인 방법이 있다. 당신이 성공과 행복과 번영이라는 달콤한 과일을 얻고 싶다면, 이 책에서 이야기하는 것을 정확하게 되풀이해 배우라. 그러면 당신의 앞날을 보다 아름답고, 보다 행복하고, 보다 풍족하고, 보다 고귀하고, 보다 웅장하고 큰 규모로 펼쳐질 것이다.

카네기 처세론
　최고의 처세라는 것은 우선 최선의 목표를 정하고 그 성취에 이르는 길을 갈고 닦는 것이다. 거기에다 자기를 세우고, 삶을 키워내고, 세상을 이끌어 갈 수 있는 힘을 닦는 것이다.
　이 책은 거기에 있는 불후불굴의 조언을 새겨주고 있다.

머피의 잠자면서 성공한다
　머피의 이론을 바탕으로 하면 자기가 바라는 바 지위나 돈을 어떻게 얻을 것인가, 또는 우호적인 인간관계를 어떻게 실현할 것인가를 터득할 수 있다. 따라서 이 책에 명시된 대로 따르기만 하면 당신은 인생 전반에 걸쳐 기적적인 효과를 얻을 수 있다.

머피의 인생을 마음대로 바꾼다

이 책 속에는 당신의 인생을 변하게 하는 마법과도 같은 방법이 제시되어 있다. 다시 말해 기적이라고 할 만한 이야기들이 가득 차 있다. 당신의 마음속에 내재되어 있는 마법과도 같은 잠재의식을 어떻게 사용해야만 당신이 인생에서 성공할 수 있는지, 흥미진진한 실례들을 통해 상세하게 알려주고 있다.

오사카 상인의 지독한 돈벌기 76가지 방법

오사카 상인의 13대 후손이며 미쓰비시 은행의 상무를 역임한 저자가 오늘날 일본 경제를 일군 오사카 상인들의 정신을 분석 수록했다. 무일푼으로 출발하여 그들만의 돈벌이 노하우와 끈질긴 생존능력, 아이디어를 바탕으로 세계적으로 유명한 유태상인과 어깨를 겨룰만큼 성장한 오사카 상인들의 경영 비법을 바탕으로 부와 성공을 이룰 수 있는 방법이 자세히 제시되어 있다.

머피의 승리의 길은 열린다

당신은 이 책에서, '인생은 마음먹기에 따라 달라진다'는 평범한 진리가 당신의 인생에 있어서 얼마나 중요한가를 실감하게 될 것이다. 이 책에 제시된 인생의 법칙을 읽고 그것을 당신의 인생에 응용하면, 당신은 당신의 인생을 건강하고 즐겁게, 그리고 유익하고 성공적으로 가꿀 수 있는 힘을 얻게 될 것이다.

중국 상인의 성공하는 기질 74가지

미국, 일본의 뒤를 이어 세계 3대 경제대국으로 뛰어오른 중국의 숨은 잠재력, 서서히 일본의 경제를 위협하는 존재로까지 급부상한 그들에게 끈질긴 생명력과 강력한 경제력을 지닌 화교 사회는 중국 대륙의 비밀 병기였다.

그들이 성공하기까지 철저히 지켜지는 상인 정신의 기본 자세를 배워 현재의 어려움을 극복하는 지혜를 배운다.

머피의 인생에 기적을 일으킨다

마음의 힘에 관해서는 많은 책 속에 여러가지로 쓰여 있으나, 이 책에서는 당신의 모든 생활을 변환하기 위하여 이 힘을 어떻게 이용할 것인가, 건설적이며 성공할 수 있는 사고방식, 그리고 자신의 생활을 보다 풍족히 할 수 있는 방법 등을 기록했다.

유태상인의 지독한 돈벌기 74가지 방법

유태인들은 화교와 함께 세계 제일의 상인으로 손꼽히고 있다.

그것은 2천 년 동안 국가도 없이 흩어져 살면서 수없이 쏟아지는 박해와 압박을 견디며 일군 끈질긴 민족성의 승리였다. 그들은 열악한 환경 속에서도 자신들만의 독특한 상술을 발휘하여 오늘날 세계 경제를 좌지우지하는 지위에까지 오르게 된 것이다.

머피의 100가지 성공법칙

인생에서 성공한 사람들을 보면 하나같이 이 잠재의식의 법칙을 실천했던 사람들이다. 만일 당신이 지금 충분히 행복하지 않고, 충분히 부유하지 않으면, 충분히 성공하지 못했다면 그것은 당신이 잠재의식을 충분히 이용하지 못하기 때문이다. 이 책에는 당신이 가고자 하는 성공의 길, 부자가 되는 길, 인생을 한껏 즐길 수 있는 기술이 감추어져 있다.

임어당의 웃음

우리의 심리적 소질 가운데는 진보와 개혁을 저해하는 어떤 요소가 존재하고 있다. 즉 모든 이상을 웃어넘기고 죄악 그 자체조차 인생의 필요한 부분으로 미소로서 바라보는 유머임을 발견한다.

중국인의 특성의 장점과 단점이 흥미진진한 소재와 감동적인 문체로 전해지는 임어당 문학의 진수!

오늘 같은 내일은 없다

동화 속 샘처럼 맑은 영혼을 가진 헤세가 열에 들뜬 내 눈동자에 가까이다가며 옛 노래의 추억을 속삭여 줍니다.

가장 달콤하고 이상적인 충고, 세월이 흐른 지금도 그의 이야기는 멋진 동화책처럼 우리들 앞에 펼쳐져 생생하게 되살아납니다.

인디언 우화

동물과 인간의 구분도 없고 생물과 무생물도 구별 할 줄 모르는 그래서 어쩌면 첨단을 달리는 현대과학의 분위기와 맞을 그대로 간직한 채 우주 속에서 살았던 북아메리카 인디언들의 이야기들은 오늘날 잊혀져버린 인간의식의 고향을 찾을 수 있는 오솔길이 될 것이다.

인간의 마음을 탐구하는 총서

선영심리학선서

1 프로이트심리학 해설

마음의 행로를 찾아나서는 이들을 위하여, 인간과 그 심리 세계를 탐구하려는 이들을 위하여 인간심리의 틀을 밝혀 주는 프로이트심리학의 해설서.
인간이 인간답게 살아갈 수 있도록, 심리학에 입문할 수 있도록 인도하는 최고의 해설서.

INTERPRETING FREUD PSYCHOLOGY
S.프로이트 / C.S.홀

6 정신분석과 유물론
인간의 정신을 의식·무의식의 메카니즘으로 파악하는 프로이트사상과 철저한 일원론적 자세로 설명하는 마르크스 사상이 어떻게 영합하며, 어떻게 상반되며, 그리고 무엇을 문제로 빚는가를 사회사상사적 입장에서 논한, 우리시대 최대의 관심사에 관한 해설서.

PSYCHOANALYSIS AND MATERIALISM
E.프롬 / R.오스본

2 융 심리학 해설

인간의식의 뿌리를 찾아서 아득한 무의식의 세계까지 탐색하고, 그 심대한 체계를 세운 융 사상의 깊이와 요체를 밝혀 주는 해설서. 무의식의 세계까지 헤아리는 융 심리학의 인간생활에서의 실제와 응용을 설명해 주는 정신세계에 대한 최고의 입문 참고서.

INTERPRETING JUNG PSYCHOLOGY
C.S.홀 / J.야코비

7 인간의 마음 무엇이 문제인가? (Ⅰ)

현대 정신의학의 거장 K.메닝거 박사가 이야기형식으로 밝혀주는 인간심리의 미로, 그 행로의 이상(異常)과 극복의 메시지. 소외와 불안과 갈등과 알력과 스트레스 속에서 온갖 마음의 문제를 안고 사는 모든 이들의 자아발견과 자기확인과 정신건강을 위한 일상의 지침서.

THE HUMAN MIND (Ⅰ)
K.메닝거

3 무의식분석

프로이트의「정신분석 입문」과 쌍벽을 이루며, 또 그것을 능가하는 폭과 깊이를 담고 있는 융의 '무의식의 심리'에 관한 최고의 해설서.
인간의 정신세계의 연구에 있어서 끝없는 시야를 제시하는 그리고 미지의 무의식 세계를 개발하려는 융심리학의 핵심 해설서.

ANALYSIS OF UNCONSCIOUSNESS
C.G.융

8 인간의 마음 무엇이 문제인가? (Ⅱ)

제1권에 이어 관능편·실용편·철학편 등이 실려 있는 K.메닝거박사의 정신의학 명저.
필연적으로 약점과 결점을 지닐 수 밖에 없는 인간의 마음에서 빚어지는 갖가지 정신적 문제들에 대처할 수 있는 메닝거식(式) 퇴치법이 수록되어 있다.

THE HUMAN MIND (Ⅱ)
K.메닝거

4 프로이트심리학 비판

인간의 정신세계의 틀을 제시하는 프로이트 사상의 근거와 사회적 영향을 검토하고 검증하려는 비판서. 이 책을 통하여 우리는 프로이트심리학의 출발과 실제와 한계를 생각할 수 있다. 우리가 프로이트심리학에 무엇을 기대하며 무엇을 문제시해야 할 것인가를 말해주는 해설서.

CRITICISM FREUD PSYCHOLOGY
H.마르쿠제 / E.프롬

9 정신분석 입문

노이로제 이론에 있어서 새로운 영역을 개척함과 아울러 거기서 획득할 수 있는 놀라운 입장과 견해를 프로이트는 스물 여덟 번의 강의에서 총망라해 다루고 있다. 인간의 외부생활과 내부생활의 부조화로 인해 빚어지는 갖가지 문제점들을 경이롭게 파헤친 정신분석의 정통 입문서.

VORLESUNGEN ZUR EINFÜHRUNG IN DIE PSYCHOANALYSE
S.프로이트

5 아들러심리학 해설

프로이트 본능심리학 및 융의 분석심리학과 함께 꼭 주지되어야 하는 것이 아들러의 개인심리학이라고 할 때 아들러의 개인심리학이 논구하여 설명하려는 개개인의 의식세계를 또 다른 시각으로 설파해 주는 해설서.
개인 의식세계에 대한 간결하고도 이해하기 쉬운 참고서.

WHAT LIFE SHOULD MEAN TO YOU
A.아들러 / H.오글러

10 꿈의 해석

꿈이란 어떤 형태의 것이든 욕구충족의 수단이며, 꿈을 꾸는 사람은 그 자신이면서도 현실의 자기와는 완전히 단절되어 있다는 꿈의 '비논리적' 성질을 예리하게 갈파해 주는 꿈 해석 이론의 핵심 이론서.

DIE TRAUMDEUTUNG
S.프로이트

*********** 자신있게 권합니다! ***********

◇ **선영사**가 가장 자랑하는 양서 **선영심리학선서**는 기초심리학의 정수만을 엄선해서 편역한 알기쉬운 심리학서로서, 독자 여러분의 지적 만족과 정신문제 해결에 도움이 될 것입니다.